금융
자격증
1위

03 AFPK 학습가이드

강의신청 직후 》 **강의수강 중** 》 **교육 수료일 전**

수료기준 및 교육 수료 종료일,
면제자격증 등
강의 수강 전 안내 내용 확인

개인의 진도율에 맞춘
셀프 학습 체크 및
부가 콘텐츠 제공

(단, 셀프 학습 체크는
수료 진도율과 무관합니다.)

교육 수료 종료일 전
수료조건 충족

원서접수 》 **시험일 전** 》 **합격자발표 직후**

한국FPSB 수료보고,
원서접수

최종 실전모의고사 특강
듣고 마무리

합격 여부 및
합격자 대상 혜택 확인

04 다양한 **학습 지원** 서비스

금융전문 연구원
1:1 질문/답변 서비스

무료 바로 채점 및
성적 분석 서비스

30,000개 이상
합격 선배 수강후기

해커스금융
무료강의

해커스금융 수석/차석 합격생이 말하는
AFPK/CFP 합격의 비결!
해커스금융과 함께해야 합격이 쉬워집니다!

**농협은행
취업성공**

김O신
AFPK 수석
CFP 차석

"비전공자 체대생 해커스와 AFPK 수석합격부터 CFP 차석합격까지"

저의 합격 비결은 해커스에서 제공하는 모든 콘텐츠를 최대한 활용하려고 했던 점입니다.
첫 번째는 AFPK, CFP 시크릿 학습플랜을 통해 대략 하루에 어느 정도를 해야 할지 계획을 세웠습니다.
두 번째는 해커스 핵심 요약집으로 빈출 문제나 개념에 대해 더 명확하게 이해할 수 있었습니다.
세 번째는 외출할 때 항상 해커스에서 주는 부가물들을 챙겨 다녔습니다.
이렇게 해커스에서 제공하는 콘텐츠들을 최대한 활용하였더니 실제 시험에서도
도움이 많이 되었습니다.

* 제82회 AFPK 수석, 제42회 CFP 차석

**문과계열
수석합격**

김O승
AFPK 수석

"해커스인강으로 AFPK 수석합격"

핵심문제집의 난이도가 실제 시험의 난이도와 비슷하다고 느꼈습니다.
핵심문제집은 중요도가 잘 나눠져 있어 중요한 문제를 더 집중해서 볼 수 있었고,
문제에 대한 해설도 자세히 나와있어 모르는 문제를 해결하는 데도 큰 지장이 없었습니다.
해커스 핵심요약집을 여러 번 회독하고 핵심문제집과 해커스 모의고사,
해커스에서 제공해주는 고난이도 모의고사를 여러 번 풀어보면 도움이 많이 될 것 같습니다.

* 제84회 AFPK 수석

**취준생 3달
차석합격**

김O영
CFP 차석

"비전공자도 CFP 합격하는 해커스 강의"

강의와 커리큘럼의 질이 높았습니다.
모든 교수님들의 훌륭한 강의와 해커스에서 만들어 놓은 커리큘럼 덕분에 방대한
양의 인터넷강의를 끝까지 집중하여 수강할 수 있었습니다. 또, 교수님들과
1:1 면담 시스템을 많이 활용하여 궁금증을 빠른 시간 내에 해결할 수 있었습니다.

* 제39회 CFP 차석

해커스

AFPK®

핵심문제집 모듈1

해커스금융

AFPK 합격의 길,
합격률 1위 해커스가
알려드립니다.

평균 합격률 31%*, 3명 중 1명만 합격하는 AFPK 자격시험,
어떻게 공부해야 한 번에 합격할 수 있을까요?
분명한 방법은 가장 많은 선배들이 합격한 책으로 공부하는 것입니다.

해커스는 합격률 1위 노하우로 2024년 개정된 AFPK 기본서(한국FPSB 발간) 내용을 분석하여 「해커스 AFPK 핵심문제집
모듈1」에 철저히 반영하였습니다. 또한 합격자들의 학습방법 및 시험의 출제 경향을 면밀히 분석하여 가장 효율적으로
학습할 수 있는 방법을 「해커스 AFPK 핵심문제집 모듈1」에 모두 담았습니다.

「해커스 AFPK 핵심문제집 모듈1」은

1 최신 출제 경향을 철저히 분석하여 모든 문제에 반영하였습니다.

2 모든 문제에 기본서 및 「해커스 AFPK 핵심요약집」 페이지를 표기하여,
　　문제와 이론을 연계하여 학습할 수 있습니다.

3 문제별 중요도를 안내하여 우선순위 학습이 가능합니다.

가장 많은 수험생이 학습하고 합격하는 곳 해커스**,
여러분의 AFPK 합격, 해커스금융이 함께합니다.

*85~87회 교육기관 평균 합격률 기준(한국FPSB 공식 발표자료 기준)
**85~87회 합격자 수 1위, 응시자 수 1위(한국FPSB 공식 발표자료 기준)

해커스 AFPK 핵심문제집 특장점

01 철저한 최신 출제 경향 반영!

최신 출제 경향을 철저히 분석하여 모든 문제에 반영하였습니다.

또한 시험에 출제될 가능성이 높은 문제로 구성하여 문제풀이를 통한 실력향상뿐만 아니라 실제 시험에 확실히 대비할 수 있습니다.

02 모든 문제에 기본서 및 요약집 페이지를 표기하여, 문제와 이론의 연계학습 가능!

기본서 내용을 바탕으로 출제되는 시험 특성에 따라, 문제를 풀면서 관련 기본서 내용을 쉽게 찾아볼 수 있도록 문제에 해당하는 이론이 수록된 기본서(한국FPSB 발간) 및 「해커스 AFPK 핵심요약집」* 페이지를 표기하였습니다.

이를 통해 학습자는 기본서 및 요약집 중 본인이 원하는 교재를 선택하여 효과적으로 문제와 이론을 연계하여 학습할 수 있습니다.

*「해커스 AFPK 핵심요약집」은 해커스금융 AFPK 합격지원반, 수강료 환급반, 벼락치기 패키지, 핵심요약 강의 수강생에게 제공됩니다.

03 문제별 중요도를 파악하여 우선순위 학습 가능!

---

14 중요도 ★★★ (교 p.130 (교 p.55
고객 김미현씨의 대출한도 결정에 대한 설명으로 적절한 것은?

> 김미현씨는 비수도권에 4억짜리 주택을 구입하기 위해 주택담보대출로 2.5억원(만기 10년, 연 2.5% 월복리)을 대출하기를 희망하고 있다. 기타 대출은 없으며, 현재 무주택자이고 실수요 목적으로 청약조정대상지역 이외에 주택을 구입하는 것으로 가정한다. (설정기준 DTI 70%)
> - 김미현씨의 연소득 : 4,500만원
> - 연간 주택담보대출 원리금상환액 : 2,930만원
> - 주택담보대출 외 기타 대출은 없음

① 김미현씨가 희망하는 대로 대출을 할 경우 DTI는 70.1%이다.
② 김미현씨는 희망하는 2.5억원을 대출받을 수 없다.
③ 김미현씨의 기타 대출의 이자납부액이 520만원이라고 가정할 경우, 희망하는 2.5억원 대출을 받을 수 있다.
④ 김미현씨의 기타 대출의 이자납부액이 600만원이라고 가정할 경우, 설정기준 DTI가 80%까지 인정된다면 희망하는 2.5억원을 대출받을 수 있다.

정답 및 해설

12 ② 제외한 → 포함한

13 ③ 가. 62.8%
　　나. 불가능
　　총부채상환비율(DTI) = (주택담보대출 연간 원리금상환액 + 기타부채 연간 이자상환액)/연소득
　　　　　　　　　　 = (2,376만원 + 2,017만원)/7,000만원 = 62.8%
　　∴ 설정기준 DTI가 60%이고, 나금융씨의 총부채상환비율(DTI)은 62.8%이므로, 희망하는 대출은 불가능하다.

14 ④ 김미현씨의 기타 대출의 이자납부액이 600만원일 경우 DTI는 78.4%로, 설정기준 DTI 80%를 초과하지 않기 때문에 김미현씨는 희망하는 대출을 받을 수 있다.
　　총부채상환비율(DTI) = (주택담보대출 연간 원리금상환액 + 기타부채 연간 이자상환액)/연소득
　　　　　　　　　　 = (2,930만원 + 600만원)/4,500만원 = 78.4%
　　① 총부채상환비율(DTI) = (주택담보대출 연간 원리금상환액 + 기타부채 연간 이자상환액)/연소득
　　　　　　　　　　 = 2,930만원/4,500만원 = 65.1%
　　② 김미현씨의 DTI는 65.1%이기 때문에 희망하는 대출을 받을 수 있다.
　　③ 김미현씨의 기타 대출의 이자납부액이 520만원일 경우 DTI는 76.7%로, 설정기준 DTI 70%를 초과하기 때문에 김미현씨는 희망하는 대출을 받을 수 없다.
　　총부채상환비율(DTI) = (주택담보대출 연간 원리금상환액 + 기타부채 연간 이자상환액)/연소득
　　　　　　　　　　 = (2,930만원 + 520만원)/4,500만원 = 76.7%

문제마다 중요도를 표시하여 어떤 문제가 중요한지 파악할 수 있습니다.

중요도가 가장 높은 별 3개(★★★) 문제를 중심으로 우선순위 학습이 가능하여, 핵심문제를 단기에 정복할 수 있습니다.

단기 합격의 길로 안내할, 동영상강의와 함께하고 싶다면?

해커스금융 fn.Hackers.com

목 차

모 듈 1

모 듈

2

AFPK 자격인증 안내

AFPK 자격인증시험이란

AFPK 자격인증시험은 응시자가 재무설계서비스를 제공하는 데 필요한 최소한의 재무설계지식을 갖추었는지 평가할 수 있도록 만들어졌습니다.

● AFPK 자격인증을 받기 위해서 거쳐야 할 절차

01		**02**		**03**
한국FPSB 지정 교육기관에서 AFPK 교육과정 수료		AFPK 자격인증시험 합격		AFPK 자격인증 신청 한국FPSB에서 정한 결격사유에 해당하지 않음으로써 재무설계서비스를 제공하는 데 필요한 윤리성을 인정받아야 AFPK 자격인증 취득

교육과정면제 대상자

- AFPK 자격인증시험 응시 예정자는 한국FPSB에 등록된 교육기관이 제공하는 AFPK 교육과정을 모두 수료하여야 합니다.
- 단, 전문자격증이나 기타 관련 자격증 소지자는 교육과정 전체 또는 일부가 면제됩니다. 교육과정 중 일부가 면제되는 자격보유자는 나머지 교육과정을 이수함으로써 AFPK 자격인증시험에 응시할 수 있습니다.

대상자격증	교육면제과목
공인회계사 자격시험 합격자, 변호사 자격시험 합격자, 세무사 자격시험 합격자, 보험계리사, 감정평가사, 경영학 석사, 경제학 석사, 재무설계학 석사	전부면제 (모듈1, 모듈2)
종합자산관리사, 투자자산운용사, 자산관리사	일부면제 (모듈2)
손해사정사, 보험중개사	일부면제 (보험설계)
국제투자분석사, 운용전문인력, 펀드투자권유자문인력, 재무위험관리사, 파생상품투자권유자문인력, 증권투자권유자문인력, 집합투자자산운용사	일부면제 (투자설계)
공인중개사	일부면제 (부동산설계)

※ 교육과정면제 대상자는 교육과정만 면제될 뿐 시험과목은 모두 응시하여야 합니다.

시험구성

구 분	시 간	시험과목	시험문항수
모듈1	1교시 오후 2:00 ~ 오후 3:50	재무설계 개론	15
		재무설계사 직업윤리[주1]	5
		은퇴설계	30
		부동산설계	25
		상속설계	25
		소 계	100문항
모듈2	2교시 오후 4:20 ~ 오후 6:00	위험관리와 보험설계	30
		투자설계	30
		세금설계	30
		소 계	90문항
총 계			190문항

※ (주1) 별도의 시험과목으로 분류하지 않고 재무설계 개론에 포함합니다.
※ 문제의 형식은 객관식 4지선다형이며, 시험문제는 비공개입니다.

시험 합격기준 및 유효기간

◉ 전체합격

① 전체합격기준

동일 회차의 모듈1과 모듈2의 시험에서 과목별로 100분의 40 이상을 득점하고 모듈1과 모듈2 전체시험에 대하여 평균 100분의 70 이상을 득점해야 합니다.

② 전체합격 유효기간

AFPK 자격인증시험의 전체합격 유효기간은 합격월로부터 3년입니다. 합격월로부터 3년 이내에 AFPK 자격인증을 신청하지 않을 경우 합격사실이 취소되며, 재취득을 원하는 경우 시험에 다시 응시하여야 합니다.

◉ 부분합격

① 부분합격기준

각 모듈의 시험에 대하여 시험과목별로 100분의 40 이상을 득점하고 해당 모듈에 대하여 평균 100분의 70 이상을 득점해야 합니다.

② 부분합격 유효기간

모듈별 부분합격은 합격한 사실만 인정되며 점수는 이월되지 않습니다. 부분합격 회차로부터 연이은 4회 시험에서 다른 모듈을 합격하지 못할 경우 부분합격의 효력이 상실되며 다시 전체시험에 응시하여야 합니다.

평가의 사정기준

• 시험 문제에 대한 문항별 난이도 점검 및 오류에 대한 판정은 시험분과위원회의 심의를 거쳐 결정합니다.
• 문제의 오류로 정답을 구할 수 없는 문항에 대하여는 모든 응시생이 정답을 제시한 것으로 처리하는 것을 원칙으로 합니다.
• 전체응시생의 정답률이 20% 이하인 문항은 난이도 균형에 문제가 있는 것으로 판정하고 해당 문항별 배점에 해당하는 점수를 응시생 전원의 실취득 점수에 일괄 가산하는 것을 원칙으로 합니다.

합격전략

1   이론
학습전략

〈해커스 AFPK 핵심요약집〉은 해커스금융 AFPK 합격지원반, 수강료 환급반, 벼락치기 패키지, 핵심요약 강의 수강생에 한하여 무료로 제공됩니다.

기본서 1~2회 정독 ▶ **핵심요약집 반복 학습**

동영상강의 수강과 함께 기본서(한국FPSB 발간)를 1~2회 정독하여 시험 과목에 익숙해지고 내용을 이해하도록 합니다.

시험에 자주 나오는 내용만 엄선한 「해커스 AFPK 핵심요약집」을 반복 학습합니다. 각 이론마다 표기된 「해커스 AFPK 핵심문제집」 문제 번호를 활용하여 학습한 이론을 문제로 확인합니다.

2   문제
풀이전략

〈해커스 AFPK 핵심문제집〉은 시중 서점에서 구매 가능합니다.

핵심문제집 별 3개(★★★) 문제부터 풀이 ▶ **틀린 문제 관련 이론 복습**

「해커스 AFPK 핵심문제집」에서 중요도가 높은 별 3개(★★★) 문제를 먼저 푼 후 나머지 문제를 풀면 자연스럽게 복습이 되어 학습효과가 두 배가 됩니다.

틀린 문제는 「해커스 AFPK 핵심문제집」 각 문제에 해당하는 이론의 기본서 및 「해커스 AFPK 핵심요약집」 페이지를 확인하여 관련 이론을 반드시 복습합니다.

3   마무리
학습전략

해커스는 학습 마무리에 최적화된 콘텐츠를 수강기간이 남은 자사 AFPK 정규수강생에 한해 온라인으로 무료 제공합니다.
① 족집게 요약집
② 적중예상 모의고사(1회분)
③ 고난도 하프 모의고사(1회분)
④ 하루 1시간 이론완성노트
* 적중예상 모의고사는 자사 AFPK 정규수강생이 아니더라도 유료로 구매 가능합니다.

이론완성노트 및 족집게 요약집 반복 학습 ▶ **최종 실전모의고사 및 온라인 제공 모의고사 풀이**

가장 중요한 내용만 모아놓은 이론완성노트 및 족집게 요약집을 반복 학습하여 해당 내용의 문제는 반드시 맞출 수 있도록 합니다.

실제 시험을 보듯 시험 시간에 맞춰 「해커스 AFPK 최종 실전모의고사」와 온라인으로 제공되는 「적중예상 모의고사」 및 「고난도 하프 모의고사」를 풉니다.

학습플랜

전공자 추천 70점 목표 학습 단기 합격 희망	비전공자 추천 80점 목표 학습 안정권 합격 희망	비전공자 추천 90점 목표 학습 순위권 합격 희망	직장인, 재학생 추천 타 자격증 동시 준비 주말 집중 학습 희망
▼	▼	▼	▼
4주 플랜	**8주** 플랜	**12주** 플랜	**12주 주말** 플랜

4주 플랜	8주 플랜	12주 플랜	12주 주말 플랜
1주 핵심요약집(교재) 학습	**1-2주** 기본서 동영상강의 수강 + 기본서 1회독	**1-2주** 기본서 동영상강의 수강	**1-7주** 기본서 동영상강의 수강 + 기본서 1회독 + 핵심요약집(교재) 1회독
2주 핵심문제집(교재) 풀이	**3-4주** 핵심요약집(교재) 학습 + 핵심문제집(교재) 풀이	**3-4주** 기본서 1, 2회독 **5-6주** 핵심요약집(교재) 1, 2회독	**8-9주** 기본서 2회독 + 핵심요약집(교재) 2회독
3주 핵심요약집 및 핵심문제집(교재) 풀이 + 최종 실전모의고사(교재) 풀이 + 적중예상 모의고사(온라인) 풀이	**5-6주** 핵심문제집(교재) 풀이 및 복습 + 최종 실전모의고사(교재) 풀이	**7-8주** 핵심문제집(교재) 풀이 **9-10주** 최종 실전모의고사(교재) 풀이 + 핵심요약집(교재) 3회독	**10-11주** 핵심문제집(교재) 풀이 + 최종 실전모의고사(교재) 풀이
4주 고난도 하프 모의고사(온라인) 풀이 + 모의고사(교재 + 온라인) 전체 복습 + 족집게 요약집(온라인) 반복	**7-8주** 적중예상 모의고사(온라인) 풀이 + 핵심요약집(교재) 복습 + 고난도 하프 모의고사(온라인) 풀이 + 족집게 요약집(온라인) 반복	**11-12주** 적중예상 모의고사(온라인) 풀이 + 이론완성노트(온라인) 반복 + 고난도 하프 모의고사(온라인) 풀이 + 족집게 요약집(온라인) 반복	**12주** 적중예상 모의고사(온라인) 풀이 + 고난도 하프 모의고사(온라인) 풀이 + 족집게 요약집(온라인) 반복

◆ 더 상세한 학습플랜은 해커스금융(fn.Hackers.com) → [A/C 콘텐츠 자료실]에서 다운로드 받을 수 있습니다. 이 학습플랜은 수강기간이 남은 해커스 AFPK 정규수강생에 한하여 제공됩니다.

◆ 1과목 최신 출제 경향 ◆

■ 최근 시험에서는 기본서의 내용이 그대로 나오기보다는 재무설계사와 고객 간의 대화 형식 또는 재무설계사로서 고객에게 어떤 조언을 해야 하는지 묻는 등의 **사례문제가 출제되는 추세이므로, 기본서의 내용을 정확하게 이해하는 것이 중요합니다.**

■ 특히 **2장, 4장에서 사례문제의 대부분이 출제**되므로 〈해커스 AFPK 핵심문제집〉을 통해 **문제유형별로 꼼꼼히 대비**하시는 것이 필요합니다.

■ 개인의 재무상태 분석 및 평가와 관련한 고객 순자산의 변화, 비상예비자금을 구하는 문제 등의 **계산문제가 출제되고 있으므로** 〈해커스 AFPK 핵심문제집〉에 수록한 계산문제 위주로 충분히 학습하시기 바랍니다.

1과목
재무설계 개론

총 15문항

"문제풀이와 이론학습을 동시에 할 수 있도록 각 문제의 관련 이론 기본서(한국FPSB 발간) 및 〈해커스 AFPK 핵심요약집〉*
페이지를 표기하였습니다."

* 〈해커스 AFPK 핵심요약집〉은 해커스금융 AFPK 합격지원반, 수강료 환급반, 벼락치기 패키지, 핵심요약 강의 수강생에게 제공됩니다.

1장 재무설계의 이해

01
중요도 ★★
다음에서 설명하는 재무설계 영역으로 적절한 것은?

㉮ p.10 ㉯ p.18

> • 고객이 예기치 않은 재무적 손실에 노출되는 것을 관리하는 전략을 개발하는 데 중점을 둔다.
> • 재무설계사는 고객이 노출되어 있는 위험과 현재의 보장내용을 비교하고, 위험관리 우선순위를 결정하는 데 도움을 주어야 한다.

① 위험관리
② 투자설계
③ 재무관리
④ 부동산설계

02
중요도 ★★★
재무설계의 정의에 대한 설명으로 적절하지 **않은** 것은?

㉮ p.10 ~ 11 ㉯ p.18

① 재무설계는 개인의 삶의 목표를 파악하고 그 목표를 달성하기 위하여 재무적 자원의 관리에 초점을 맞춘 일련의 과정이다.
② 목표는 고정적인 것이 아니라 시간의 흐름, 가치, 신념 등의 변화에 따라 수정되거나 새로 생성되기도 한다.
③ 재무설계는 한 번의 계획과 실천으로 완성되는 것이 아니라 정기적으로 수정·보완되는 과정이다.
④ 재무설계는 고객의 관심사에 해당하는 어떤 한 분야나 재무목표만을 우선적으로 다룰 수도 있고, 우선순위를 두고 몇 가지 재무목표를 동시에 다루거나, 모든 영역을 종합적으로 다룰 수도 있다.

1과목 재무설계 개론

2과목 재무설계사 직업윤리

3과목 은퇴설계

4과목 부동산설계

5과목 상속설계

해커스 AFPK 핵심문제집 모듈1

03 중요도 ★★ ㉙ p.12~13 ㉚ p.19

재무설계의 필요성에 대한 설명으로 적절하지 **않은** 것은?

① 출산율 저하로 인한 생산가능인구의 감소와 평균수명의 증가에 따른 고령인구의 증가로 인해 재무설계의 필요성이 더욱 증대되었다.
② 평균수명의 증가로 노후생활에 필요한 재무적 준비를 할 시간과 재원이 넉넉하지 않아 장수위험에 노출된다.
③ 코로나와 각종 분쟁으로 인한 물가상승과 주요국들의 금리 인상은 저금리시대에 맞춰 진행되어 온 가계의 재무의사결정의 수정이 불가피함을 의미한다.
④ 금융시장의 복잡성과 변동성 확대 등으로 가계의 자산관리가 어려워짐에 따라 소비자들의 니즈는 재무적인 면에 국한되고 있다.

04 중요도 ★★ ㉙ p.14~15 ㉚ p.19

다음 중 재무설계를 통해 얻을 수 있는 효과로 적절하지 **않은** 것은?

① 삶의 구체적인 목표가 생기고, 그 목표달성을 위해 노력할 수 있다.
② 자신의 현재 재무상태에 대해 정확하게 인지할 수 있다.
③ 현재 당면한 위험과 과거 발생하였던 위험을 파악하고 이를 효과적으로 관리할 수 있다.
④ 재무적 안정으로 본연의 일에 집중할 수 있다.

정답 및 해설

01 ① 재무설계 영역 중 위험관리에 대한 설명이다.

02 ① 개인의 삶의 목표를 파악하고 그 목표를 달성하기 위하여 개인이 가진 재무적 자원뿐만 아니라 비재무적 자원을 적절하게 관리하는 일련의 과정이다.

03 ④ 소비자들의 니즈는 단순히 재무적인 면에만 국한되는 것이 아니라, 가족에 대한 인식 변화와 삶에 대한 가치 변화 등 비재무적인 면에서도 나타나고 있다.

04 ③ 재무설계는 사후 대책 마련보다 사전 예방적 기능이 강하다. 따라서 재무설계는 현재 당면한 위험이나 미래 발생 가능한 위험을 사전에 파악하고 이를 효과적으로 관리할 수 있다.

05

㉮ p.14 ~ 17 ㉯ p.19 ~ 20

중요도 ★★★

재무설계에 대한 적절한 설명으로 모두 묶인 것은?

> 가. 재무설계는 사전 예방적 기능보다는 사후 대책 마련의 기능이 강하다.
> 나. 재무설계사는 재무목표 달성을 위해 어떤 재무활동을 해야 할지에 대한 밑그림을 제시하고 도와주는 재무주치의로서의 역할을 한다.
> 다. 재무설계는 연령·소득계층에 관계없이 모든 사람에게 필요하나, 특히 소득이 많은 사람일수록 전문가를 통한 재무설계가 더 필요하다.
> 라. 상속·증여와 같은 자산의 무상이전에 대비하여, 사전에 여러 전문가들의 도움을 받아 장기간에 걸친 재무설계가 필요하다.

① 가, 다

② 나, 라

③ 가, 나, 다

④ 나, 다, 라

06

㉮ p.11, p.16 ~ 17 ㉯ p.19 ~ 20

중요도 ★★

재무설계에 대한 설명으로 적절하지 **않은** 것은?

① 경제활동 주체자의 실업, 장애, 사망 등 전혀 예상치 못한 사건이 발생한 경우 재무설계가 필요하다.

② 은퇴가 얼마 남지 않았음에도 불구하고 그 준비가 미흡하다면 반드시 재무설계를 받는 것이 좋다.

③ 자산의 이전은 재무설계사, 변호사, 세무사 등 여러 전문가들의 도움을 받아 장기간에 걸쳐 실행되어야 한다.

④ 돈의 양을 늘리는 것을 중요한 목표로 삼는다는 점에서 재무설계는 재테크와 동일한 개념이다.

07

⑦ p.18 ~ 20

중요도 ★

재무설계의 발전과정에 대한 설명으로 적절하지 **않은** 것은?

① 오늘날의 재무설계는 1960년대 미국에서 13인의 금융전문가들이 금융서비스 실태에 존재하는 문제점에 대한 깊은 성찰을 바탕으로 금융전문가의 필요성을 고민하면서부터 시작되었다.

② 초기 재무설계는 특정 금융상품의 판매를 주목적으로 하는 경우가 대부분이고, 고객의 이익보다 판매자의 이익을 더 중시 여기는 문화가 주를 이루었다.

③ 13인의 전문가들은 국제CFP평의회를 설립하고 공개포럼을 통해 다양한 금융서비스 분야의 전문가를 모으고 이전과 차별화된 재무설계 서비스 구현을 위해 뜻을 모았다.

④ 재무설계대학으로 인해 CFP® 자격표장이 상표화되었고, CFP® 자격제도의 체계적인 발전을 위해 1973년 CFP Institute가 창립되었다.

08

⑦ p.19 ~ 20 ⑧ p.21

중요도 ★

재무설계와 관련된 국제기구에 대한 설명으로 가장 적절한 것은?

① CFP Board는 재무설계 서비스의 가치를 홍보하여 공공의 이익을 돕는 비영리기관으로, 1985년 창설되었다.

② 국제CFP평의회는 능력 있는 CFP® 자격인증자 양성을 위하여 교과과정의 틀을 개발하여 제시하고 있으며, CFP 자격시험에 종합시험을 도입하였다.

③ 여러 나라에서 CFP 자격제도의 도입을 모색함에 따라 CFP Board는 1990년 국제CFP평의회를 설립했고 캐나다가 첫 번째 회원국으로 참여하였다.

④ CFP Board로부터 분리하여 설립된 국제FPSB는 미국을 포함한 모든 회원국의 FP 국제본부로서의 업무를 개시하였다.

정답 및 해설

05 ② '나, 라'는 적절한 설명이다.

가. 재무설계는 사후 대책 마련 기능보다 사전 예방적 기능이 강하다.

다. 재무설계는 자산이나 소득의 규모가 큰 사람보다는 오히려 자산이나 소득이 적은 경우 한정된 자원의 효율적 활용을 모색해야 하기 때문에 더욱 필요하다.

06 ④ 재테크는 돈의 양을 늘리는 것을 중요한 목표로 삼는 반면, 재무설계는 돈의 양보다 돈이 필요한 시기와 사용처를 고려하여 재무목표를 정하고 이를 위해 필요한 자금을 만들기 위한 계획과 꾸준한 실천에 중점을 둔다는 점에서 본질적으로 다른 개념이다.

07 ③ 국제CFP평의회 → 국제FP협회

08 ① ② 국제CFP평의회 → CFP Board

③ 캐나다 → 호주

④ 미국을 포함한 → 미국을 제외한

1과목 재무설계 개론

2과목 재무설계사 직업윤리

3과목 은퇴설계

4과목 부동산설계

5과목 상속설계

해커스 **AFPK** 핵심문제집 모듈1

09 중요도 ★

재무설계의 국내도입 및 국내의 자격인증제도에 대한 설명으로 적절하지 **않은** 것은?

① IMF 위기를 극복하고 경제개혁이 진행되는 과정에서 급속히 변화하는 금융환경에 대처하기 위해 재무설계의 도입은 꼭 필요한 노력이었다.
② 한국FP협회는 미국 CFP Board와 업무제휴를 맺고 CFP Board의 자격인증제도 및 교육프로그램을 국내에 도입하였다.
③ 한국FP협회는 국제FPSB의 권고를 받아 자격인증과 회원관리 기능을 분리하였다.
④ 한국FP협회는 자격인증 글로벌 스탠더드에 의한 국내의 자격인증을 담당하고, 한국FPSB는 회원 간의 협력으로 재무설계의 국민적 보급과 금융소비자보호에 앞장서는 역할을 담당한다.

10 중요도 ★

국내의 자격인증제도에 대한 적절한 설명으로만 모두 묶인 것은?

가. 국제FPSB가 제시하는 CFP 자격인증요건은 4E's로 교육, 시험, 경험, 윤리를 말한다.
나. AFPK 자격은 교육, 시험 요건만 충족하면 자격인증이 가능하다.
다. 한국FPSB는 종합재무설계 과정을 독자적으로 수행할 수 있는 CFP 자격과 함께 CFP 자격의 입문과정으로 AFPK 자격을 두고 있다.
라. 미국과 인도 등 일부 회원국에서도 예비자격으로서 AFP 자격을 두고 있다.

① 가, 다
② 나, 라
③ 가, 나, 다
④ 가, 다, 라

11 중요도 ★★

재무설계사에 대한 설명으로 적절하지 **않은** 것은?

① 재무설계사는 각 분야의 전문가들이 하는 일의 내용을 이해하고 종합하는 코디네이터의 역할을 한다.
② 재무설계사는 고객의 니즈를 충족시킬 수 있는 적절한 금융상품을 판매하고 관리하는 세일즈맨으로서의 역할을 한다.
③ 재무설계사는 다양한 분야에 대한 전문지식과 변화하는 환경에 신속하게 대응할 수 있는 역량을 갖춘 금융주치의이다.
④ 자격인증자는 최초 자격인증 이후에는 계속교육을 통해 역량개발을 위한 노력을 하고 있음을 입증해야 자격유지가 가능하다.

12 중요도 ★★

재무설계사 자격인증, 자격갱신 및 업무영역에 대한 설명으로 적절하지 **않은** 것은?

① AFPK와 CFP 자격은 교육체계나 인증절차 등에서 다른 금융전문가들과 차별성을 지닌다.
② AFPK 자격갱신은 매 2년마다 이루어지며, 윤리교육 2학점을 포함하여 계속교육학점 총 20학점을 취득해야 한다.
③ CFP 자격시험에 응시하기 위해서는 AFPK 자격을 유효하게 유지하고 있어야 하며, 시험에 합격한 후 자격인증을 위해서는 추가적으로 실무경험 요건이 요구된다.
④ CFP는 AFPK와 동일하게 매 2년마다 자격갱신이 이루어지며, 윤리교육 2학점을 포함하여 계속교육학점 총 20학점을 취득해야 한다.

정답 및 해설

09 ④ 한국FP협회 ↔ 한국FPSB

10 ① '가, 다'는 적절한 설명이다.
　　나. AFPK 자격은 교육, 시험, 윤리의 요건을 충족해야 인증이 가능하다.
　　라. 호주, 일본을 비롯한 일부 아시아 국가에서 예비자격으로서 AFP 자격을 두고 있으나, 미국과 인도 등 일부 회원국에서는 AFP 자격 없이 국제자격인 CFP 자격만 두고 있다.

11 ② 재무설계사는 금융상품을 판매하고 관리하는 세일즈맨이 아니라, 고객의 삶 전체를 아우르는 계획을 세우고 실천 방안을 종합적으로 모색하는 재무전문가이다.

12 ④ CFP 자격을 갱신하기 위해서는 윤리교육 2학점을 포함하여 총 30학점을 이수해야 한다.

1과목 재무설계 개론

2과목 재무설계사 직업윤리

3과목 은퇴설계

4과목 부동산설계

5과목 상속설계

해커스 **AFPK** 핵심문제집 모듈1

13 ㉮ p.25 ~ 27 ㉯ p.23

중요도 ★★★

재무설계사에게 필요한 역량과 그 내용을 적절하게 연결한 것은?

가. 전문지식
나. 전문능력
다. 전문기술

A. 전문가적 책임, 법률과 규제 및 윤리원칙과 행동규범을 준수한 업무수행, 커뮤니케이션
B. 금융 관련 정책이나 규정에 대한 이해, 화폐의 시간가치 개념에 대한 이해
C. 재무설계에 필요한 정보수집 능력, 정보의 분석과 평가 능력, 정보를 통합하여 전략을 확정하고 설계안을 수립하는 능력

---

① 가 – A, 나 – B, 다 – C
② 가 – A, 나 – C, 다 – B
③ 가 – B, 나 – C, 다 – A
④ 가 – C, 나 – B, 다 – A

14 ㉮ p.26 ㉯ p.23

중요도 ★★★

재무설계사에게 필요한 전문기술과 그 내용이 적절하게 연결된 것은?

| 가. 전문가적 책임 | 나. 업무수행 |
| 다. 커뮤니케이션 | 라. 인지 |

A. 재무설계사는 업무수행에 있어 관련 법률과 규제, 윤리원칙과 행동규범을 준수하여야 한다.
B. 재무설계사는 고객의 말을 경청하며, 명확하고 상대방이 이해할 수 있는 방식으로 의사소통을 해야 한다.
C. 재무설계사는 신뢰할 수 있는 태도로 행동하고 고객의 이익을 최우선으로 하며, 윤리적으로 판단해야 한다.
D. 재무설계사는 수리적 방법이나 공식을 적절하게 적용할 수 있어야 하고, 다양한 출처로부터 정보를 수집하여 분석하고 통합하는 기술을 발휘해야 한다.

---

① 가 – C, 나 – A, 다 – B, 라 – D
② 가 – C, 나 – D, 다 – A, 라 – B
③ 가 – D, 나 – A, 다 – B, 라 – C
④ 가 – D, 나 – C, 다 – A, 라 – B

중요도 ★

⑦ p.27 ⑧ p.23

재무설계사가 갖추어야 하는 전문능력은 크게 세 가지 프로세스적 요소로 구분되는데 다음 중 이에 해당하지 **않는** 것은?

① 분석(analysis) 능력

② 예측(prediction) 능력

③ 수집(collection) 능력

④ 통합(synthesis) 능력

1과목
재무설계 개론

2과목
재무설계사 직업윤리

3과목
은퇴설계

4과목
부동산설계

5과목
상속설계

해커스 **AFPK** 핵심문제집 모듈1

정답 및 해설

13 ③ A. 전문기술
B. 전문지식
C. 전문능력

14 ① A. 업무수행
B. 커뮤니케이션
C. 전문가적 책임
D. 인지

15 ② 재무설계사가 갖추어야 하는 전문능력은 수집, 분석, 통합으로 구분된다.

01 중요도 ★★   ㉜ p.31 ㉘ p.24 ~ 26

재무관리에 대한 설명으로 적절하지 **않은** 것은?

① 재무관리는 가계의 만족을 극대화하기 위해 경제적 자원을 효율적으로 관리하는 것을 말한다.
② 재무관리를 통해 현재와 미래의 소득과 자산을 보전하고 증진시켜 개인 및 가계의 안정과 성장이라는 목표를 성취할 수 있다.
③ 재무관리는 재무목표 구체화, 현금흐름 관리, 저축여력의 장단기 배분 등으로 나뉜다.
④ 재무관리 결정은 재무목표와 전략에 영향을 미치므로 다른 재무설계 영역과 분리하여 고려하는 것이 중요하다.

02 중요도 ★★★   ㉜ p.33 ㉘ p.24 ~ 25

재무목표 구체화에 있어 재무설계사의 역할로 적절하지 **않은** 것은?

① 고객 스스로 본인의 인생목표가 무엇인지 구체적으로 생각하고 그것을 표현할 수 있도록 도와준다.
② 고객이 가지고 있는 막연한 목표를 구체적이고 정확하게 설정할 수 있도록 돕는다.
③ 재무설계사는 고객의 인생관, 가치관 등 비재무적 성향 보다는 고객의 재무적 성향 위주로 파악해야 한다.
④ 고객의 재무목표 구체화를 도울 때, 재무설계사의 판단에 의해 임의로 재무목표를 제시하려고 해선 안 된다.

03
중요도 ★★★

재무목표 구체화의 방법으로 적절하지 **않은** 것은?

① 재무목표를 기간별로 구분하여 우선순위 재무목표를 파악해볼 수 있다.
② 기간별로 구분하는 방법을 사용하면 고객이 많은 항목들을 선택하는 데 어려움을 겪을 수 있다.
③ 생애주기에 따라 재무목표를 구분하면 고객으로 하여금 미처 생각해보지 못했던 인생 전 기간에 대한 전반적인 조망을 가능케 한다.
④ 생애주기에 따라 재무목표를 구분하면 대부분의 사람들이 겪게 되는 인생의 사건들, 연령대에 따른 재무관심사와 우선목표를 구분하기 어려워진다.

04
중요도 ★

⑦ p.36 ~ 37

생애주기별 주요 재무목표에 대한 적절한 설명으로만 모두 묶인 것은?

> 가. 사회 초년기의 재무목표에는 본인결혼자금 마련, 주거자금 마련 등이 있다.
> 나. 자녀 성장기의 재무목표에는 자녀교육자금 마련, 주택 구입·확장 등이 있다.
> 다. 생애전환기의 재무목표에는 자산 배분·사전증여, 비상예비자금 마련 등이 있다.
> 라. 가정 형성기의 재무목표에는 육아비용 마련, 자동차 구입 마련 등이 있다.

① 가, 다
③ 나, 다, 라
② 가, 나, 라
④ 가, 나, 다, 라

1과목 재무설계 개론
2과목 재무설계사 직업윤리
3과목 은퇴설계
4과목 부동산설계
5과목 상속설계
해커스 AFPK 핵심문제집 모듈1

정답 및 해설

01 ④ 분리 → 통합

02 ③ 재무설계사는 고객의 재무적 성향뿐만 아니라 고객의 인생관, 가치관 등 비재무적 성향도 파악하려는 노력이 필요하다.

03 ④ 생애주기에 따라 재무목표를 구분하면 대부분의 사람들이 겪게 되는 인생의 사건들, 연령대에 따른 재무관심사와 우선목표를 구분할 수 있다.

04 ② '가, 나, 라'는 적절한 설명이다.
다. 비상예비자금 마련은 가족 형성기 재무목표에 해당한다.

05

중요도 ★★★

㉑ p.38 ~ 39 ㉚ p.26

현금흐름 관리의 필요성에 대한 설명으로 적절하지 **않은** 것은?

① 현금흐름 관리를 통해 고객 스스로의 저축 여력을 판단하게 되고, 구체화된 재무목표의 실현가능성을 가늠해볼 수 있다.
② 현금흐름 관리는 고객 스스로 지출에 대한 지침을 마련하게 되어 자기통제를 돕는 역할을 한다.
③ 재무목표 실천을 위해 현재의 소비습관을 고려하지 않고 가능한 최소한의 지출을 해야 한다.
④ 가족 구성원 간의 재무목표 구체화가 공유되고, 현금흐름 관리에 대한 공감이 이루어지면 돈에 대한 대화를 촉진할 수 있다.

06

중요도 ★★★

㉑ p.37, p.40 ㉚ p.26

현금흐름 관리에 대한 설명으로 적절한 것은?

① 현금흐름이란 특정 시점에 가계에 발생한 금전적인 유입과 유출을 말한다.
② 현금흐름 관리의 절차는 지출비용 추정, 월수입 확인, 수입과 지출비용 비교·검토 및 조정 순이다.
③ 현금흐름 관리는 계획 수립보다 실행이 중요하기 때문에 너무 보수적으로 지출비용을 추정해서는 안 된다.
④ 근로소득자의 경우 매월 가계에 들어오는 현금흐름은 총수입이며 세전 수입을 말한다.

07

중요도 ★★★

㉑ p.41 ~ 42 ㉚ p.27

다음 중 장단기 배분의 대상과 이에 대한 설명으로 올바르게 짝지어진 것은?

가. 안정자산	나. 투자자산	다. 운용자산
A. 단기적으로 가계에 필요한 일시자금이나 유동자금을 말한다. B. 가계경제의 주춧돌과 기둥역할을 하는 장기플랜을 말한다. C. 중기 재무목표 달성을 위한, 또는 자산 증식과 관련된 플랜을 말한다.		

① 가 – A, 나 – B, 다 – C
② 가 – B, 나 – C, 다 – A
③ 가 – B, 나 – A, 다 – C
④ 가 – C, 나 – B, 다 – A

08
중요도 ★★

저축 여력의 장단기 배분 대상과 관련 영역으로 올바르게 짝지어진 것은?

① 안정자산 : 위험관리, 은퇴설계, 세금설계
② 투자자산 : 투자설계, 부동산설계, 은퇴설계, 세금설계
③ 운용자산 : 재무관리, 위험관리, 세금설계
④ 투자자산 : 투자설계, 부채관리, 위험관리

09
중요도 ★★

다음에서 설명하는 것으로 적절한 것은?

> 고객의 재무목표 달성을 위한 개별고객 고유의 방향성을 세우는 것으로, 고객이 종종 저축과 같은 자금조달 수단을 포함하여 재무목표 달성에 관련된 의사결정에 직면할 때 이러한 의사결정의 방향성을 정하여 고객의 생애 동안 중요한 역할을 하는 재무설계에서 필수적인 구성요소이다.

① 자금조달전략(Capital Acquisition Strategies)
② 재무전략(Financing Strategies)
③ 자산배분전략(Asset Allocation Strategies)
④ 리스크 관리 전략(Risk Management Strategies)

정답 및 해설

05 ③ 현재의 소비습관을 전혀 고려하지 않고 과도한 자기통제를 요구할 경우 오히려 재무목표 달성을 방해하는 요소로서 작용한다.

06 ③ ① 특정 시점 → 일정 기간
② 현금흐름 관리의 절차는 월수입 확인, 지출비용 추정, 수입과 지출비용 비교·검토 및 조정 순이다.
④ 근로소득자의 경우 매월 가계에 들어오는 현금은 순수입(실수령액)이며, 세후 수입을 말한다.

07 ② A. 운용자산
B. 안정자산
C. 투자자산

08 ① ②④ 투자자산 : 투자설계, 부동산설계, 부채관리, 세금설계
③ 운용자산 : 재무관리(비상예비자금, 초단기목적자금), 세금설계

09 ② 재무전략(Financing Strategies)에 대한 설명이다.

1과목 재무설계 개론
2과목 재무설계사 직업윤리
3과목 은퇴설계
4과목 부동산설계
5과목 상속설계
해커스 AFPK 핵심문제집 모듈1

10 중요도 ★ ㉮ p.48 ~ 49 ㉤ p.29

개인재무제표에 대한 설명으로 적절하지 **않은** 것은?

① 개인재무제표는 일반적으로 재무상태표와 현금흐름표로 구성된다.
② 개인 및 가계재무재표에 중요한 기본 회계원칙으로는 객관성의 원칙, 중요성의 원칙, 일관성의 원칙, 보수주의 원칙, 완전공개의 원칙이 있다.
③ 모든 중요한 사실들은 표시되어야 한다는 것은 완전공개의 원칙에 해당한다.
④ 수익이나 자산은 확인되었을 때만 보고해야 한다는 것은 객관성의 원칙에 해당한다.

11 중요도 ★★★ ㉮ p.51 ~ 56 ㉤ p.31

재무상태표의 자산의 분류에 대한 설명으로 적절하지 **않은** 것은?

① 단기금융상품인 CMA, MMF, MMDA를 비롯하여 만기가 90일 미만인 CD는 현금성자산으로 분류한다.
② 채권, 펀드, 신탁, 변액보험 등은 투자자산으로 분류한다.
③ 퇴직연금의 경우 확정급여(DB)형 퇴직연금과 개인형(IRP) 퇴직연금은 금융투자자산으로 분류하고, 확정기여(DC)형 퇴직연금과 퇴직금은 기타자산으로 분류한다.
④ 투자목적으로 소유하고 있는 미술품, 골동품 등은 기타자산으로 분류한다.

12 중요도 ★★★ ㉮ p.51 ~ 56 ㉤ p.31 ~ 32

재무상태표의 자산의 분류에 대한 설명으로 적절한 것은?

① 저축성보험은 확정적인 수익을 보장하는 자산으로 현금성자산으로 구분한다.
② 거주목적으로 사용하는 주택은 사용자산으로 구분하며 전세로 거주하는 경우 임차보증금도 사용자산에 포함한다.
③ 국민연금과 같은 공적연금은 은퇴재무목표 달성을 위한 매우 중요한 자산으로 기타자산으로 분류한다.
④ 보장성보험의 보험료는 고정지출로 처리하고 그 해약환급금은 기타자산으로 처리하는 것이 일반적이다.

13 중요도 ★★★

개인재무제표의 용어와 그 내용이 적절하게 연결된 것은?

가. 재무상태표	나. 수정 현금흐름표	다. 현금흐름표

A. 현금의 추정치로서, 미래기간의 예상 유입과 유출을 추정하는 재무설계 도구이다.

B. 일정 시점에서 개인 또는 가계의 재무상태를 나타내는 표로서 고객의 재무적 태도, 습관 및 위험수용성향뿐만 아니라 특정 재무거래가 재무상태에 미치는 영향을 파악할 수 있다.

C. 일정 기간 동안 발생한 수입과 지출을 반영하고 수입 중에서 변동지출, 고정지출, 저축 및 투자를 얼마나 하고 있는지를 파악할 수 있다.

① 가 – A, 나 – B, 다 – C
② 가 – B, 나 – A, 다 – C
③ 가 – B, 나 – C, 다 – A
④ 가 – C, 나 – A, 다 – B

1과목
재무설계 개론

2과목
재무설계사 직업윤리

3과목
은퇴설계

4과목
부동산설계

5과목
상속설계

해커스 **AFPK** 핵심문제집 모듈1

정답 및 해설

10 ④ 객관성의 원칙 → 보수주의 원칙

11 ③ 확정급여(DB)형 퇴직연금 ↔ 확정기여(DC)형 퇴직연금

12 ② ① 저축성보험은 변동되는 공시이율로 부리되지만 일정한 만기가 있고 만기 이전 해약할 경우 원금손실이 발생할 수 있기 때문에 현금성자산으로 보기 어렵고 저축성자산으로 본다.
③ 일반적으로 국민연금과 같은 공적연금은 자산부채상태표상에는 포함하지 않으며, 재무건전성 파악을 위한 재무상태 분석에도 반영하지 않는다.
④ 보장성보험의 보험료는 고정지출로 처리하고 그 해약환급금도 자산으로 처리하지 않는 것이 일반적이나, 재무상황의 변화로 고객이 재무설계 상담 시에 보장성보험의 해약을 원할 경우 그 해약환급금은 기타자산으로 분류한다.

13 ② A. 수정 현금흐름표
B. 재무상태표
C. 현금흐름표

14

중요도 ★★★ ㉮ p.51, p.54~55 ㉯ p.31~32

재무상태표 작성 시 자산의 종류별 평가방법 및 기준이 적절하게 연결되지 **않은** 것은?

① 연금계좌 : 재무상태표 작성일 당시의 납입원금
② 상장주식 : 재무상태표 작성일의 종가
③ 확정급여(DB)형 퇴직연금과 퇴직금 : 작성일 현재 퇴직할 경우 받을 수 있는 금액 또는 작성일까지 적립된 퇴직금
④ 변액보험 : 재무상태표 작성일 당시의 해약환급금

15

중요도 ★★★ ㉮ p.56 ㉯ p.33

재무상태표의 작성방법 중 부채의 분류와 평가에 대한 설명으로 적절하지 **않은** 것은?

① 모든 부채는 작성일을 기준으로 앞으로 상환해야 하는 잔액을 기록한다.
② 부채는 사용목적에 따라 소비성부채, 주거관련부채, 기타부채로 나뉜다.
③ 부채는 담보여부에 따라 담보부채, 신용부채로 나뉜다.
④ 신용카드 미결제액, 신용한도대출은 유동부채이면서 기타부채에 해당한다.

16

중요도 ★★★

다음 자산부채상태표를 토대로 윤하진 고객의 재무상태표에 대한 설명으로 가장 적절하지 **않은** 것은?

윤하진씨의 재무상태표(2024년 12월 31일 현재 기준)

(단위 : 천원)

자 산			부 채		
항 목		금 액	항 목		금 액
금융자산	CMA	1,000	유동부채	신용카드 잔액[4]	( )
	저축성자산	2,000	비유동부채	주택담보대출	31,000
	정기예금	15,000		자동차할부금	9,000
	상장주식[1]	( )			
	개인형 퇴직연금(IRP)[2]	( )			
사용자산	미술품[3]	( )			
	골프 회원권	10,000	총부채		( )
총자산		( )	순자산		( )

[1] 2024년 12월 31일 종가 12,500천원, 2024년 평균종가 11,000천원
[2] 최초 납입원금 5,000천원, 2024년 12월 31일 현재 해지 가정 시 환급금 7,500천원
[3] 최초 매입가격 43,000천원, 2024년 12월 31일 현재 거래가격 32,000천원
[4] 2024년 11월 기준 신용카드 사용액 2,300천원, 2024년 12월 31일 현재 미결제액 1,500천원

① 상장주식은 작성일 기준 1년 동안의 평균종가인 11,000천원으로 기록한다.
② 개인형(IRP) 퇴직연금은 자산부채상태표 작성일 해지 가정 시 환급금 7,500천원으로 기록한다.
③ 미술품과 같은 사용자산은 매입가격이 아닌 작성기준일 현재 거래가 가능한 가격으로 평가하여 기록한다.
④ 2024년 12월 31일 기준 윤하진씨의 순자산은 38,500천원이다.

정답 및 해설

14 ① 납입원금 → 작성일 현재 해지할 경우의 환급금

15 ④ 기타부채 → 소비성부채

16 ① 상장주식은 재무상태표 작성일 당시의 종가인 12,500천원으로 기록해야 한다.

[참고] • 총자산 = (CMA 1,000 + 저축성자산 2,000 + 정기예금 15,000 + 상장주식 12,500 + IRP 7,500)
    + (미술품 32,000 + 골프회원권 10,000)
    = 80,000
• 총부채 = 신용카드 잔액 1,500 + (주택담보대출 31,000 + 자동차할부금 9,000) = 41,500
∴ 순자산 = 총자산 80,000 − 총부채 41,500 = 38,500

17

재무상태표(2024년 7월 1일 현재 기준)에 기재한 내용으로 적절하지 **않은** 것은?

(단위 : 천원)

자 산		부채 및 순자산	
항 목	금 액	항 목	금 액
보통예금	2,000	신용카드 잔액	1,500
CMA	3,000	단기 신용대출	20,000
정기예금	3,500	주택담보대출	220,000
채 권	4,000	학자금 대출	5,000
비상장주식	1,000		
거주주택	370,000		
회원권	1,600		
DB형 퇴직연금	20,000	순자산	158,600

① 비상장주식은 최근 거래가가 없어, 공정가치평가금액으로 평가한 금액을 기록하였다.
② 확정급여형 퇴직연금은 작성일 당시 퇴직한다고 가정 시 받을 수 있는 예상퇴직급여를 기록하였다.
③ 회원권은 고객의 매입금액을 기준으로 작성하였다.
④ 부채는 자산부채상태표 작성일을 기준으로 앞으로 상환해야 하는 잔액을 기재하였다.

18

다음의 거래가 고객의 재무상태에 미치는 영향으로 적절한 것은?

> 100만원짜리 노트북 구입과 여행비용 50만원을 충당하기 위해 예금계좌에서 70만원을 인출하고 나머지 금액은 신용카드로 결제하였다.

	자 산	부 채	순자산
①	+30	+50	−20
②	+30	+80	−50
③	+50	+80	−30
④	+70	+70	0

19

중요도 ★★★

순자산에 영향을 미치지 않는 거래로만 모두 묶인 것은?

가. 김슬기씨는 100만원짜리 노트북을 전액 현금으로 구입하였다.

나. 이우경씨는 100만원짜리 노트북을 전액 현금으로 구입한 후 지인에게 선물하였다.

다. 유성민씨는 예금계좌에서 30만원을 인출하고 신용카드로 비행기표를 70만원에 예약하여 여행경비로 총 100만원을 지출하였다.

라. 최경은씨는 100만원을 인출하여 50만원은 카메라를 구입하였고, 50만원은 부모님 용돈으로 지출하였다.

---

① 가

② 가, 다

③ 나, 라

④ 가, 다, 라

1과목 재무설계 개론

2과목 재무설계사 직업윤리

3과목 은퇴설계

4과목 부동산설계

5과목 상속설계

해커스 AFPK 핵심문제집 모듈1

정답 및 해설

17 ③ 회원권은 사용자산으로서 작성기준일 현재 처분이 가능한 가격으로 평가하여 작성해야 한다.

18 ② · 자산 = PC 구입 + 예금인출 = (+100) + (-70) = +30
· 부채 = 신용카드 결제 = +80
· 순자산 = 자산 - 부채 = (+30) - (+80) = -50

19 ① 자산 - 부채 = 순자산

	자 산	부 채	순자산
가	-100(현금성자산), +100(사용자산)	변화 없음	변화 없음
나	-100(현금성자산)	변화 없음	-100
다	-30(현금성자산)	+70(단기부채)	-100
라	-100(현금성자산), +50(사용자산)	변화 없음	-50

20 중요도 ★★★　　　　　　　　　　　　　　　　　　　　⑦ p.60 ~ 62　◎ p.34 ~ 36

현금흐름표 작성에 대한 설명으로 적절하지 **않은** 것은?

① 월간 현금흐름표에서 수입은 근로소득, 사업소득, 재산소득, 연금소득, 이전소득, 기타소득 등 월단위로 발생하는 현금흐름을 모두 포함한다.
② 근로자의 경우 월 순수입은 매월 실수령액을 기준으로 한다.
③ 변동지출 중에서 비용 예측이 가능하고 정기적으로 지속적인 지출이 되는 항목이 있더라도 고정지출로 포함할 수 없다.
④ 일반적으로 고정지출에는 보장성보험료, 대출이자, 월세 등이 포함된다.

21 중요도 ★★　　　　　　　　　　　　　　　　　　　　　⑦ p.61 ~ 63　◎ p.36 ~ 37

현금흐름표의 작성에 대한 설명으로 적절한 것은?

① 가계생활의 기반이 되는 필수지출인 의식주, 공과금 등의 생활비는 변동지출에 해당한다.
② 저축 여력은 월수입에서 고정지출을 차감한 금액을 말한다.
③ 저축 및 투자에는 정기예금이나 적금, 펀드, 연금, 보장성보험 등이 포함된다.
④ 추가저축 여력은 월수입에서 변동지출과 고정지출을 차감한 금액을 말한다.

22 중요도 ★★★　　　　　　　　　　　　　　　　　　　　⑦ p.61 ~ 62　◎ p.36

다음 중 변동지출과 고정지출의 예가 적절하게 연결된 것은?

가. 교통비	나. 전기요금
다. 보장성보험료	라. 월세
마. 건강 관리비	바. 주택 대출 상환 이자

	변동지출	고정지출
①	가, 나, 다	라, 마, 바
②	가, 나, 마	다, 라, 바
③	다, 라, 바	가, 나 ,마
④	라, 마, 바	가, 나, 다

23

중요도 ★★★

가계수지상태 분석에 대한 설명으로 적절하지 **않은** 것은?

① 가계수지상태지표는 월 순수입 대비 월별 총지출로 산출된다.
② 월 총지출은 고정지출과 변동지출을 합한 금액과 유출 중 저축 및 투자 금액을 포함한 금액을 말한다.
③ 가계수지상태지표 값이 높으면 추가저축 여력은 낮아진다.
④ 가계수지지표의 값이 100%를 초과하면 적자상태임을 의미한다.

1과목 재무설계 개론

2과목 재무설계사 직업윤리

3과목 은퇴설계

4과목 부동산설계

5과목 상속설계

해커스 **AFPK** 핵심문제집 모듈1

정답 및 해설

20 ③ 변동지출 중에서 비용 예측이 가능하고 정기적으로 지속적인 지출이 되는 항목은 고정지출로 포함할 수 있다.

21 ① ② 저축 여력은 월수입에서 지출항목(고정지출 + 변동지출)을 차감한 금액을 말한다.
③ 보장성보험 → 저축성보험
보장성보험은 고정지출 항목에 해당한다.
④ 추가저축 여력은 저축 여력에서 저축·투자액까지 차감한 금액이다.

22 ② '가, 나, 마'는 변동지출 항목에 해당한다.
'다, 라, 바'는 고정지출 항목에 해당한다.

23 ② 월 총지출은 고정지출과 변동지출을 합한 금액으로, 유출 중에서 저축 및 투자 금액은 포함하지 않는다.

24 중요도 ★★★　　　　　　　　　　　　　　　　　　　㉮ p.69 ~ 70　㉳ p.39

비상예비자금 분석에 대한 적절한 설명으로만 모두 묶인 것은?

> 가. 비상예비자금은 간헐적으로 발생하는 변동지출을 해결하는 수단으로 활용된다.
> 나. 비상예비자금은 고객들이 저축 여력을 보다 적극적으로 투자자산에 배분하도록 한다.
> 다. 비상예비자금지표는 가계의 월별 총지출 대비 저축성자산으로 산출된다.
> 라. 비상예비자금은 일반생활자금과 별도의 계좌로 관리해야 한다.
> 마. 비상예비자금지표의 값이 가이드라인을 초과하는 경우 비상예비자금을 재무목표 달성을
> 　　위한 자금으로 사용할 수 있다.

① 가, 나, 라　　　　　　　　　　　　　② 나, 다, 마
③ 가, 나, 라, 마　　　　　　　　　　　④ 가, 나, 다, 라, 마

25 중요도 ★★★　　　　　　㉮ p.61 ~ 62, p.69 ~ 70　㉳ p.36, p.39

다음의 연간 재무정보를 토대로 재무설계에서 일반적으로 권장되는 비상예비자금(3개월에서 6개월)의 규모를 계산한 것으로 적절한 것은?

> • 급여 : 68,000천원　　　　　　　　• 저축과 투자 : 4,000천원
> • 의료비 : 8,000천원　　　　　　　　• 식비 : 7,000천원
> • 교통비 : 4,000천원　　　　　　　　• 공과금 : 5,000천원
> • 보장성보험료 : 1,700천원　　　　　• 주택대출 이자상환액 : 15,000천원

① 10,055천원 ~ 20,100천원　　　　② 10,175천원 ~ 20,350천원
③ 18,000천원 ~ 36,000천원　　　　④ 20,100천원 ~ 40,234천원

26

다음 자료를 바탕으로 김행운씨(30대) 가계의 비상예비자금 분석에 대한 설명으로 적절한 것은?

〈현금흐름표(2024년 5월)〉		(단위 : 천원)
유입/유출	항 목	금 액
수 입	–	7,000
변동지출	부모님 용돈	500
	자녀(보육비, 사교육비)	1,000
	기타 생활비	1,550
변동지출 총계		3,050
고정지출	보장성보험료	500
	대출이자	730
	자동차 보험료	220
고정지출 총계		1,450
저축·투자액	CMA	1,000
	보통예금	1,000
	정기예금	500
저축·투자액 총계		2,500

① 비상예비자금의 적절한 규모를 월 총지출의 3개월이라고 한다면 15,500천원의 현금성 자산을 확보하는 것이 적절하다.

② 비상예비자금 용도로 활용할 수 있는 현금성자산의 규모는 2,500천원이다.

③ 비상예비자금의 크기가 월 총지출의 6개월의 금액을 초과하지 않아야 한다면, 27,000천원을 초과해서는 안 된다.

④ 일반적으로 연령대가 낮아질수록 현재보다 더 많은 비상예비자금을 확보할 필요가 있다.

정답 및 해설

24 ③ '가, 나, 라, 마'는 적절한 설명이다.
    다. 비상예비자금지표는 가계의 월별 총지출 대비 현금성자산으로 산출된다.

25 ② 비상예비자금 = (고정지출 + 변동지출) ÷ 12 × (3 ~ 6)
    • 고정지출 = 보장성보험료 + 주택대출 이자상환액
    • 변동지출 = 의료비 + 식비 + 교통비 + 공과금
    ∴ 비상예비자금 = {(1,700 + 15,000) + (8,000 + 7,000 + 4,000 + 5,000)} ÷ 12 × (3 ~ 6)
                    = 10,175 ~ 20,350

26 ③ ① 월 총지출 = 변동지출 + 고정지출 = 3,050 + 1,450 = 4,500
       ∴ 비상예비자금 = 4,500 × 3(개월) = 13,500
    ② 현금성자산 = CMA + 보통예금 = 1,000 + 1,000 = 2,000
    ④ 연령대가 낮아질수록 → 연령대가 높아질수록

27 중요도 ★★

부채적정성 평가지표의 계산식으로 적절한 것은?

㉑ p.71 ㉦ p.40

① 소비성부채비율 = 소비성부채상환액 ÷ 총자산
② 총부채상환비율 = 총부채상환액 ÷ 총자산
③ 주거관련부채부담률 = 주거관련부채 ÷ 총자산
④ 총부채부담률 = 총부채 ÷ 월 총수입

28 중요도 ★★★

부채적정성 분석에 대한 설명으로 적절하지 **않은** 것은?

㉑ p.71 ~ 73 ㉦ p.40

① 현금흐름 측면에서 부채지표는 주거관련부채부담률, 총부채부담률로 나뉜다.
② 소비성부채는 신용카드 현금서비스, 개인신용대출, 자동차대출 등 주로 일상생활을 하면서 발생된 부채를 말한다.
③ 주택담보대출의 원금과 이자를 함께 상환하는 것은 주거관련부채상환비율의 값을 높이지만, 부채의 감소와 순자산의 증가를 가져오기 때문에 재무건전성에 긍정적으로 작용할 수 있다.
④ 총부채부담률은 총자산에서 총부채가 차지하는 비중으로, 장기적인 측면에서 부채 적정성을 평가하는 지표이다.

29

중요도 ★★★

김가을씨의 연간 재무정보를 바탕으로 재무상태를 평가한 내용으로 적절하지 **않은** 것은?

- 소득원 : 30,000천원(근로소득 : 24,000천원, 사업소득 6,000천원)
- 소비성부채상환액 : 6,000천원
- 주거관련부채상환액 : 7,200천원
- 소득세 : 6,000천원

---

① 근로소득 외에도 사업소득이 있어서 재정이 안정적인 편이다.

② 소비성부채비율의 적정 가이드라인이 20% 이내라고 한다면, 김가을씨의 소비생활부채는 적절한 수준을 초과하였다.

③ 거주주택마련을 위해 사용한 부채는 총수입의 28% 이하가 적절하다고 본다면, 김가을씨의 주거관련 부채는 적절한 수준이다.

④ 총부채상환비율의 적정 가이드라인이 36% 이하라고 한다면, 김가을씨의 재무건전성은 적절한 수준이다.

1과목 재무설계 개론 / 2과목 재무설계사 직업윤리 / 3과목 은퇴설계 / 4과목 부동산설계 / 5과목 상속설계 / 해커스 **AFPK** 핵심문제집 모듈1

정답 및 해설

27 ③ ① 소비성부채비율 = 소비성부채상환액 ÷ 월 순수입
  ② 총부채상환비율 = 총부채상환액 ÷ 월 총수입
  ④ 총부채부담률 = 총부채 ÷ 총자산

28 ① 현금흐름 측면에서 부채지표는 소비성부채비율, 주거관련부채상환비율, 총부채상환비율로 나뉜다.

29 ④ 총부채상환비율이 44%이므로 적정한 수준을 초과하였다.
  총부채상환비율 = 총부채상환액 ÷ 월 총수입
    = {(6,000 + 7,200) ÷ 12} ÷ (30,000 ÷ 12) = 44%
  ② 소비성부채비율 = 소비성부채상환액 ÷ 월 순수입
    = (6,000 ÷ 12) ÷ {(30,000 - 6,000) ÷ 12} = 25%
  [참고] 순수입은 세금을 뺀 총수입으로 정의한다.
  ③ 주거관련부채상환비율 = 주거관련부채상환액 ÷ 월 총수입
    = (7,200 ÷ 12) ÷ (30,000 ÷ 12) = 24%

01

중요도 ★★

⑦ p.79 ~ 83 ⑳ p.41 ~ 42

화폐의 시간가치에 대한 설명 중 적절한 것으로만 모두 묶인 것은?

> 가. 현재의 현금은 미래의 동일한 액수의 현금보다 가치가 낮고, 현재의 현금보다 미래의 동일한 액수의 현금이 선호된다.
> 나. 현재가치 100만원을 연 10% 단리와 연 10% 복리로 계산할 때의 미래가치는 복리로 계산했을 때가 항상 크다.
> 다. 현재가치 100만원을 연 10% 이자율로 투자할 때 기간이 1년이라면 월복리 단위 투자의 미래가치는 연복리 단위 투자의 미래가치보다 항상 작다.
> 라. 적립식 정액투자의 경우 기간 초에 입금하는 것이 기간 말에 입금하는 경우의 미래가치보다 더 크다.

① 가
③ 나, 다

② 라
④ 가, 다, 라

02

중요도 ★★

⑦ p.79 ~ 83 ⑳ p.41 ~ 42

화폐의 시간가치에 대한 설명으로 적절하지 않은 것은?

① 투자기간이 같다면 복리의 경우 이자를 부리하는 주기가 짧을수록 만기에 수령하는 전체 금액이 더 많아진다.
② 투자이율이 동일한 경우 100만원을 만들기 위한 매월 투자금액은 투자기간이 길수록 적다.
③ 화폐가 현재 가지고 있는 가치를 현재가치라고 하며, 미래가치를 기간에 따른 할인율로 할인한 값을 나타낸다.
④ 정기적 현금흐름에서 미래가치는 기간 초에 투자하는 것이 기간 말에 투자하는 것보다 더 작다.

1과목 재무설계 개론

2과목 재무설계사 직업윤리

3과목 은퇴설계

4과목 부동산설계

5과목 상속설계

해커스 AFPK 핵심문제집 모듈1

03
중요도 ★★★　　　　　　　　　　　　　　　　　　㉮ p.80 ～ 83　㉯ p.42

현재시점에서 A씨에게 필요한 일시금을 계산한 것으로 적절한 것은?

> A씨는 현재 50세이며 60세에 은퇴할 예정이다. 은퇴 시 필요자금이 5억원이며, 투자수익률은 연 4%의 연복리로 가정한다.

① 5억원 × $(1 + 0.04)^{10}$

② 5억원 ÷ $(1 + 0.04)^{10}$

③ 5억원 × $(1 + 0.04)$ × 10

④ 5억원 ÷ $(1 + 0.04)$ × 10

04
중요도 ★★★　　　　　　　　　　　　　　　　　　㉮ p.85　㉯ p.43

재무설계 프로세스 6단계를 순서대로 나열한 것은?

> 가. 고객과의 관계정립　　　　　　나. 고객 관련 정보의 수집
> 다. 재무설계 제안서의 실행　　　　라. 고객 상황의 모니터링
> 마. 고객의 재무상태 분석 및 평가　　바. 재무설계 제안서의 작성 및 제시

① 가 – 나 – 마 – 바 – 다 – 라

② 가 – 나 – 바 – 마 – 라 – 다

③ 가 – 마 – 나 – 바 – 다 – 라

④ 가 – 마 – 바 – 나 – 라 – 다

정답 및 해설

01 ② '라'는 적절한 설명이다.

　가. 현재의 현금은 미래의 동일한 액수의 현금보다 가치가 높고, 현재의 현금이 미래의 동일한 액수의 현금보다 선호된다.

　나. 동일한 연이율의 경우 단리와 복리는 1년 후 시점까지의 미래가치는 같지만 그 이상 투자했을 때는 단리보다 복리의 미래가치가 더 크다.

　다. 투자기간이 같다면 복리의 경우 이자를 부리하는 주기가 짧을수록, 즉 이자 부리횟수가 많을수록 미래가치가 커지므로 월복리 단위 투자의 미래가치는 연복리 단위 투자의 미래가치보다 더 크다.

02 ④ 작다. → 크다.

03 ② $PV = \dfrac{FV}{(1 + i)^n} = \dfrac{5억원}{(1 + 0.04)^{10}}$

04 ① '가 – 나 – 마 – 바 – 다 – 라'의 순이다.

　[1단계] 고객과의 관계정립

　[2단계] 고객 관련 정보의 수집

　[3단계] 고객의 재무상태 분석 및 평가

　[4단계] 재무설계 제안서의 작성 및 제시

　[5단계] 재무설계 제안서의 실행

　[6단계] 고객 상황의 모니터링

중요도 ★★★ ㉑ p.85 ~ 107 ⑳ p.43 ~ 48

05 다음 재무설계사의 상담내용을 재무설계 프로세스 6단계의 순서대로 나열한 것은?

가. 재무설계는 가계 단위로 이루어지므로 가계재무에 대한 제반 사항을 배우자분과 함께 관리하고 의견을 교환할 수 있도록 고객님과 배우자분이 동반하시어 상담에 임해주시기를 요청드립니다.

나. 고객님께 가장 최선의 안이 될 수 있도록 재무목표 우선순위와 위험수용성향 등을 포함한 제안서를 수립하였습니다.

다. 저는 CFP 자격인증자로서, 단순히 금융상품을 판매하고 관리하는 세일즈맨이 아니라 고객님의 삶 전체를 아우르는 계획을 세우고 실천방안을 종합적으로 모색하는 재무전문가로서 역할을 수행할 것입니다.

라. 투자수익률이 저조함에 따라 설정하신 재무목표를 달성하는 데 어려움이 따를 것으로 판단되어, 현재 실행 중인 재무설계안의 실행방법에 수정이 필요할 것 같습니다.

마. 고객님의 재무목표별로 목표금액과 목표기간을 감안하여 금융상품을 선별해야 하며, 수익률, 세금 등 모든 사항을 고려했을 때 고객님에게 가장 이익이 되는 상품은 다음과 같습니다.

바. 현재 고객님 가계의 자산 및 부채 현황을 봤을 때, 긴급자금 필요시 단기간 내에 현금화할 수 있는 자금이 부족하여, 사고 등으로 일시적으로 수입이 중단되었을 경우 심각한 어려움에 처할 것으로 보입니다.

---

① 가 – 다 – 나 – 바 – 마 – 라
② 가 – 다 – 바 – 나 – 라 – 마
③ 다 – 가 – 바 – 나 – 마 – 라
④ 다 – 가 – 바 – 라 – 나 – 마

중요도 ★★ ㉑ p.86 ⑳ p.43

06 재무설계사의 핵심 수행업무와 재무설계 프로세스의 단계가 적절하게 연결된 것은?

① 재무관리 항목의 확인 – 고객과의 관계정립
② 자료수집의 중요성 설명 – 고객 관련 정보의 수집
③ 재무설계 제안서의 요약 – 재무설계 제안서의 실행
④ 세무상황 분석 – 고객 상황의 모니터링

07

중요도 ★★★

㉮ p.87 ~ 89 ㉯ p.43 ~ 44

재무설계 프로세스 중 고객과의 관계정립 단계에 대한 설명으로 적절하지 **않은** 것은?

① 재무설계의 정의와 내용, 재무설계사의 자격, 역량과 역할에 대해 설명한다.
② 고객과 협의하여 업무수행범위를 결정한다.
③ 자료수집이 왜 중요하고 어떻게 자료수집을 하며 어떤 서류를 재무설계사에게 제출해야 하는지 고객에게 자세히 설명한다.
④ 재무설계사는 상담 시 고객의 기본정보 및 재무적·비재무적 정보를 구체적으로 파악하며 고객에게 전문가적인 면모를 보이고 신뢰를 쌓아가야 한다.

08

중요도 ★★★

㉮ p.90 ~ 96 ㉯ p.44 ~ 45

재무설계 프로세스 중 고객 관련 정보의 수집 단계에 대한 설명으로 적절하지 **않은** 것은?

① 재무설계사는 고객이 구체적이고 측정 가능한 재무목표를 세울 수 있도록 한다.
② 저축여력을 안정자산과 투자자산, 운용자산으로 배분해야 할 필요성을 설명하고 현재 배분 금액의 적정성 등을 확인한다.
③ 고객의 투자경험 및 금융이해력 수준은 정성적 정보에 해당한다.
④ 물가상승률, 세후투자수익률은 정량적 정보에 해당한다.

정답 및 해설

05 ③ '다 – 가 – 바 – 나 – 마 – 라'의 순이다.
　가. [2단계] 고객 관련 정보의 수집
　나. [4단계] 재무설계 제안서의 작성 및 제시
　다. [1단계] 고객과의 관계정립
　라. [6단계] 고객 상황의 모니터링
　마. [5단계] 재무설계 제안서의 실행
　바. [3단계] 고객의 재무상태 분석 및 평가

06 ③ ① 재무관리 항목의 확인 – [2단계] 고객 관련 정보의 수집
　② 자료수집의 중요성 설명 – [1단계] 고객과의 관계정립
　④ 세무상황 분석 – [3단계] 고객의 재무상태 분석 및 평가

07 ④ 고객 및 가족 구성원에 관한 기본정보, 재무적·비재무적 정보 등은 '[2단계] 고객 관련 정보의 수집' 단계에서 수집한다.

08 ④ 물가상승률, 세후투자수익률은 경제가정치에 해당한다.

1과목
재무설계 개론

2과목
재무설계사 직업윤리

3과목
은퇴설계

4과목
부동산설계

5과목
상속설계

해커스 **AFPK** 핵심문제집 모듈1

09 중요도 ★★   ㉑ p.92 ㉦ p.44

생애주기 중 가정형성기의 재무관심사로 적절하지 **않은** 것은?

① 위험관리 재점검   ② 자녀양육

③ 자산증식   ④ 대출상환

10 중요도 ★★★   ㉑ p.94 ㉦ p.45

고객 관련 정보 중 정성적 정보에 해당하는 것으로 모두 묶인 것은?

가. 보장성보험 가입 여부 및 보장내용
나. 위험수용성향
다. 고용에 대한 상황 및 기대
라. 공적연금, 퇴직연금, 개인연금 등 연금자산 내역
마. 증여, 상속 내역
바. 현재 또는 미래 라이프스타일에서 예상되는 변화

① 가, 나, 다   ② 나, 다, 라
③ 나, 다, 바   ④ 다, 마, 바

11 중요도 ★★   ㉑ p.89 ~ 105 ㉦ p.44 ~ 48

재무설계 프로세스 중 고객 재무상태의 분석 및 평가 단계에서의 유의사항으로 적절한 것은?

① 재무설계사는 고객으로부터 수집한 정량적, 정성적 정보를 철저히 분석하여 고객이 현재 하고 있는 것으로 그들의 재무목표를 충족할 수 있는지 살펴봐야 한다.
② 재무설계사는 재무설계 프로세스에서 고객의 역할과 책임을 명확히 설명해야 한다.
③ 고객이 스스로 생각하고 대답할 수 있도록 간편하고 쉬운 질문을 이용해야 한다.
④ 재무설계 제안서를 이행할 상품과 서비스를 선택할 때 재무설계사는 자신의 이익보다 고객의 이익을 우선시해야 한다.

12 중요도 ★ ㉮ p.98 ㉯ p.46

재무설계 프로세스 중 고객 재무상태의 분석 및 평가 단계에서 각 영역별 분석·평가 시 중점 사항이 알맞게 짝지어진 것은?

① 재무관리 : 고객의 목표달성에 필요한 요구수익률을 산정한다.
② 부동산설계 : 세금설계 대안의 재무적 영향을 평가한다.
③ 위험관리 : 재무위험에 대한 노출정도를 평가한다.
④ 세금설계 : 사망 시 부담하여야 할 비용과 세금을 계산한다.

1과목 재무설계 개론

2과목 재무설계사 직업윤리

3과목 은퇴설계

4과목 부동산설계

5과목 상속설계

해커스 **AFPK** 핵심문제집 모듈1

정답 및 해설

09 ① '위험관리 재점검'은 생애전환기의 재무관심사이다.

10 ③ '나, 다, 바'는 정성적 정보에 해당한다.
'가, 라, 마'는 정량적 정보에 해당한다.

11 ① ② [1단계] 고객과의 관계정립 단계에서의 유의사항
③ [2단계] 고객 관련 정보의 수집 단계에서의 유의사항
④ [5단계] 재무설계 제안서의 실행 단계에서의 유의사항

12 ③ ① 재무관리 → 투자관리
② 부동산설계 → 세금설계
④ 세금설계 → 상속설계

13 중요도 ★★

⑦ p.89, p.103　⑧ p.44, p.47

다음 중 재무설계 제안서에 포함되어야 하는 내용이 **아닌** 것은?

① 고객의 재무목표 우선순위
② 계약 해지 및 종료에 대한 사항
③ 각론별 재무설계상의 대안 제시
④ 수정 재무상태표와 수정현금흐름표의 제시

14 중요도 ★★★

⑦ p.105　⑧ p.48

다음 내용은 재무설계 프로세스 1 ~ 6단계 중 어느 단계에 해당하는가?

> • 재무설계사와 고객 사이의 역할 분담을 결정하여야 한다.
> • 고객에게 다른 전문가들을 소개할 수 있다.
> • 다른 전문가들과 협력할 수 있다.
> • 상품과 서비스를 선택하고 확보한다.

① 고객과의 관계 정립
② 재무설계 제안서의 작성 및 제시
③ 재무설계 제안서의 실행
④ 고객 상황의 모니터링

정답 및 해설

13 ② 계약 해지 및 종료에 대한 사항은 1단계에서 업무수행 계약서 작성 시 기재하는 사항에 해당한다.

14 ③ [5단계] 재무설계 제안서의 실행에 해당한다.

01 중요도 ★★   ㉑ p.111 ~ 113   ⑳ p.49

소비자신용에 대한 설명으로 적절하지 **않은** 것은?

① 경제활동에서의 신용은 미래의 소득을 담보로 현시점에서 상품이나 화폐 또는 서비스를
교환하여 사용하는 수단으로 활용된다.
② 소비자신용은 금융회사에서 소비자가 물품이나 서비스 구입에 필요한 자금을 제공하는 소
비자금융과 판매업자가 물품 등을 소비자에게 제공하고 그 대금을 나중에 받는 신용판매로
나뉜다.
③ 일반적으로 담보부대출의 이자율이 신용대출의 이자율보다 높다.
④ 일반적으로 공금융대출이 사금융대출보다 이자율이 낮으나 대출조건이 까다롭고 대출규
모가 적다.

02 중요도 ★★   ㉑ p.112 ~ 115   ⑳ p.49 ~ 50

소비자신용에 대한 설명으로 적절한 것은?

① 신용은 미래의 구매력을 증가시킨다.
② 소비자금융은 제공하는 주체에 따라 공금융대출과 사금융대출로 구분된다.
③ 서비스신용은 일종의 외상구매 방식으로 주로 신용카드사, 할부금융회사 등이 물품이나
서비스 판매를 목적으로 소비자에게 제공하는 신용이다.
④ 주택의 건축이나 구입, 임대 등과 관련된 자금을 금융회사에서 제공하는 주택금융은 대
부분 신용판매의 범주에 속한다.

정답 및 해설

01 ③ 높다. → 낮다.

02 ② ① 신용은 현재의 구매력을 증가시키는 대신 미래의 구매력을 감소시킨다.
③ 서비스신용 → 신용판매
④ 신용판매 → 소비자금융

03
중요도 ★★

㉮ p.113 ~ 114 ㉱ p.50

금융리스와 운용리스를 비교한 내용으로 적절하지 **않은** 것은?

	구 분	금융리스	운용리스
①	경제적 성격	소비자금융	임대차거래
②	물건 관리	리스이용자	리스회사
③	비용 부담	리스이용자	리스이용자
④	중도해지	가 능	불가능

04
중요도 ★

㉮ p.113 ~ 114 ㉱ p.50

리스와 렌탈에 대한 설명으로 적절하지 **않은** 것은?

① 리스는 시설임대를 전문으로 하는 사업주체가 일정한 설비를 구입하여 그 이용자에게 일정 기간 대여하고 그 사용료를 받는 것을 목적으로 하는 물적금융이다.
② 렌탈은 특정 물건을 일정 기간 소정의 대가를 받는 조건으로 빌려준다는 점에서 리스와 동일하다.
③ 리스는 민법상 임대차에 해당하지만 렌탈은 여신전문금융업상 시설대여에 해당한다.
④ 리스뿐만 아니라 렌탈 방식으로도 자동차 구입이 가능하다.

05
중요도 ★★

㉮ p.114 ~ 115 ㉱ p.50

소비자신용의 장단점에 대한 설명으로 적절하지 **않은** 것은?

① 신용은 개인 및 가계의 재무관리에 융통성을 떨어뜨린다.
② 신용은 인플레이션을 대비할 수 있도록 도와주는 역할을 한다.
③ 신용은 생활에서 필요한 물품의 즉시 구입을 가능하게 하여 만족을 극대화시킨다.
④ 신용의 사용은 그에 상응하는 비용을 수반하며 과소비나 충동구매의 가능성을 높인다.

06
중요도 ★★

개인신용정보의 종류와 그 내용이 적절하게 연결된 것은?

가. 신용거래정보	나. 신용도판단정보
다. 신용거래능력 판단정보	라. 식별정보

A. 개인의 직업, 자산, 채무, 소득총액 및 납세실적 등에 대한 정보로 대출 후 상환 능력 평가에 이용된다.

B. 신용정보주체의 신용도를 판단할 수 있는 정보로, 연체정보, 대위변제, 대지급정보 및 부도정보, 신용질서문란행위와 관련된 정보가 포함된다.

C. 금융거래 등 상거래와 관련하여 신용정보주체의 거래내용을 판단할 수 있는 정보로, 신용카드 등의 개설·발급정보, 개인대출정보, 카드대출정보, 개인채무보증정보 등이 포함된다.

D. 살아있는 개인에 관한 정보로서 성명, 주소, 전화번호, 성별 등 특정 개인을 식별할 수 있는 정보이다.

① 가 – A, 나 – B, 다 – D, 라 – C
② 가 – B, 나 – A, 다 – C, 라 – D
③ 가 – C, 나 – A, 다 – B, 라 – D
④ 가 – C, 나 – B, 다 – A, 라 – D

정답 및 해설

03 ④ 금융리스는 중도해지가 불가능하지만, 운용리스는 중도해지가 가능하다.

04 ③ 리스는 여신전문금융업상 시설대여에, 렌탈은 민법상 임대차에 해당한다.

05 ① 신용은 개인 및 가계의 재무관리에 융통성을 제공할 수 있다.

06 ④ A. 신용거래능력 판단정보
　　B. 신용도판단정보
　　C. 신용거래정보
　　D. 식별정보

⑦ p.117 ⑧ p.51

07 중요도 ★★

다음 중 한국신용정보원에서 집중 관리하는 신용정보가 **아닌** 것은?

① 채무불이행 정보(연체 3개월 이상)
② 대부업체 및 비금융회사로부터 받은 정보
③ 대출 및 채무보증 정보
④ 신용카드 개설 정보

08 중요도 ★★

⑦ p.118 ⑧ p.51

다음은 등록정보의 해제와 기록보존기간에 대한 설명으로 (가) ~ (다)에 들어갈 말이 적절하게 연결된 것은?

한국신용정보원에 등록된 연체정보는 등록일로부터 (가) 이내에 연체금을 상환한 경우 또는 연체대출금(신용카드·할부금융대금 제외)을 (나) 이하 중에서 상환한 경우에는 해제와 동시에 그 기록도 삭제된다. 그러나 그 이외의 사항은 등록사유가 해제되더라도 해제사유발생일로부터 연체기간까지 최대 (다)까지 연체기록이 보존된다.

	가	나	다
①	30일	500만원	5년
②	90일	1,000만원	1년
③	90일	500만원	1년
④	90일	1,000만원	5년

09 중요도 ★★

⑦ p.118 ~ 119 ⑧ p.51 ~ 52

신용정보의 등록, 해제 및 삭제에 대한 설명으로 적절하지 **않은** 것은?

① 5만원 이상의 신용카드 또는 할부금융대금을 3개월 이상 연체한 경우 한국신용정보원에 연체정보로 등록된다.
② 금융질서문란정보는 신용식별정보 대여, 위변조·허위자료 제출, 대출사기, 보험사기, 신용카드 도용 등 불법적인 행위와 관련된 정보를 말한다.
③ 금융질서문란정보는 해제사유가 발생함과 동시에 삭제되며 별도의 보존기간이 없다.
④ 공공정보는 해제와 동시에 삭제되며 별도의 보존기간이 없다.

10

중요도 ★★★　　　　　　　　　　　　　　　　　　　⑦ p.121 ~ 123　⑨ p.52 ~ 53

개인신용평점에 대한 설명으로 적절하지 **않은** 것은?

① 개인신용평가 체계는 개인신용평점을 1 ~ 500점으로 점수화하여 제공함으로써 금융회사
　별로 다양하고 정교화된 심사가 가능해졌다.
② 신용평점이 높을수록 신용상태가 우수하며 낮을수록 신용상태가 좋지 않음을 의미한다.
③ 개인신용평점의 평가요소 중 상환이력, 부채수준, 신용거래기간 등은 신용행동 정보에 해
　당한다.
④ 개인신용평점 하위 10%는 은행·저축은행·보험 감독규정에 따라 구속성 영업행위가 금
　지된다.

중요도 ★★★　　　　　　　　　　　　　　　　　　　⑦ p.125~ 126　⑨ p.54

개인신용정보의 열람 및 정정청구에 대한 설명으로 적절하지 **않은** 것은?

① 신용정보주체는 신용정보회사 등이 가지고 있는 본인 신용정보의 제공 또는 열람을 청구
　할 수 있다.
② 본인 신용정보가 사실과 다른 경우에는 정정을 청구할 수 있으며, 이 경우 신용정보회사
　등은 7영업일 이내에 그 처리결과를 알려야 한다.
③ 개인신용정보로 인해 상거래에서 거절 또는 중지를 당하거나 개인신용평점의 결과에 의문이
　생기는 경우 신용정보 고지요구권 또는 신용평점 설명요구권을 활용할 수 있다.
④ 신용평점 설명요구권은 개인신용정보에 근거하여 상거래 관계설정을 거절 또는 중지한
　경우에만 적용되는 데 반해 신용정보 고지요구권은 상거래 관계 거절 여부와 상관없이
　적용된다.

정답 및 해설

07 ② 대부업체 및 비금융회사로부터 받은 정보는 민간 CB인 KCB, NICE 평가정보 등에서 집중 관리하는 신용정보
　　　이다.

08 ② 가. 90일
　　　나. 1,000만원
　　　다. 1년

09 ③ 금융질서문란정보는 해제사유가 발생하더라도 5년간은 기록이 보존된다. 공공정보의 경우 등록사유가 해소된 때
　　　에 해제와 동시에 삭제된다.

10 ① 500점 → 1000점

11 ④ 신용평점 설명요구권 ↔ 신용정보 고지요구권

⑦ p.129 ~ 131 ⑧ p.55

12 중요도 ★★★

부채 관련 기본개념에 대한 설명으로 적절하지 **않은** 것은?

① 총부채상환비율(DTI)은 주택 등 부동산을 담보로 대출을 받을 때 차주의 부채부담능력을 측정하는 지표이다.

② 총부채원리금상환비율(DSR)은 주택담보대출의 원리금상환액을 제외한 모든 대출의 원금과 이자상환액을 포함하여 총체적인 상환능력을 평가한다.

③ 담보인정비율(LTV)은 주택 담보가치에 대한 대출 취급가능 금액의 비율이다.

④ 전세대출, 보금자리론과 같은 주거관련 대출, 정부정책 등에 따라 긴급하게 취급하는 대출 등 일부 대출은 총부채원리금상환비율(DSR) 산정 시 제외된다.

13 중요도 ★★★

⑦ p.130 ⑧ p.55

다음 중 빈칸에 들어갈 말로 가장 적절한 것은?

연소득 7,000만원인 고객 나금융씨는 현재 거주하고 있는 주택을 구입하기 위해 주택담보대출(2.1억원, 10년, 연 2.5% 월복리)을 이용하였고 연간 2,376만원(이자상환액 504만원 포함)의 원리금을 상환하고 있다. 최근 나금융씨는 투자목적으로 청약조정지역 내에 주택을 구입하기 위해 1.7억원을 추가로 대출(만기 10년, 연 3.5% 월복리)하고자 한다. 추가 대출의 연간 원리금상환액은 2,017만원이고, 주택담보대출 외 다른 대출은 없다고 가정한다면, 나금융씨의 총부채상환비율(DTI)는 (가)%이므로, 희망하는 대출은 (나)하다. (설정기준 DTI 60%)

	가	나
①	42	가 능
②	44.2	가 능
③	62.8	불가능
④	64.5	불가능

14

중요도 ★★★

고객 김미현씨의 대출한도 결정에 대한 설명으로 적절한 것은?

> 김미현씨는 비수도권에 4억짜리 주택을 구입하기 위해 주택담보대출로 2.5억원(만기 10년, 연 2.5% 월복리)을 대출하기를 희망하고 있다. 기타 대출은 없으며, 현재 무주택자이고 실수요 목적으로 청약조정대상지역 이외에 주택을 구입하는 것으로 가정한다. (설정기준 DTI 70%)
> - 김미현씨의 연소득 : 4,500만원
> - 연간 주택담보대출 원리금상환액 : 2,930만원
> - 주택담보대출 외 기타 대출은 없음

① 김미현씨가 희망하는 대로 대출을 할 경우 DTI는 70.1%이다.

② 김미현씨는 희망하는 2.5억원을 대출받을 수 없다.

③ 김미현씨의 기타 대출의 이자납부액이 520만원이라고 가정할 경우, 희망하는 2.5억원 대출을 받을 수 있다.

④ 김미현씨의 기타 대출의 이자납부액이 600만원이라고 가정할 경우, 설정기준 DTI가 80%까지 인정된다면 희망하는 2.5억원을 대출받을 수 있다.

1과목 재무설계 개론

2과목 재무설계사 직업윤리

3과목 은퇴설계

4과목 부동산설계

5과목 상속설계

해커스 AFPK 핵심문제집 모듈1

정답 및 해설

12 ② 제외한 → 포함한

13 ③ 가. 62.8%
나. 불가능
총부채상환비율(DTI) = (주택담보대출 연간 원리금상환액 + 기타부채 연간 이자상환액)/연소득
= (2,376만원 + 2,017만원)/7,000만원 = 62.8%
∴ 설정기준 DTI가 60%이고, 나금융씨의 총부채상환비율(DTI)은 62.8%이므로, 희망하는 대출은 불가능하다.

14 ④ 김미현씨의 기타 대출의 이자납부액이 600만원일 경우 DTI는 78.4%로, 설정기준 DTI 80%를 초과하지 않기 때문에 김미현씨는 희망하는 대출을 받을 수 있다.
총부채상환비율(DTI) = (주택담보대출 연간 원리금상환액 + 기타부채 연간 이자상환액)/연소득
= (2,930만원 + 600만원)/4,500만원 = 78.4%
① 총부채상환비율(DTI) = (주택담보대출 연간 원리금상환액 + 기타부채 연간 이자상환액)/연소득
= 2,930만원/4,500만원 = 65.1%
② 김미현씨의 DTI는 65.1%이기 때문에 희망하는 대출을 받을 수 있다.
③ 김미현씨의 기타 대출의 이자납부액이 520만원일 경우 DTI는 76.7%로, 설정기준 DTI 70%를 초과하기 때문에 김미현씨는 희망하는 대출을 받을 수 없다.
총부채상환비율(DTI) = (주택담보대출 연간 원리금상환액 + 기타부채 연간 이자상환액)/연소득
= (2,930만원 + 520만원)/4,500만원 = 76.7%

15 중요도 ★★★

대출한도 결정에 대한 적절한 설명으로만 모두 묶인 것은?

> 가. DTI가 60%이고 구입하고자 하는 아파트 가격이 5억원일 경우 최대 3억원까지 대출이 가능하다.
> 나. LTV는 대출로 인한 부채상환액이 소득의 일정비율을 넘지 못하도록 규제하여 대출원금의 크기를 조정하는 것이다.
> 다. 부동산 시장이 불황일 경우 DTI 규제를 완화하여 대출 한도 비중을 높임으로써 주택담보대출을 유도할 수 있다.
> 라. 총부채원리금상환비율(DSR) 산정 시 여신심사위원회의 승인을 받은 주택담보대출 등 일부 대출은 포함하지 않는다.

① 다, 라
② 가, 나, 다
③ 나, 다, 라
④ 가, 나, 다, 라

16 중요도 ★★

대출금리에 대한 적절한 설명으로만 묶인 것은?

> 가. 대출금리는 고정금리와 변동금리, 혼합형금리로 나뉜다.
> 나. 고정금리는 통상 변동금리보다 금리수준이 높은 것이 일반적이다.
> 다. 은행의 대표적인 대출기준금리로는 COFIX(코픽스), CD금리, 금융채 금리 등이 있으며, 차주나 대출 종류에 관계없이 해당 기준금리들의 평균치가 적용된다.
> 라. CD금리는 한국금융투자협회가 발표하는 양도성 예금증서의 유통수익률로서 3개월 CD금리가 대표적인 단기 기준금리이다.
> 마. 금리인하요구권은 대출계약을 체결하기 이전에 신용상태의 개선 등이 있는 경우에 금융회사에 대출금리의 인하를 요구할 수 있는 제도이다.

① 가, 다
② 가, 나, 다
③ 가, 나, 라
④ 나, 다, 라, 마

17

중요도 ★★★

대출상환방식과 그 특징이 적절하게 연결된 것은?

| 가. 만기일시상환 | 나. 원금균등분할상환 |
| 다. 원리금균등분할상환 | 라. 거치 후 분할상환 |

A. 일정 기간 동안은 이자만 납입하고 일정 기간 이후 원금과 이자를 상환하는 방식으로 분할상환에 대한 부담을 유보시키는 효과를 주기도 하지만 부채에 대한 부담을 장기화시킬 수도 있다.

B. 대출기간 동안은 이자만 납입하다가 대출기간이 완료되는 시점에 원금을 상환한다.

C. 매월 상환하는 원금은 동일하지만 이자는 달라지게 되고 대출기간이 지남에 따라 감소한다.

D. 대출기간 동안 대출원금과 이자를 동일하게 나누어 내는 방식으로 주택자금대출이나 일반가계대출 등 많은 대출상품에 일반적으로 적용되는 방식이다.

① 가 – A, 나 – C, 다 – D, 라 – B
② 가 – A, 나 – D, 다 – B, 라 – C
③ 가 – B, 나 – C, 다 – D, 라 – A
④ 가 – B, 나 – D, 다 – C, 라 – A

정답 및 해설

15 ① '다, 라'는 적절한 설명이다.
   가. DTI → LTV
   나. LTV → DTI

16 ③ '가, 나, 라'는 적절한 설명이다.
   다. 해당 기준금리 중 차주별, 대출 종류별로 다른 금리가 적용된다.
   마. 이전 → 이후

17 ③ A. 거치 후 분할상환
   B. 만기일시상환
   C. 원금균등분할상환
   D. 원리금균등분할상환

18 중요도 ★★★

㉮ p.133 ⓐ p.56～57

다음 채무자들에게 적합한 대출상환방식에 대한 설명으로 가장 적절한 것은?

> • 최현우씨는 최근 직장을 잃어 당분간은 수익이 없다.
> • 이승민씨는 고정적인 수입이 있어 체계적인 자금수급 계획을 수립하고자 한다.
> • 김지영씨는 당장의 현금유동성은 원활하지 않으나 향후 목돈이 들어올 가능성이 있다.
> • 박지원씨는 고정적인 수입이 있지만 향후 목돈이 들어올 가능성은 없다.

① 최현우씨는 대출상환방식 중 원금균등분할상환이 가장 적합하다.
② 이승민씨는 대출상환방식 중 거치 후 분할상환이 가장 적합하다.
③ 김지영씨는 대출상환방식 중 만기일시상환이 가장 적합하다.
④ 박지원씨는 대출상환방식 중 거치 후 분할상환이 가장 적합하다.

19 중요도 ★★★

㉮ p.135 ⓐ p.57

고객 최금리씨가 보유하고 있는 신용대출의 중도상환수수료를 계산한 것으로 적절한 것은?

> 최금리씨는 대출기간이 5년(대출금리 4%)인 신용대출을 받아 현재 남아있는 대출금은 3억원
> 이다. 중도상환시 중도상환수수료율이 2%이고, 대출잔여일수는 730일이다. 최금리씨는 현재
> 남아있는 대출금 전액에 대해서 중도상환을 하기로 결정했다.

① 1,200천원
② 2,400천원
③ 4,800천원
④ 6,000천원

20 중요도 ★★

㉮ p.136～139 ⓐ p.57～58

대출 종류에 대한 설명으로 적절하지 **않은** 것은?

① 한도방식 대출은 대출약정 한도금액 범위 내에서 대출을 자유롭게 재사용할 수 있으며, 건별방식 대출보다 금리 수준이 낮다.
② 건별방식 대출은 개별계약형 대출로 대출 약정금액 범위 내에서 일괄하여 대출이 발생하고 상환한 금액을 재사용할 수 없다.
③ 주택담보대출은 금융회사별로 거래방식, 상환방식, 대출한도 등에 대한 기준이 다르게 정해져 있다.
④ 가계신용대출은 담보대출에 비해 대출금액이 적고 대출금리가 높다.

21 중요도 ★

부동산 관련 대출에 대한 설명으로 적절하지 **않은** 것은?

① 주택담보대출의 한도는 LTV(담보인정비율), DTI(총부채상환비율), DSR(총부채원리금 상환비율) 등에 따라 결정된다.
② '내집마련 디딤돌대출', '보금자리론'과 같은 정책모기지 상품을 통해 낮은 이자로 주택 구입자금을 마련할 수 있다.
③ 경락잔금대출은 경매 또는 공매를 통해 낙찰된 부동산의 경락대금을 지원하는 대출이다.
④ 상업용부동산의 경우 일반적으로 주택담보대출에 비해 낮은 담보가치를 요구한다.

22 중요도 ★★★

연체 전 채무조정(신속채무조정) 신청대상 및 조정내용에 대한 내용으로 적절하지 **않은** 것은?

① 신속채무조정의 지원을 받기 위해서는 연체기간이 30일 이하여야 한다.
② 대출금의 종류, 총채무액, 변제 가능성 등을 고려하여 최장 10년 이내에서 상환기간을 연장할 수 있다.
③ 원리금분할상환기간 중 조정이자율은 약정이자율로 하며, 최고이자율은 연 15%(신용카드 연 10%)이다.
④ 채무는 이자와 연체이자 모두 감면된다.

정답 및 해설

18 ③ ① 당장의 수입이 없기에 초기에 원금 상환의 부담이 있는 원금균등분할상환은 적합하지 않다. 따라서 만기일시 상환이나 거치 후 분할상환과 같이 초기 상환 부담을 덜 수 있는 방식이 적합하다.
② 매월 상환액이 일정한 원리금균등분할상환방식이 적합하다.
④ 고정적인 수입만 있고, 별도의 목돈이 없는 상황이기에 꾸준히 대출금을 상환할 수 있는 원금균등분할상환이나 원리금균등분할상환방식이 적합하다.

19 ② 중도상환수수료 = 중도상환금액 × 중도상환수수료율 × (대출잔여일수/대출기간)
= 300,000천원 × 2% × (730일/(365일 × 5)) = 2,400천원

20 ① 낮다. → 높다.

21 ④ 낮은 → 높은

22 ④ 채무감면은 연체이자에 한한다.

23

중요도 ★★★　　　　　　　　　　　　　　　⑰ p.144, p.150　ⓐ p.60, p.62

이자율 채무조정(프리워크아웃제도) 지원대상의 요건 중 (가) ~ (다)에 들어갈 숫자로 적절한 것은?

- 연체기간이 (가)일 이상 89일 이하인 자
- 1개 이상의 금융회사에 채무가 있고, 무담보채무가 (나)억원, 담보채무가 (다)억원 이하인 자

	가	나	다
①	11	5	10
②	11	10	5
③	31	5	10
④	31	10	5

24

중요도 ★★★　　　　　　　　　　　　　　　⑰ p.144, p.150　ⓐ p.60, p.62

개인채무조정에 대한 설명으로 적절하지 **않은** 것은?

① 프리워크아웃제도를 이용하기 위해서는 총채무액이 15억원(무담보 5억원, 담보 10억원) 이하여야 한다.
② 개인워크아웃제도를 이용하기 위해서는 최근 6개월 이내 신규 발생 채무원금이 총채무액의 30% 미만이어야 한다.
③ 프리워크아웃제도 이용 시 대출금의 종류, 총채무액, 변제 가능성 등을 고려하여 담보·무담보채무를 최장 10년 이내에 상환할 수 있다.
④ 프리워크아웃제도 이용 시 채무과중도에 따라 약정이자율의 30 ~ 70%를 인하하며, 최고이자율은 연 8%로 제한한다.

25 중요도 ★★★

개인워크아웃제도에 대한 설명으로 적절한 것은?

① 최저생계비에 미치지 못하는 수입이 있거나 채무상환이 어렵다고 판단되는 자에 한하여 지원이 가능하다.
② 총채무액이 15억원(무담보 10억원, 담보 5억원) 이하여야 지원이 가능하다.
③ 이자와 연체이자 전액이 감면된다.
④ 개인워크아웃이 확정되면 0 ~ 30% 범위 내에서 원금이 감면된다.

26 중요도 ★★

개인워크아웃제도에 대한 적절한 설명으로만 모두 묶인 것은?

> 가. 대상채무는 신용회복지원협약에 가입한 채권금융회사(대부업체 포함)의 채무에 한한다.
> 나. 사회취약계층은 최대 70%까지 원금이 감면된다.
> 다. 보증인에 대한 채권추심이 불가하다.
> 라. 연체정보 등록은 채무조정합의서 체결 시 등록되며, 채무자가 변제계획을 1년 이상 성실히 이행했을 시 연체정보는 삭제된다.

① 가, 다
② 나, 라
③ 가, 나, 다
④ 나, 다, 라

정답 및 해설

23 ③ 가. 31
　　　나. 5
　　　다. 10

24 ③ 일반주택담보의 경우 최장 20년, 특례주택담보의 경우 최장 35년 이내에 상환할 수 있다.

25 ③ ① 최저생계비 이상의 수입이 있거나 채무상환이 가능하다고 심의위원회가 인정한 자만이 신청 가능하다.
　　　② 총채무액 15억원(무담보 5억원, 담보 10억원) 이하여야 지원이 가능하다.
　　　④ 개인워크아웃이 확정되면 0 ~ 70% 범위 내에서 원금이 감면된다.

26 ① '가, 다'는 적절한 설명이다.
　　　나. 70% → 90%
　　　라. 1년 → 2년

27 중요도 ★★★

⑦ p.146～147 ⑧ p.60

개인회생제도에 대한 설명으로 적절하지 **않은** 것은?

① 재정적 어려움으로 파탄에 직면하였으며 장래에도 정기적인 수입이 발생하기 어려운 개인
채무자를 구제하기 위한 제도이다.
② 신용회복위원회의 지원제도를 이용 중이거나 파산절차나 회생절차가 진행 중인 채무자도
신청이 가능하다.
③ 채권자나 조합, 주식회사, 사단법인 등의 법인은 개인회생제도를 이용할 수 없다.
④ 특별한 사정이 있지 않은 경우 변제기간은 변제가 시작된 날로부터 3년을 초과해서는 안
된다.

28 중요도 ★★

⑦ p.147～149 ⑧ p.61

개인파산제도에 대한 설명으로 적절하지 **않은** 것은?

① 파산절차는 개인파산에 처한 채무자나 해당 채권자 모두 신청이 가능하다.
② 보증인은 주채무자가 면책을 받더라도 자신의 보증채무를 변제해야 한다.
③ 사채 등의 채무뿐만 아니라 연체정보 등록 여부도 상관없이 개인파산 신청이 가능하다.
④ 파산선고를 받으면 자동으로 면책이 허가된다.

29 중요도 ★★★

⑦ p.150 ⑧ p.62

다음 중 개인회생과 개인파산을 비교한 것으로 적절하지 **않은** 것은?

	구 분	개인회생	개인파산
①	연체기간	연체 무관	연체 무관
②	채무범위	무담보 10억원, 담보 15억원	제한 없음
③	지원내용	청산 후 잔여채무 감면	변제기간 동안 상환 후 잔여채무 면책
④	연체정보등록/ 삭제시점	변제계획 인가 시 등록, 변제기간 종료 시 삭제	면책 결정 시 등록, 5년 경과 시 삭제

30

중요도 ★★

파산선고에 따른 불이익에 대한 적절한 설명으로만 모두 묶인 것은?

가. 김민주씨는 파산선고 이후 권리능력, 행위능력, 소송능력에 제한을 받게 되었다.
나. 박현지씨는 파산선고 이후 사법상 후견인, 유언집행자, 수탁자가 될 수 없다.
다. 정지훈씨는 파산선고 이후 공·사법상의 제한으로 인해 공법상 공무원, 변호사, 공인회계사 등의 자격을 취득할 수 없으며, 이러한 불이익은 그의 1촌 직계존·비속에게까지 효력을 미친다.
라. 위 세 사람의 파산선고에 대한 불이익은 전부 면책결정이 확정되거나 복권을 받으면 소멸한다.

① 가, 나
② 나, 라
③ 가, 다, 라
④ 나, 다, 라

정답 및 해설

27 ① 개인회생제도는 재정적 어려움으로 파탄에 직면하였으나 장래에 안정적이고 정기적인 수입을 얻을 수 있는 개인 채무자를 구제하기 위한 제도이다.

28 ④ 면책을 받기 위해서는 파산절차 종료 후 별도의 면책절차를 통한 면책허가를 받아야 한다.

29 ③ 개인회생은 변제기간 동안 상환 후 잔여채무를 면책해주는 반면, 개인파산은 청산 후 잔여채무를 감면해 준다.

30 ② '나, 라'는 적절한 설명이다.
　　가. 파산선고에 대한 불이익으로 후견인, 후견감독인, 유언집행자, 수탁자 등이 될 수 없는 공·사법상의 제한을 받게 되지만 권리능력, 행위능력 및 소송능력에 제한을 받지는 않는다.
　　다. 파산선고에 대한 불이익은 파산자 본인에게 한정되고, 가족 등 다른 사람에게는 아무런 불이익이 없다.

31 중요도 ★★★　정지영씨가 이용하기에 가장 적합한 채무자구제제도는?

> 개인 사업을 운영하고 있는 정지영씨의 월소득은 생계를 유지할 수 있는 수준이다. 금융기관에 대출금이 연체되고 있으며, 사채는 없다. 연체기간은 2개월이며, 총 채무액은 5억원이다. 정지현씨는 현재 현금으로 한꺼번에 상환하는 것이 어렵기 때문에 채무자구제제도를 이용하여 채무상환에 대한 부담을 줄이고자 한다.

① 프리워크아웃제도　　　　　② 개인워크아웃제도
③ 개인회생제도　　　　　　　④ 개인파산제도

32 중요도 ★★★　채무자구제제도의 종류와 그 지원대상이 적절하게 연결된 것은?

p.151 ⑭ p.62~63

> 가. 개인회생　　　　　　　　나. 개인파산
> 다. 신속채무조정　　　　　　라. 개인워크아웃
>
> A. 김정호씨는 30일 이내의 단기 연체 중이고 일시적으로 채무상환에 곤란을 겪고 있다.
> B. 박지호씨는 총 채무액이 25억원을 초과하고 변제능력이 없다.
> C. 최민지씨는 소득 대비 금융비용 과다로 3개월 이상 연체중이고 채무조정 이후 장기간 분할상환이 가능하다.
> D. 한승현씨는 총 채무액이 15억원 초과 25억원 이하(담보 15억원, 무담보 10억원)이고, 정기적이고 확실한 수입이 있다.

① 가 - A, 나 - B, 다 - D, 라 - C
② 가 - B, 나 - A, 다 - C, 라 - D
③ 가 - D, 나 - B, 다 - C, 라 - A
④ 가 - D, 나 - B, 다 - A, 라 - C

정답 및 해설

31 ① 연체기간이 3개월 이내이고 장기간 분할상환을 원하는 경우 프리워크아웃제도가 가장 적합하다.

32 ④ A. 신속채무조정
　　 B. 개인파산
　　 C. 개인워크아웃
　　 D. 개인회생

5장 재무설계와 행동재무학

01

중요도 ★★

㉮ p.156 ~ 157 ㉲ p.64

행동재무학에 대한 설명으로 적절하지 **않은** 것은?

① 행동재무학은 개인 재무의사결정 분야에서 개인의 제한된 합리성을 설명하는 이론이다.
② 휴리스틱은 시간과 정보의 부족으로 합리적인 판단을 할 수 없거나, 체계적이고 합리적인 판단이 필요하지 않은 상황에서 사용되는 편의적·직관적인 판단 방법이다.
③ 어떤 사건이 출현 빈도나 확률을 판단할 때, 해당 사건이 발생했다고 쉽게 알 수 있는 사례를 생각해내어 그것을 기초로 판단하는 것을 대표성 휴리스틱이라고 한다.
④ 휴리스틱의 결과는 편향을 동반하며, 편향은 다양한 유형으로 나타난다.

02

중요도 ★★

㉮ p.157 ~ 158 ㉲ p.64

재무설계에서의 행동재무학적 접근의 필요성으로 적절하지 **않은** 것은?

① 고객이 신중한 의사결정을 하도록 유도할 수 있다.
② 의사결정 시 심사숙고하는 기회를 가지며 그 심사숙고의 방향성도 제시할 수 있다.
③ 고객이 어떤 특정한 심리적 편향에 빠져서 잘못된 의사결정을 하고 있는지를 스스로 판단할 수 있도록 돕는다.
④ 고객의 지속적인 편향의 효과를 증대시킴으로써 지속가능한 재무복지를 달성할 수 있도록 한다.

정답 및 해설

01 ③ 대표성 휴리스틱 → 이용 가능성 휴리스틱

02 ④ 증대시킴으로써 → 줄임으로써

1과목
재무설계 개론

2과목
재무설계사 직업윤리

3과목
은퇴설계

4과목
부동산설계

5과목
상속설계

해커스 **AFPK** 핵심문제집 모듈1

03

행동재무학에서 다루는 용어와 그 내용이 적절하게 연결된 것은?

가. 자기과신	나. 대표성 오류
다. 닻 내리기 효과	라. 심적회계

A. 지금까지 경험한 최고의 투자수익률이 30%였다면 향후 투자에서 기대하는 평균수익률도 30%에 근접한 수익률이기를 바란다.
B. 주거용 부동산을 중개인 없이 스스로 처리하였다.
C. 금융주인 A주식이 연이은 5일 동안 상승하였기 때문에 또 다른 금융주인 B주식 또한 상승할 것이라고 생각한다.
D. 손실을 보고 있는 투자에 대해 원금이라도 찾겠다는 마음으로 매도를 하지 않거나 추가 자금을 더 투자한다.

① 가 – A, 나 – C, 다 – B, 라 – D
② 가 – B, 나 – A, 다 – D, 라 – C
③ 가 – B, 나 – C, 다 – A, 라 – D
④ 가 – D, 나 – C, 다 – A, 라 – B

04

다음 항목을 통해 파악할 수 있는 심리적 편향으로 적절한 것은?

- 내가 가능성 있다고 판단한 증권에 대해서는 선뜻 매도하지 못한다.
- 중고차를 처분하면서 중개수수료가 아까워 직접 거래를 시도한다.
- 집에서 회사까지 가면서 새로운 길을 시도하기보다는 늘 다니던 길로만 다닌다.

① 자기과신　　　　　　　　② 프레이밍 효과
③ 소유효과　　　　　　　　④ 심적회계

05

중요도 ★★

다음 항목을 통해 파악할 수 있는 심리적 편향으로 적절한 것은?

> - 전자레인지를 50만원에 구입하고자 마트에 들렀다. 그런데 광고를 통해 다른 마트에서는 20만원을 더 저렴하게 구매할 수 있음을 확인했다. 자동차로 운전하여 15분 거리라면 이동하여 낮은 가격의 마트에서 구매할 것인가?
> - 여러분이 선호하는 가구를 300만원에 구매하려고 하는데 다른 매장에서는 280만원에 구매할 수 있다고 한다. 자동차로 15분 매장이라면 낮은 가격의 매장으로 이동할 것인가?
> - 같은 돈 100만원이라도 내가 일해서 번 돈과 뜻하지 않게 보너스로 받은 돈 100만원의 소비지출내역은 다른가?

① 닻 내리기 효과
② 심적회계
③ 프레이밍 효과
④ 후회회피

1과목 재무설계 개론

2과목 재무설계사 직업윤리

3과목 은퇴설계

4과목 부동산설계

5과목 상속설계

해커스 AFPK 핵심문제집 모듈1

정답 및 해설

03 ③ A. 닻 내리기 효과
B. 자기과신
C. 대표성 오류
D. 심적회계

04 ③ '소유효과'를 파악할 수 있는 항목이다.
소유효과(Endowment Effect)란 자신이 가지고 있는 물건은 시장가격보다 더 높은 가치를 부여하고 같은 물건을 사려고 할 때는 시장가격보다 더 싸게 사고 싶어 하는 성향을 말한다.

05 ② '심적회계'를 파악할 수 있는 항목이다.
심적회계(Mental Accounting)는 개인이 재무적 의사결정을 할 때 상황에 따라 적용되는 내적 프레이밍이 달라지는 것을 말한다.

06

중요도 ★★★

심리적 편향에 대한 적절한 설명으로만 모두 묶인 것은?

> 가. 심적회계는 일종의 프레이밍 효과로 볼 수 있지만, 기준이 되는 '프레임'이 개인의 내면
>   에서 발생한다는 점에서 프레이밍 효과와 차이가 있다.
> 나. 100만원의 이익과 100만원의 손실 중 이익 100만원의 기쁨을 더 크게 받아들이는 것은
>   손실회피의 대표적인 예이다.
> 다. 낙관주의 오류는 좋은 일에 대한 확률은 과소평가하고 나쁜 일에 대한 확률은 과대평가
>   하는 경향을 말한다.
> 라. 자기통제 오류의 원인은 인간 내면에 계획자와 실행자라는 두 자아가 존재하기 때문인데
>   계획자는 감정적인 반면 실행자는 이성적이다.

① 가

② 가, 라

③ 가, 나, 라

④ 가, 나, 다, 라

정답 및 해설

06 ① '가'는 적절한 설명이다.
　　나. 100만원의 이익과 100만원의 손실 중 손실 100만원의 고통을 더 크게 받아들이는 것은 손실회피의 대표적인
　　　예이다.
　　다. 낙관주의 오류는 좋은 일에 대한 확률은 과대평가하고 나쁜 일에 대한 확률은 과소평가 하는 경향을 말한다.
　　라. 자기통제 오류의 원인은 인간 내면에 계획자와 실행자라는 두 자아가 존재하기 때문인데 계획자는 이성적인
　　　반면 실행자는 감정적이다.

6장 효과적 의사소통과 재무설계

01
㉮ p.176～177 ⓢ p.70

중요도 ★★
의사소통에 대한 설명으로 적절하지 **않은** 것은?

① 의사소통은 다양한 관점에서 여러 가지 형태로 이루어지는데, 재무설계사와 고객 사이에서 일어나는 의사소통은 대인 의사소통 또는 조직 의사소통인 경우가 대부분이다.
② 효과적인 의사소통을 위한 친밀감 형성은 단순히 친해지는 것을 의미하는 것이 아닌 신뢰형성의 의미를 포함한다.
③ 효과적인 의사소통의 기본 요건 중 고객의 감정을 있는 그대로 받아들이고 공감하는 것을 정서적 발산이라고 한다.
④ 재무설계사는 몇 가지 단서만으로 고객을 판단하는 선입견을 가지지 않도록 노력해야 한다.

02
㉮ p.178～180 ⓢ p.70～71

중요도 ★★
효과적인 의사소통에 대한 적절한 설명으로만 모두 묶인 것은?

> 가. 의사소통은 주로 언어로 이루어지지만 표정이나 몸짓 등 비언어적 의사소통에 의해 영향을 더 크게 받는다.
> 나. 고객과의 원활한 의사소통을 위해서는 비언어적 의사소통은 지양하고 언어적 의사소통을 효과적으로 하는 것이 중요하다.
> 다. 고객이 듣고 싶지 않거나 원하지 않는 사항을 전달해야 하는 경우에는 오히려 직접적으로 솔직하게 전달하는 것이 좋다.
> 라. 억양, 음성의 크기, 속도 등 음성과 관련된 비언어적 표현을 '유사언어'라고 한다.
> 마. 재무설계사는 일상적인 용어보다는 전문적인 용어를 사용하여 전문가적인 면모를 보이는 것이 좋다.

① 가, 나, 다
② 가, 다, 라
③ 가, 나, 다, 라
④ 가, 나, 다, 라, 마

정답 및 해설

01 ① 조직 의사소통 → 소집단 의사소통

02 ② '가, 다, 라'는 적절한 설명이다.
나. 고객과의 원활한 의사소통을 위해서는 언어적 의사소통뿐 아니라 비언어적 의사소통을 효과적으로 하는 것이 중요하다.
마. 재무설계사는 전문적인 용어보다는 고객에게 익숙하고 일반적인 단어를 사용하여 쉽게 전달하는 것이 좋다.

03

㉮ p.180 ~ 181 ㉨ p.71

중요도 ★★★

비언어적 의사소통의 유형이 알맞게 연결된 것은?

가. 상징물에 의한 비언어적 표현	나. 시간을 통한 비언어적 표현
다. 공간을 통한 비언어적 표현	라. 신체에 의한 비언어적 표현

A. 자세와 몸짓, 얼굴표정 시선, 웃음 등을 통해 나타난다.
B. 옷차림과 장신구 등을 통해 나타나며 사회적 신분이나 고객의 성향, 자기관리의 상태 등을 보여준다.
C. 사람들 간 간격으로 표현되며 각 개인이 사이에 두고 있는 거리에 따라 개인 간의 친밀도를 나타낼 수 있다.
D. 편지나 이메일, 전화 연락에 즉각 또는 어느 정도의 시간 내에 반응하지 않으면 상대방은 부정적인 신호로 받아들일 수 있다.

① 가 – A, 나 – B, 다 – C, 라 – D
② 가 – B, 나 – C, 다 – D, 라 – A
③ 가 – B, 나 – D, 다 – C, 라 – A
④ 가 – D, 나 – B, 다 – C, 라 – A

04

㉮ p.181 ~ 182 ㉨ p.71

중요도 ★★★

비언어적 의사소통의 기능에 대한 적절한 설명으로만 모두 묶인 것은?

가. 언어적 의사소통을 대신하여 비언어적 의사소통을 사용할 수 있다.
나. 비언어적인 표현은 언어로 표현될 수 없는 느낌이나 감정을 나타내기도 한다.
다. 일반적으로 비언어적 표현보다는 언어적 표현이 더 솔직하게 나타나기 때문에 말과 행동이 다른 경우에는 언어적 표현을 더 믿는 경향이 있다.
라. 비언어적 의사소통은 인간관계에 대한 정보를 제공한다.
마. 비언어적인 표현은 그 사람이 가지고 있는 종교적·문화적인 배경을 나타낼 수 있다.

① 가, 나
② 가, 다, 라
③ 가, 나, 라, 마
④ 가, 나, 다, 라, 마

05

중요도 ★★

⑦ p.183 ⑧ p.71

고객과의 의사소통 시 재무설계사가 유의해야 할 사항으로 적절하지 **않은** 것은?

① 재무설계사는 고객의 생각과 감정표출에 대해 수용적이고 공감하는 자세가 필요하다.
② 재무설계사는 본인이 가진 지식으로 고객을 일방적으로 설득하는 것을 지양해야 한다.
③ 고객의 가치관, 돈에 대한 태도 등 비재무적 정보를 얻기 위해 개방형 대화방식을 사용하는 것이 좋다.
④ 전달하고자 하는 핵심 주제를 말머리에 배치하는 두괄식 화법을 사용하는 것이 좋다.

06

중요도 ★★

⑦ p.183 ⑧ p.71

재무설계사가 하는 질문 방식과 그에 대한 사례가 적절하게 연결된 것은?

가. 개방형 질문	나. 폐쇄형 질문

A. 가장 최근에 한 재무적 의사결정 중 가장 잘했다고 생각하는 결정은 무엇입니까?
B. 당신은 미혼이십니까?
C. 현재 이용 중이신 적금보험의 만기 시 재가입할 계획이 있으십니까?
D. 부모님의 은퇴 후의 삶을 보면 당신은 무엇을 느끼십니까?

	가	나
①	A	B, C, D
②	A, D	B, C
③	B, C	A, D
④	D	A, B, C

정답 및 해설

03 ③ A. 신체에 의한 비언어적 표현
B. 상징물에 의한 비언어적 표현
C. 공간을 통한 비언어적 표현
D. 시간을 통한 비언어적 표현

04 ③ '가, 나, 라, 마'는 적절한 설명이다.
다. 일반적으로 언어보다는 비언어적 표현이 더 솔직하게 나타나기 때문에 말과 행동이 다른 경우에는 비언어적 표현을 더 믿는 경향이 있다.

05 ④ 전달하고자 하는 핵심주제를 말머리와 끝으로 배치하는 양괄식 화법을 사용하는 것이 좋다.

06 ② 'A, D'는 개방형 질문에 해당한다.
'B, C'는 폐쇄형 질문에 해당한다.

01 중요도 ★★★   ㉮ p.187 ~ 189 ㉭ p.72

금융소비자보호제도에 대한 설명으로 적절하지 **않은** 것은?

① 금융소비자보호제도는 금융회사가 금융소비자의 권익을 침해하지 않도록 예방하기 위한 사전적 금융소비자보호와 금융소비자의 권익이 침해되어 피해가 발생하였을 때 손해배상 등 피해를 구제하는 사후적 금융소비자보호로 나누어진다.
② 사전적 금융소비자보호로는 금융상품의 약관심사, 영업행위규제, 금융상품 비교공시, 금융분쟁조정, 미스터리쇼핑 등이 있다.
③ 금융회사는 약관을 제정 또는 개정하는 경우 은행법 등 개별 금융업법에 따라 금융위원회에 신고 또는 보고하여야 한다.
④ 금융감독원은 금융업권별로 비교 가능성이 높은 예·적금, 대출, 연금저축을 금융감독원 홈페이지에서 직접 비교공시하고 있다.

02 중요도 ★★   ㉮ p.191 ㉭ p.73

OECD 금융소비자보호 10대 원칙과 주요 내용이 적절하지 **않은** 것은?

① 금융소비자보호를 위한 법규 및 감독체계 : 강력한 규제 및 감독체계를 마련하여 금융상품 및 서비스를 제공하는 사업자와 중개인을 규제하도록 촉구하여야 한다.
② 감시기구의 역할 : 금융소비자보호를 위한 감독기구의 설립 및 해당 기구의 책임과 통제 명시해야 한다.
③ 금융교육 및 인식제고 : 감독기구와 금융회사는 소비자가 위험과 기회를 적절히 이해할 수 있도록 노력하고, 취약계층을 위한 특별한 프로그램과 접근이 필요하다.
④ 금융소비자 정보 및 프라이버시 보호 : 소비자의 금융·개인정보는 적절한 통제·보호체계를 통해 보호되어야 하며, 부적절한 정보의 수정·삭제가 제한되어야 한다.

03 금융소비자보호법의 주요 내용에 대한 설명으로 적절하지 **않은** 것은?

㉆ p.192 ~ 194   ⑧ p.74 ~ 78

① 금융상품을 속성에 따라 예금성, 투자성, 보장성 및 대출성 상품으로 분류하고, 동일한 유형의 상품에는 동일한 규제를 적용하는 것을 원칙으로 한다.

② 금융소비자를 금융상품에 관한 계약의 체결 또는 계약 체결을 권유하거나 청약을 받는 것에 관한 금융상품판매업자의 거래상대방 등으로 정의하고 있다.

③ 일반금융소비자에 대해서는 6대 판매규제를 모두 적용하여 보호하고 있지만, 전문금융소비자는 불공정영업행위 금지, 부당권유 금지 및 허위·부당광고 금지 관련 3가지 규제만을 적용하고 있다.

④ 청약철회권과 위법계약 해지권은 일반금융소비자와 전문금융소비자 모두 적용을 받는다.

1과목 재무설계 개론

2과목 재무설계사 직업윤리

3과목 은퇴설계

4과목 부동산설계

5과목 상속설계

해커스 **AFPK** 핵심문제집 모듈1

정답 및 해설

01 ② 금융분쟁조정은 사후적 금융소비자보호에 해당한다.

02 ④ 제한되어야 한다. → 자유로워야 한다.

03 ④ 일반금융소비자는 청약철회권과 위법계약해지권을 모두 적용받지만, 전문금융소비자는 청약철회권의 적용 대상에서 배제된다.

04

금융상품 판매원칙에 대한 적절한 설명으로만 모두 묶인 것은?

> 가. 불공정영업행위와 부당권유행위 금지에 대한 규제는 일반금융소비자와 전문금융소비자 모두에게 적용된다.
> 나. 설명의무는 보장성, 투자성, 예금성, 대출성 상품의 모든 금융상품 유형에 적용되고 연계·제휴서비스 및 청약철회권에도 설명의무가 부과된다.
> 다. 객관적인 근거 없이 다른 금융상품과 비교하여 해당 금융상품이 우수하거나 유리하다고 알리는 행위는 불공정영업행위에 해당한다.
> 라. 적합성원칙은 금융소비자가 먼저 자발적으로 구매의사를 밝힌 경우에 적용되는 반면 적정성원칙은 판매자가 적극적으로 구매권유를 하는 경우에 적용된다.
> 마. 금융상품판매업자 등이 아닌 경우 금융상품광고는 할 수 없지만, 업무광고는 가능하다.

① 가, 나
② 나, 라
③ 가, 나, 마
④ 가, 나, 다, 라, 마

05

금융상품 판매원칙과 관련된 위규사례로 적절한 것은?

① 고객의 개별적 상황을 고려하지 않고 획일화된 자료에 따라 판단하는 행위는 적정성원칙의 위규사례에 해당한다.
② 실제 설명과 다른 내용의 설명서를 교부하는 행위는 적정성원칙의 위규사례에 해당한다.
③ 부적합 상품 판매를 위해 고객에게 정보조작을 유도하는 행위는 불공정영업행위 금지의 위규사례에 해당한다.
④ 금리인하요구권, 청약철회권, 위법계약해지권 등에 대한 금융소비자의 권리 행사를 방해하는 행위는 부당권유행위 금지의 위규사례에 해당한다.

06 중요도 ★★★

금융분쟁조정제도에 대한 설명으로 적절하지 **않은** 것은?

① 금융감독원은 금융소비자와 금융회사 간 분쟁을 합리적인 해결방안을 통해 당사자 간의 원만한 합의를 유도하는 금융분쟁조정제도를 운영하고 있다.

② 금융감독원의 금융분쟁조정은 금소법에 의하여 금융분쟁조정위원회에서 심의·의결된 조정안에 대하여 양 분쟁 당사자가 수락할 경우 재판상의 화해와 동일한 효력을 가진다.

③ 조정이 신청된 사건에 대하여 신청 전 또는 신청 후 소가 제기되어 소송이 진행 중일 때에는 수소법원은 조정이 있을 때까지 소송절차를 중지할 수 없다.

④ 소액분쟁사건은 일반금융소비자가 신청하고, 조정을 통하여 주장하는 권리나 이익의 가액이 2천만원 이하인 분쟁사건이다.

1과목 재무설계 개론

2과목 재무설계사 직업윤리

3과목 은퇴설계

4과목 부동산설계

5과목 상속설계

해커스 **APPK** 핵심문제집 모듈1

정답 및 해설

04 ① '가, 나'는 적절한 설명이다.
　　다. 불공정영업행위 → 부당권유행위
　　라. 적합성원칙 ↔ 적정성원칙
　　마. 금융상품판매업자 등이 아닌 경우에는 업무광고와 금융상품광고를 할 수 없다.

05 ① ② 적정성원칙 → 설명의무
　　③ 불공정영업행위 금지 → 부당권유행위 금지
　　④ 부당권유행위 금지 → 불공정영업행위 금지

06 ③ 없다. → 있다.

07 중요도 ★★★

㉮ p.202 ㉯ p.77

금융분쟁조정 절차를 순서대로 나열한 것은?

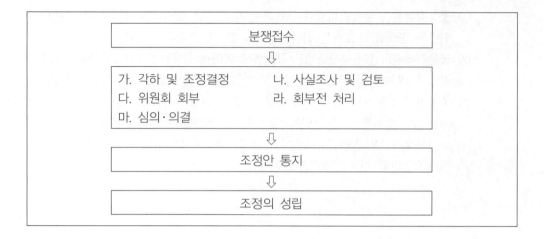

① 나 – 마 – 라 – 다 – 가
② 나 – 라 – 다 – 마 – 가
③ 라 – 나 – 다 – 가 – 마
④ 라 – 나 – 다 – 마 – 가

08 중요도 ★★

㉮ p.203 ~ 204 ㉯ p.78

손해배상책임에 대한 설명으로 적절하지 **않은** 것은?

① 금소법은 금융상품판매업자 등이 설명의무를 위반하여 금융소비자에게 손해를 발생시킨 경우 금융상품판매업자 등이 고의 또는 과실이 없음을 입증하지 못한 때에는 그 손해를 배상할 책임을 지게 한다.
② 금소법은 금융상품판매·대리중개업자 등이 업무수행 과정에서 위법행위로 금융소비자에게 손해를 발생시킨 경우 대리·중개업자에게 업무를 위탁한 금융상품직접판매업자에게 배상책임을 부담하게 한다.
③ 금융상품판매·대리중개업자 등이 업무수행 과정에서 위법행위로 금융소비자에게 손해를 발생시킨 경우 금융상품직접판매업자가 상당한 주의의무를 다한 것을 입증한다면 면책된다.
④ 설명의무 이외의 금소법을 위반한 경우에도 금융상품판매업자 등이 입증책임에 대한 부담을 진다.

09 중요도 ★★★
청약철회권에 대한 설명으로 적절한 것은?

① 청약철회권은 일반금융소비자와 전문금융소비자를 대상으로 단순변심 등의 사유라도 일방적으로 청약을 철회할 수 있는 권리를 부여하고 있다.
② 보장성 상품의 청약철회가능기간은 보험증권 수령일로부터 15일과 청약일로부터 30일 중 나중에 도래한 기간으로 한다.
③ 자문계약에서는 모든 금융상품자문이 청약철회권 대상이 된다.
④ 대출성 상품의 청약철회 효과는 철회 의사표시를 발송한 때 발생한다.

10 중요도 ★★
다음 중 청약철회권 대상 상품으로 적절한 것은?

① 고난도투자일임계약   ② 신용카드
③ 건강진단지원보험   ④ 연계대출

정답 및 해설

07 ② '나 – 라 – 다 – 마 – 가'의 순이다.

08 ④ 설명의무 이외의 금소법을 위반한 경우 금융소비자(원고)가 금융상품판매업자 등의 손해배상책임의 발생요건을 모두 입증해야 한다.

09 ③ ① 청약철회권은 일반금융소비자만을 대상으로 한다.
② 나중에 → 먼저
④ 대출성 상품의 청약철회 효과는 철회 의사표시를 발송하고 원금·이자·부대비용을 반환한 때 발생한다.

10 ① 신용카드, 건강진단지원보험, 연계대출은 청약철회권 대상에서 제외되는 상품이다.

1과목 재무설계 개론

2과목 재무설계사 직업윤리

3과목 은퇴설계

4과목 부동산설계

5과목 상속설계

해커스 AFPK 핵심문제집 모듈1

11

중요도 ★★

㉮ p.206 ㉡ p.79

위법계약 해지권에 대한 적절한 설명으로만 모두 묶인 것은?

> 가. 판매행위 규제를 위반한 위법계약에 대해 금융상품판매업자가 일정 기간 내에 해당 계약을 해지할 수 권리를 말한다.
> 나. 금융소비자는 계약체결에 대한 위법사항을 안 날로부터 1년 이내의 기간에 해당 계약의 해지를 요구할 수 있다.
> 다. 위법계약 해지권은 계약 자체가 처음부터 체결되지 않은 것으로 소급하여 무효가 된다.

① 가
③ 나, 다
② 나
④ 가, 나, 다

12 중요도 ★★

다음 중 과징금과 과태료에 대한 적절한 설명으로만 모두 묶인 것은?

> 가. 금소법은 6대 판매규제 위반, 내부통제기준 미수립, 계약서류 제공의무 위반 등에 대해 과징금을 부과하도록 규정하고 있다.
> 나. 과징금 부과대상 위반행위를 한 경우 그 위반행위와 관련된 계약으로 얻은 수입 등의 70% 이내에서 과징금을 부과할 수 있다.
> 다. 과징금은 법상 의무위반에 따른 부당이득 환수, 영업정지 갈음 또는 징벌적 목적으로 부과된다.
> 라. 과태료 부과한도는 위반사항에 따라 1천만원 이하, 3천만원 이하, 1억원 이하로 구별된다.

① 가, 나
② 다, 라
③ 나, 다, 라
④ 가, 나, 다, 라

정답 및 해설

11 ② '나'는 적절한 설명이다.
가. 금융상품판매업자 → 금융소비자
다. 위법계약 해지권은 해지 시점부터 해당 계약이 무효로 된다.

12 ② '다, 라'는 적절한 설명이다.
가. 과징금 → 과태료
나. 70% → 50%

◆ 2과목 최신 출제 경향 ◆

- 중요도가 높은 내용을 위주로 학습하시면 무난히 문제를 해결할 수 있는 과목입니다.

- 재무설계사의 **고객에 대한 의무와 윤리원칙은 정확하게 구분**할 수 있도록 꼼꼼히 학습하고, **업무수행기준은 각 단계별로 이해하는 것이 중요**하며, 자격표장 사용지침은 표장사용기준규정에서 명시한 사용 및 복제지침에 대한 내용을 전체적으로 알아두시기 바랍니다.

2과목
재무설계사 직업윤리

총 5문항

"문제풀이와 이론학습을 동시에 할 수 있도록 각 문제의 관련 이론 기본서(한국FPSB 발간) 및 〈해커스 AFPK 핵심요약집〉* 페이지를 표기하였습니다."

* 〈해커스 AFPK 핵심요약집〉은 해커스금융 AFPK 합격지원반, 수강료 환급반, 벼락치기 패키지, 핵심요약 강의 수강생에게 제공됩니다.

01 중요도 ★★★ ㉮ p.4～7, p.9 ㉯ p.84～85

다음 중 재무설계사의 고객에 대한 의무를 모두 고른 것은?

가. 충실의무	나. 고지의무
다. 진단의무	라. 자문의무
마. 갱신유지의무	바. 성실성의 원칙

① 가, 나, 다
② 가, 나, 다, 라
③ 가, 나, 다, 라, 마
④ 가, 나, 다, 라, 마, 바

02 중요도 ★★★ ㉮ p.4～5 ㉯ p.84

재무설계사의 고객에 대한 의무 중 충실의무에 대한 설명으로 모두 묶인 것은?

가. 선량한 관리자로서의 주의의무와 충성의무로 구성된다.
나. 고객의 합법적 이익을 최우선순위에 두어야 한다.
다. 고객에게 제안되는 투자방안에 내포된 위험을 알려주어야 한다.
라. 모든 전문직업인에게 요구되는 고객에 대한 기본적인 의무이다.
마. 이해상충의 가능성이 있는 사항은 모두 고객에게 사전에 통보한다.

① 가, 나, 라
② 나, 다, 마
③ 가, 나, 라, 마
④ 가, 다, 라, 마

03

중요도 ★★★

다음 고객에 대한 재무설계사의 조언을 재무설계사의 고객에 대한 의무와 올바르게 연결한 것은?

> 가. 고객님, A상품이 B상품보다 만기환급 수익률이 더 높고, 수수료도 더 저렴합니다. 따라서 A상품이 고객님께 더 적합한 상품인 것 같습니다.
> 나. 고객님, 가입하신 ELS상품의 3년 만기 수익률이 –20%이기 때문에 초기자금의 손실이 발생될 것으로 예상됩니다.

① 가 – 충실의무, 나 – 고지의무
② 가 – 고지의무, 나 – 자문의무
③ 가 – 충실의무, 나 – 자문의무
④ 가 – 자문의무, 나 – 충실의무

04

중요도 ★★

다음 설명에 해당하는 재무설계사의 고객에 대한 의무로 적절한 것은?

> • 재무설계사는 현재의 경제적 환경, 고객의 위험 수용도, 금융상황, 현재의 자산운용상태 및 고객의 목표를 분석하고 이를 바탕으로 제안을 한다.
> • 고객 관련 정보를 수집하고 분석할 때 재무설계사는 고객에게 적절한 제안을 하기 위하여 필요한 모든 사항을 이해하려고 노력해야 한다.

① 고지의무
② 진단의무
③ 충실의무
④ 자문의무

정답 및 해설

01 ③ 재무설계사의 고객에 대한 의무는 충실의무, 고지의무, 진단의무, 자문의무, 갱신유지의무 5가지이다. 성실성의 원칙은 재무설계사의 직업윤리에 관한 기본 규정에 해당한다.

02 ③ '가, 나, 라, 마'는 충실의무에 대한 설명이다.
다. 고지의무에 대한 설명이다.

03 ① 가. 고객에게 투자방안을 제안하는 경우로 고객에 대한 서비스를 우선하고 있으므로 충실의무에 해당한다.
나. 투자방안에 대한 내포된 위험을 고객에게 알려주고 있으므로 고지의무에 해당한다.

04 ② 진단의무에 대한 설명이다.

05

중요도 ★★★　　　　　　　　　　　　㉑ p.5 ~ 6　㉦ p.84 ~ 85

재무설계사가 위반한 고객에 대한 의무를 바르게 나열한 것은?

> 재무설계사는 고객에게 은퇴목표를 달성하기 위하여 포트폴리오를 제안하였으나 원본손실에 대한 위험을 고객에게 알리지 않았다. 또한 사전에 유언장을 작성하기를 원한 고객에게 변호사를 동반하지 않은 채 유언장을 작성하도록 하였다.

① 충실의무, 갱신유지의무
② 진단의무, 자문의무
③ 자문의무, 갱신유지의무
④ 고지의무, 자문의무

06

중요도 ★★★　　　　　　　　　　　　㉑ p.6 ~ 7　㉦ p.84 ~ 85

재무설계사의 고객에 대한 의무를 설명한 것으로 적절하지 **않은** 것은?

① 고지의무에는 '투자자 적합성(investor suitability)'이라는 개념이 내포되어 있다.
② 자격인증자는 2년마다 정해진 계속교육을 이수해야 한다는 것은 갱신유지의무이다.
③ 재무설계사는 본인의 능력의 한계를 알고 있어야 한다는 것은 자문의무이다.
④ 진단의무는 재무설계 업무수행과정상의 모든 단계에 적용되는 중요한 요소이다.

재무설계사의 고객에 대한 의무를 적절하게 연결한 것은?

가. 충실의무	나. 진단의무
다. 고지의무	라. 자문의무

A. 고객이 비전문 분야에 대한 서비스를 요청하는 경우에 원만한 업무수행을 위하여 필요한 사항이다.

B. 재무계획을 준비하고, 실행하고, 수정할 때에는 전반적인 투자환경의 변화와 고객의 재무상태 변동내용에 대해 숙지해야 한다.

C. 재무설계사의 수입보다 고객에 대한 서비스를 우선해야 하며 고객에게 사심 없는 공명정대한 조언을 해야 한다.

D. 자본시장법에 관한 법률규정에 따라 투자에 내포된 위험을 포함하여 주요사항을 고객에게 미리 통보해야 한다.

① 가 – B, 나 – C, 다 – D, 라 – A
② 가 – C, 나 – B, 다 – D, 라 – A
③ 가 – C, 나 – D, 다 – B, 라 – A
④ 가 – D, 나 – B, 다 – A, 라 – C

1과목 재무설계 개론

2과목 재무설계사 직업윤리

3과목 은퇴설계

4과목 부동산설계

5과목 상속설계

해커스 AFPK 핵심문제집 모듈1

정답 및 해설

05 ④ 제안한 투자방안에 내포된 위험을 고객에게 알려주지 않은 것은 '고지의무'의 위반에 해당한다.
변호사를 동반하지 않는 등 전문가의 자문을 받지 않고 업무를 진행한 것은 '자문의무'의 위반에 해당한다.

06 ① 고지의무 → 진단의무

07 ② A. 자문의무
B. 진단의무
C. 충실의무
D. 고지의무

08 다음 설명에 해당하는 재무설계사의 고객에 대한 의무로 적절한 것은?

- 해당 분야에서 현재 통용되고 있는 업무수행과 관련된 각종 제도와 정보 등을 적절하게 숙지하고 있어야 한다.
- CFP와 AFPK 자격인증자는 2년마다 정해진 계속교육을 이수하여 지속적으로 변화하는 금융환경과 제도의 내용과 함께 새로 개발된 금융 및 실물 투자상품에 대한 정보 등 고객의 재무계획에 영향을 미칠 수 있는 제반 사항에 대한 전문지식을 파악하고 보강하여야 자격을 갱신할 수 있다.

① 갱신유지의무   ② 고지의무
③ 진단의무   ④ 충실의무

정답 및 해설

08 ① 재무설계사의 고객에 대한 의무 중 갱신유지의무에 대한 설명이다.

01 중요도 ★★ ㉑ p.9 ⑧ p.86

다음 설명에 해당하는 윤리원칙으로 적절한 것은?

> • 고객의 이익을 최우선으로 하는 것은 전문직 종사자의 기본적인 덕목이다.
> • 자격인증자는 정직하게 업무를 수행하고 항상 자신의 개인적 이익보다 고객의 이익을 우선하여야 한다.

① 고객우선의 원칙
② 성실성의 원칙
③ 객관성의 원칙
④ 공정성의 원칙

02 중요도 ★★★ ㉑ p.9 ~ 11 ⑧ p.86 ~ 87

윤리규정의 제1장 윤리원칙에 대한 설명으로 적절하지 **않은** 것은?

① 고객우선의 원칙은 고객의 의뢰를 받아 업무를 수행함에 있어서 항상 자신의 이익보다 고객의 합법적인 이익을 최대한 보호하고 실현하도록 노력해야 한다는 것을 말한다.
② 비밀유지의 원칙은 고객의 특별한 동의가 없는 한 업무상 취득한 고객의 개인정보에 대하여 비밀을 유지하고, 적절한 권한을 가진 자에게만 고객 관련 정보의 접근을 허용하는 것을 말한다.
③ 공정성의 원칙이란 고객뿐 아니라 직장상사, 동업자 및 고용주에 대하여 공정하고 합리적인 방법으로 업무를 수행해야 하며, 이해상충이 있는 경우에는 그 사실을 밝혀야 한다는 것을 말한다.
④ 능력개발의 원칙이란 독자적으로 또는 동료 전문가들과 함께 재무설계업무에 대한 일반 대중의 이미지를 제고하고 공익에 대한 봉사능력을 유지하고 향상시켜야 한다는 것을 말한다.

정답 및 해설

01 ① 고객우선의 원칙에 대한 설명이다.

02 ④ 능력개발의 원칙 → 전문가 정신의 원칙

03 성실성의 원칙에 대한 설명으로 적절하지 **않은** 것은?

① 자격인증자는 약속한 사항을 합리적인 범위 안에서 신속하고 철저하게 이행하여야 한다.
② 자격인증자는 정직과 솔직성을 바탕으로 개인적인 이해득실을 초월하여야 한다.
③ 자격인증자는 고객으로부터 믿음과 신뢰의 대상이 되어야 한다.
④ 자격인증자는 윤리규정상에 서술된 규정의 내용뿐 아니라 내재된 기본적인 정신에도 충실하여야 한다.

04 다음 설명에 해당하는 윤리원칙으로 적절한 것은?

> • 지성적인 정직과 공평무사한 분별력이 바탕이 되어야 하며, 주관적인 판단이나 억지를 배제한다.
> • 고객에게 객관적으로 가장 적절한 방안을 제시하여야 한다.
> • 성실성을 기초로 전문가로서 고객에게 적절하다고 판단되는 서비스만 제공하여야 한다.

① 객관성의 원칙
② 성실성의 원칙
③ 공정성의 원칙
④ 고객우선의 원칙

05
중요도 ★★★

다음 설명에 해당하는 윤리원칙으로 적절한 것은?

> • 고객이 당연하게 기대하는 것을 고객에게 합리적으로 제공하는 것을 뜻한다.
> • 이해관계의 균형을 유지하기 위하여 개인적 감정과 편견 및 욕구를 초월하여야 하며, 고객에게 중대한 이해상충의 사실을 정직하게 알려야 한다.

① 공정성의 원칙
② 객관성의 원칙
③ 근면성의 원칙
④ 전문가 정신의 원칙

06
중요도 ★★★

재무설계사가 위반한 윤리원칙이 적절하게 연결된 것은?

> 가. 재무설계사는 고객 A의 보상서류는 즉각적인 처리를 해주었지만, 고객 B에 대해서는 그렇게 하지 않고 있다.
> 나. 재무설계사는 재무설계 제안서의 작성에 있어 비전문분야에 대해서 외부 전문가의 도움을 받지 않고 독자적으로 제안서를 작성하였다.
> 다. 재무설계사는 음주운전으로 교통사고 가해자로서 벌금형의 처벌을 받아 관련 규정에 의해 자격정지처분을 받았다.

	가	나	다
①	공정성의 원칙	전문가 정신의 원칙	성실성의 원칙
②	객관성의 원칙	전문가 정신의 원칙	성실성의 원칙
③	공정성의 원칙	능력개발의 원칙	전문가 정신의 원칙
④	객관성의 원칙	능력개발의 원칙	전문가 정신의 원칙

정답 및 해설

03 ① 근면성의 원칙에 대한 설명이다.

04 ① 객관성의 원칙에 대한 설명이다.

05 ① 공정성의 원칙에 대한 설명이다.

06 ③ 가. 공정성의 원칙 : 모든 고객을 차별 없이 같은 기준으로 동등하게 대해야 한다.
　　　나. 능력개발의 원칙 : 자기 자신의 한계를 인정하고 다른 전문가의 자문을 구할 수 있어야 한다.
　　　다. 전문가 정신의 원칙 : 업무수행 관련 규정과 법률 및 전문가로서의 자격요건을 준수해야 한다.

1과목 재무설계 개론

2과목 재무설계사 직업윤리

3과목 은퇴설계

4과목 부동산설계

5과목 상속설계

해커스 AFPK 핵심문제집 모듈1

07
⑦ p.9 ~ 11 ⑧ p.86 ~ 88

중요도 ★★

윤리원칙에 대한 설명이 적절하게 연결된 것은?

가. 비밀유지의 원칙	나. 능력개발의 원칙
다. 객관성의 원칙	라. 근면성의 원칙

A. 고객의 특별한 동의가 없는 한 고객의 개인정보에 대한 비밀을 유지해야 한다.
B. 적절한 사전계획을 수립하고 소속직원을 적절하게 관리·감독해야 한다.
C. 항상 겸허한 자세로 전문능력 향상을 위해 지속적으로 노력해야 한다.
D. 업무를 수행함에 있어 합리적이고 건실한 전문가로서의 분별력을 유지해야 한다.

① 가 - A, 나 - B, 다 - D, 라 - C
② 가 - A, 나 - C, 다 - D, 라 - B
③ 가 - D, 나 - B, 다 - A, 라 - C
④ 가 - D, 나 - C, 다 - A, 라 - B

08
⑦ p.12 ⑧ p.88

중요도 ★★

고객과의 관계정립에 관한 행동규범 중 업무수행 계약을 맺기 전에 고객과 협의할 사항으로 모두 묶인 것은?

가. 계약해지 절차
나. 고객의 불만 및 불평해결 절차
다. 다른 전문가의 도움을 받게 되는 조건
라. 자료의 수집 및 제공과 재무설계 제안사항의 실행 등에 대한 계약 당사자별 의무와 책임

① 가, 나
② 나, 라
③ 가, 다, 라
④ 가, 나, 다, 라

09
중요도 ★★

고객과의 관계정립(5개 행동규범)에 대한 설명으로 적절하지 **않은** 것은?

① 자격인증자가 고객에게 제공할 서비스는 고객과 상호 합의하여 결정하여야 한다.
② 자격인증자는 고객의 이익을 최우선으로 하고 선량한 관리자로서의 주의의무를 다하여야 한다.
③ 계약서에는 계약 당사자, 계약일 및 계약기간은 명시하여야 하나, 계약종료 방법에 관한 사항은 명시하지 않아도 된다.
④ 자격인증자가 고객의 대리인 자격으로 업무를 수행하는 경우에는 업무수행관련 권한의 범위를 고객과 상호 합의하여 확정하고 이를 계약서에 명시하여야 한다.

10
중요도 ★★

고객에게 제공해야 할 정보(6개 행동규범) 중 고객에게 서면으로 제공해야 할 정보로 모두 묶인 것은?

> 가. 자격인증자와 소속회사의 연락처
> 나. 자격인증자의 전문 분야에 대한 정보
> 다. 다른 전문가의 도움을 받게 되는 조건
> 라. 자격인증자 또는 자격인증자의 소속회사에 대한 정보
> 마. 고객, 자격인증자, 제3자와의 전반적인 이해상충을 기술한 요약서

① 나, 라
② 가, 다, 라
③ 가, 나, 라, 마
④ 가, 나, 다, 라, 마

정답 및 해설

07 ② A. 비밀유지의 원칙
  B. 근면성의 원칙
  C. 능력개발의 원칙
  D. 객관성의 원칙

08 ④ 모두 고객과의 관계정립에 관한 행동규범 중 업무수행 계약을 맺기 전에 고객과 협의할 사항에 해당한다.

09 ③ 계약서에는 계약종료 방법도 포함되어야 한다.

10 ③ '가, 나, 라, 마'는 고객에게 서면으로 제공해야 할 정보에 해당한다.
  다. 고객과의 관계정립 시 고객과 협의해야 할 정보에 해당한다.

1과목 재무설계 개론

2과목 재무설계사 직업윤리

3과목 은퇴설계

4과목 부동산설계

5과목 상속설계

해커스 AFPK 핵심문제집 모듈1

11

중요도 ★★　　　　　　　　　　　　　　　㉮ p.12 ~ 13　㉯ p.88 ~ 89

고객에게 제공해야 할 정보(6개 행동규범)에 대한 설명으로 적절하지 **않은** 것은?

① 자격인증자는 허위 또는 오해를 초래하는 정보를 제공하여서는 안 된다.
② 자격인증자는 고객이 받게 될 혜택에 대하여 오해를 초래하여서는 안 된다.
③ 자격인증자는 오해방지를 위하여 고객에게 관련된 정보의 일부만을 공개하여야 한다.
④ 자격인증자는 고객과 계약 체결 이후 이해상충에 해당되는 사항이 발생한 경우 그 내용을 즉시 서면으로 고객 및 다른 이해관계자에게 통보하여야 한다.

12

중요도 ★★★　　　　　　　　　　　　　　㉮ p.13　㉯ p.89

고객의 정보와 자산에 관한 행동규범 중 비밀유지의 예외사항에 해당하지 **않는** 것은?

① 고객을 위한 서비스업무수행에 필요한 경우
② 법적 요건 또는 관련 규제당국의 요구가 있는 경우
③ 고객과의 민사소송에 따른 참고자료로 활용하는 경우
④ 자격인증자의 직장상사에 대한 의무의 이행에 필요한 경우

13

중요도 ★★★　　　　　　　　　　　　　　㉮ p.13 ~ 14　㉯ p.89

고객의 정보와 자산(9개 행동규범)에 대한 설명으로 적절하지 **않은** 것은?

① 자격인증자는 고객에게 자금을 빌려주어서는 안 되지만, 예외적으로 고객이 자격인증자의 가족인 경우에는 허용된다.
② 자격인증자는 자신에 대한 소송에 대응하기 위한 경우라 하더라도 고객의 정보에 대하여 비밀을 유지하여야 한다.
③ 자격인증자는 고객으로부터 자금을 차입해서는 안 되지만, 예외적으로 고객이 자격인증자의 직계가족인 경우에는 허용된다.
④ 자격인증자는 고객의 자산을 자신이나 소속회사 또는 다른 고객의 자산과 공동으로 관리해서는 안 되지만, 법률이나 고객과의 서면계약에 명백하게 허용된 경우는 예외로 한다.

14
중요도 ★★

⑦ p.14 ~ 15   ⑧ p.90

고객에 대한 의무(14개 행동규범)에 대한 설명으로 적절하지 **않은** 것은?

① 자격인증자는 계속교육 요건을 포함하여 자격의 유지와 갱신에 관한 제반 규정을 준수하여야 한다.
② 자격인증자는 고객을 공정하게 대우하여야 하며, 성실성의 원칙과 객관성의 원칙에 따라 서비스를 제공하여야 한다.
③ 자격인증자는 한국FPSB로부터 자격정지 또는 자격취소의 처분을 받은 경우에는 그 사실을 고객에게 알려야 한다.
④ 자격인증자는 부정직, 허위, 사기 또는 오해의 소지가 있는 행위를 하거나, 허위 또는 오해를 초래하는 언동을 해서는 안 된다.

15
중요도 ★★★

⑦ p.15 ~ 16   ⑧ p.90 ~ 91

한국FPSB에 대한 의무(10개 행동규범)에 대한 설명으로 적절하지 **않은** 것은?

① 자격인증자는 자신이 결격사유에 해당되는 사실을 알게 된 날로부터 10일 이내에 한국 FPSB에 서면으로 통보하여야 한다.
② 자격인증자는 자격표장을 무단으로 사용하거나 자격인증자를 사칭하는 자를 발견하는 경우에는 한국FPSB에 신고하고 협조하여야 한다.
③ 자격인증자는 이메일 주소, 전화번호, 자택 주소, 소속회사 주소 등의 연락처 정보가 변경되는 경우에는 1개월 또는 30일 이내에 한국FPSB에 통보하여야 한다.
④ 고용인 또는 대리인 신분의 자격인증자는 업무수행 시에 소속회사의 합법적인 목적을 위하여 헌신하고 한국FPSB의 윤리규정을 충실하게 준수하여야 한다.

정답 및 해설

11 ③ 자격인증자는 오해방지를 위하여 고객에게 모든 관련 정보를 공개하여야 한다.
12 ④ 자격인증자의 직장상사 → 자격인증자가 소속된 회사
13 ② 자격인증자는 고객의 정보에 대하여 비밀을 유지하여야 하지만, 자격인증자 자신에 대한 소송에 대응하기 위한 경우는 예외로 한다.
14 ① 한국FPSB에 대한 의무이다.
15 ④ 소속회사에 대한 의무이다.

2장 재무설계사의 직업윤리에 관한 기본 규정 **89**

16 중요도 ★★★　　　　　　　　　　　　　　　　　　　　㉮ p.15　㉯ p.90
한국FPSB에 통보하여야 할 의무를 위반한 것은?

① 11월 1일 자녀 교육을 위해 이사한 사실을 11월 20일 한국FPSB에 통보하였다.
② 11월 10일 사이트 폐지에 따른 이메일 주소 변경 사실을 12월 5일 한국FPSB에 통보하였다.
③ 11월 15일 자금유용으로 인해 결격사유에 해당된 사실을 12월 1일 한국FPSB에 통보하였다.
④ 11월 20일 소속회사 이전으로 인한 주소 변경 사실을 11월 25일 한국FPSB에 통보하였다.

17 중요도 ★★　　　　　　　　　　　　　　　　　　　　㉮ p.17 ~ 18　㉯ p.91
자격인증자의 결격사유에 대한 설명으로 적절하지 **않은** 것은?

① 파산자로서 복권되지 아니한 자 또는 파산신청 후 5년이 지나지 아니한 자
② 음주운전이나 마약물 사용 등의 혐의로 벌금형을 선고받고 그 집행이 종료되거나 면제된 후 1년이 지나지 아니한 자
③ 금고 이상의 형의 선고를 받거나 금융 관련 법령에 의하여 벌금 이상의 형의 선고를 받고 그 집행이 종료되거나 면제된 후 1년이 지나지 아니한 자
④ 한국FPSB가 인증하는 자격을 사칭하거나, 자격표장을 무단으로 사용하거나 또는 고객의 이익을 침해한 사실이 확인된 후 3년이 지나지 아니한 자

18 중요도 ★★★　　　　　　　　　　　　　　　　　　　　㉮ p.21 ~ 22　㉯ p.92
재무설계 업무수행내용 1-2에 대한 설명으로 적절하지 **않은** 것은?

① 자격인증자는 자신의 기술과 지식, 경력을 감안하여 고객이 요청하는 서비스의 제공 범위를 점검해야 한다.
② 자격인증자와 고객은 자격인증자가 고객의 니즈를 충족할 수 있는 적절한 능력과 기술, 지식을 보유하고 있는지 상호점검해야 한다.
③ 자격인증자는 고객이 요청하는 업무를 성공적으로 수행하는 데 있어 영향을 미칠 만한 개인적인 이해상충이 있는지 점검한다.
④ 자격인증자는 보유 자격과 경험, 전문 분야에 대한 안내자료, 재무설계 업무수행방법 등을 고객에게 알려야 한다.

19

중요도 ★★★

㉮ p.23 ㉯ p.92

재무설계 업무수행내용 1-3에서 업무수행 계약서에 포함되어야 하는 사항으로 적절한 것을 모두 묶은 것은?

> 가. 포함되는 서비스와 포함되지 않는 서비스의 구분
> 나. 재무설계업무에 대한 보수체계
> 다. 현 시점에서 존재하는 모든 이해상충 사항
> 라. 고객정보의 비밀유지에 대한 확약
> 마. 계약기간 및 계약종료에 대한 사항

① 가, 나, 라
② 나, 다, 마
③ 가, 다, 라, 마
④ 가, 나, 다, 라, 마

1과목
재무설계 개론

2과목
재무설계사 직업윤리

3과목
은퇴설계

4과목
부동산설계

5과목
상속설계

해커스 **AFPK** 핵심문제집 모듈1

정답 및 해설

16 ③ 결격사유에 해당되는 사실을 알게 된 날로부터 10일 이내에 한국FPSB에 서면으로 통보하여야 한다.

17 ③ 1년 → 3년

18 ④ '업무수행내용 1-1 : 재무설계 및 자격인증자의 역량에 대한 정보제공'에 대한 설명이다.

19 ④ 모두 업무수행 계약서에 포함되어야 하는 사항이다.

② p.24 ② p.93

20

중요도 ★★★

다음 설명에 해당하는 업무수행내용으로 적절한 것은?

> • 자격인증자는 업무수행 범위와 관련하여 고객에 대한 완전하고 정확한 정보를 모두 수집할 수 있도록 노력해야 한다.
> • 재무설계 제안서 작성 및 개발에 필요한 정보를 충분하게 수집하지 못할 경우에는 고객과 상호 합의하에 업무수행계약을 변경하거나 종료할 수 있다.

① 업무수행내용 1-3
② 업무수행내용 2-1
③ 업무수행내용 2-2
④ 업무수행내용 3-1

21

중요도 ★★★

② p.24 ~ 25 ② p.93

업무수행내용에 대한 설명이 적절하게 연결된 것은?

> 가. 고객의 개인적인 재무목표, 니즈 및 우선순위 파악
> 나. 계량정보 및 자료의 수집
> 다. 비계량정보의 수집
>
> A. 자격인증자는 고객에게 최신의 정확한 정보를 모두 수집하는 것이 중요하다는 것을 전달해야 한다.
> B. 자격인증자는 고객이 단기와 장기 목표를 명확히 수립하여 우선순위를 확실하게 파악할 수 있도록 지원해야 한다.
> C. 자격인증자는 고객의 지적 수준과 재무에 관한 지식보유 정도를 판단해야 한다.

① 가 - A, 나 - B, 다 - C
② 가 - B, 나 - A, 다 - C
③ 가 - B, 나 - C, 다 - A
④ 가 - C, 나 - A, 다 - B

22

중요도 ★★★

업무수행내용 3-2에 대한 설명으로 적절한 것은?

① 자격인증자는 현재 고객의 재무상태 및 정보를 분석하고, 수집된 정보 중 누락되거나 일관성이 없는 정보의 보완방안을 고객과 함께 협의하여 처리하여야 한다.

② 자격인증자는 고객의 현 재무상태의 강점과 약점을 평가하고 이를 고객의 목표, 니즈 및 우선순위와 비교하여 고객의 목표 달성 가능성을 점검하여야 한다.

③ 자격인증자는 고객과 상호 합의된 고객의 목표 및 고객의 은퇴연령, 예상수명 등의 개인정보와 인플레이션율, 투자수익률 등의 경제학적 가정을 이용하여야 한다.

④ 자격인증자와 고객은 재무설계 제안서를 작성하거나 실행하기 전에 업무수행 범위와 관련된 고객의 개인적인 목표와 재무목표, 니즈 및 우선순위를 파악하여야 한다.

1과목 재무설계 개론

2과목 재무설계사 직업윤리

3과목 은퇴설계

4과목 부동산설계

5과목 상속설계

해커스 AFPK 핵심문제집 모듈1

정답 및 해설

20 ③ '업무수행내용 2-2 : 계량정보 및 자료의 수집'에 대한 설명이다.

21 ② A. 업무수행내용 2-2 : 나
　　B. 업무수행내용 2-1 : 가
　　C. 업무수행내용 2-3 : 다

22 ② '업무수행내용 3-2 : 고객의 목표, 니즈 및 우선순위의 평가'에 대한 설명이다.
　　①③ '업무수행내용 3-1 : 고객 관련 정보의 분석'에 대한 설명이다.
　　④ '업무수행내용 2-1 : 고객의 개인적인 재무목표, 니즈 및 우선순위의 파악'에 대한 설명이다.

23

㉮ p.21 ~ 26 ㉯ p.92 ~ 94

중요도 ★★★

업무수행기준 1 ~ 3단계를 순서대로 나열한 것은?

> 가. 고객의 재무목표, 니즈 및 우선순위의 파악
> 나. 재무설계 및 자격인증자의 역량에 대한 정보제공
> 다. 고객 니즈의 충족 가능성에 대한 결정
> 라. 고객 관련 정보의 분석
> 마. 고객의 목표, 니즈 및 우선순위의 평가
> 바. 업무수행 범위의 결정
> 사. 계량정보 및 비계량정보의 수집

① 나 - 다 - 바 - 가 - 사 - 라 - 마
② 나 - 다 - 바 - 사 - 가 - 마 - 라
③ 나 - 바 - 가 - 사 - 다 - 라 - 마
④ 나 - 바 - 사 - 가 - 마 - 다 - 라

24

㉮ p.26 ~ 29 ㉯ p.94

중요도 ★★

업무수행내용 4-1에 대한 설명으로 적절한 것은?

① 자격인증자는 고객의 목표, 니즈 및 우선순위를 합리적으로 충족할 수 있도록 고객의 현행 자산운용방식에 대하여 여러 가지 전략을 고려하여야 한다.
② 자격인증자는 확정된 고객의 목표, 니즈 및 우선순위를 합리적으로 충족하기 위하여 선택된 전략을 토대로 재무설계 제안서를 작성하여야 한다.
③ 자격인증자는 고객이 제안서의 내용을 잘 이해하고 적절한 결정을 내릴 수 있는 방법으로 제안 사항과 합당한 근거를 함께 설명하여야 한다.
④ 업무수행 범위를 바탕으로 자격인증자는 고객이 수락한 재무설계 제안서에 부합되는 적절한 금융상품과 서비스를 선별하여 제시하여야 한다.

25

중요도 ★

업무수행내용 5-1에 대한 설명으로 적절한 것은?

① 자격인증자와 고객은 모니터링 활동의 성격 및 범위, 양 당사자의 역할과 책임을 상호 합의하여 결정해야 한다.

② 실행책임의 내용은 업무수행 범위 내에 해당하는 것으로서 자격인증자가 실행할 능력은 없으나 고객이 수락한 제안사항이라면 포함되어야 한다.

③ 자격인증자는 고객의 재무상태에 적합하고 고객의 목표, 니즈 및 우선순위를 합리적으로 충족하는 금융상품과 서비스 또는 자산운용방식을 추천하여야 한다.

④ 자격인증자와 고객은 금융상품과 서비스 등이 포함된 제안사항의 실행책임에 대해 상호 합의해야 한다.

1과목 재무설계 개론

2과목 재무설계사 직업윤리

3과목 은퇴설계

4과목 부동산설계

5과목 상속설계

해커스 AFPK 핵심문제집 모듈1

정답 및 해설

23 ① '나 - 다 - 바 - 가 - 사 - 라 - 마'의 순이다.

　가. 업무수행내용 2-1
　나. 업무수행내용 1-1
　다. 업무수행내용 1-2
　라. 업무수행내용 3-1
　마. 업무수행내용 3-2
　바. 업무수행내용 1-3
　사. 업무수행내용 2-2, 2-3

24 ① ② '업무수행내용 4-2 : 재무설계 제안서의 작성'에 대한 설명이다.
　③ '업무수행내용 4-3 : 재무설계 제안서의 제시'에 대한 설명이다.
　④ '업무수행내용 5-2 : 실행을 위한 상품과 서비스 선별 및 제시'에 대한 설명이다.

25 ④ ① '업무수행내용 6-1 : 고객 상황의 모니터링에 대한 책임 및 조건에 대한 합의'에 대한 설명이다.
　② 고객이 수락한 제안사항이어야 할 뿐 아니라 자격인증자가 실행할 수 있는 능력이 있음을 전제로 하여야 한다.
　③ '업무수행내용 5-2 : 실행을 위한 상품과 서비스의 선별 및 제시'에 대한 설명이다.

26 중요도 ★★★　　　　　　　　　　　　　　　　　　　　　　㉮ p.32　㉯ p.95

AFPK® 자격상표 사용지침에 대한 설명으로 적절하지 **않은** 것은?

① 항상 대문자를 사용하여야 하고, 항상 'Ⓡ' 심볼을 위첨자로 사용하여야 한다.
② 적절한 명사를 수식하는 형용사형으로 사용하여야 하며, 명사형으로 사용하여서는 안 된다.
③ 인쇄물이나 문장 내에서 처음으로 사용되는 경우 'Ⓡ' 심볼의 사용을 생략할 수 있다.
④ AFPK® 자격상표를 자격인증자의 이름 바로 다음에 표시하는 경우에는 독자적으로 사용할 수 있다.

27 중요도 ★★★　　　　　　　　　　　　　　　　　　　　㉮ p.33　㉯ p.95 ~ 96

AFPK® 자격표장 사용지침에 대한 설명으로 적절하지 **않은** 것은?

① 자격상표는 항상 햇살모양 마크, 'AFPK' 및 'Ⓡ'의 세 가지 요소를 같이 사용해야 한다.
② 자격상표는 항상 아트워크 원본으로부터 복제하여야 하고, 로고를 변형하여서는 안 된다.
③ ASSOCIATE FINANCIAL PLANNER KOREA™은 항상 'TM' 심볼을 위첨자로 사용해야 한다.
④ ASSOCIATE FINANCIAL PLANNER KOREA™은 대문자 또는 소문자로 혼용하여 사용할 수 있다.

중요도 ★★★ ㉮ p.31 ~ 33 ㉯ p.95 ~ 96

AFPK® 자격표장 사용기준에 대한 설명으로 적절하지 **않은** 것은?

① AFPK® 표장이라 함은 세 가지 AFPK 자격상표 중 두 가지 이상을 집합적으로 지칭함을 말한다.

② AFPK® 자격인증자는 AFPK® 자격표장을 커뮤니케이션 및 홍보 등 관련 자료에 사용할 수 있다.

③ AFPK® 자격표장을 도메인 이름의 일부나 이메일 주소의 일부로 사용하여서는 안 된다.

④ AFPK® 자격표장을 인터넷의 개별 웹사이트에 사용하여서는 아니 된다.

1과목
재무설계 개론

2과목
재무설계사 직업윤리

3과목
은퇴설계

4과목
부동산설계

5과목
상속설계

해커스 **AFPK** 핵심문제집 모듈1

정답 및 해설

26 ③ 인쇄물이나 문장 내에서 처음으로 사용되는 경우가 아니거나 또는 위첨자를 사용할 수 없는 경우에는 '®' 심볼의 사용을 생략할 수 있다.

27 ④ 항상 대문자(큰 대문자와 작은 대문자 혼용 가능)로 사용하여야 한다.

28 ④ 인터넷의 개별 웹사이트에 AFPK® 자격표장을 사용하는 경우에는 쉽게 판별할 수 있는 위치에 태그라인을 표시하는 것을 원칙으로 한다.

01

중요도 ★★

㉮ p.46 ~ 48 ㉦ p.97

변호사와의 관계에 대한 설명으로 적절하지 **않은** 것은?

① 자격인증자가 법률 문제에 대한 질문을 받게 되는 경우 자신이 법률 지식을 충분히 갖추고 있을 경우 무보수로 법률상담을 하는 것은 전혀 문제가 되지 않는다.

② 자격인증자가 변호사가 아니면서 금품, 향응 또는 그 밖의 이익을 받고 법률사건에 대한 감정, 대리, 중재, 화해, 법률상담업무를 취급하는 것은 처벌의 대상이 된다.

③ 자격인증자는 유능한 변호사와 고문계약을 체결하고 재무설계와 관련된 법률적인 사안에 대하여 필요에 따라 자문을 구할 필요가 있다.

④ 고객에게 법률상의 분쟁이 발생하는 경우에는 사건의뢰를 하는 등 가능한 한 변호사와 일상적인 제휴관계를 유지할 필요가 있다.

02
중요도 ★★

세무사와의 관계에 대한 적절한 설명으로 모두 묶인 것은?

가. 조세에 관한 단순한 상담이나 자문은 세무대리업무에 해당하지 않는다.

나. 세무사 자격이 없는 자격인증자가 무보수로 세무대리업무를 행하는 경우에는 세무사법에 위반되지 않는 것으로 해석한다.

다. 세무사 자격이 없는 자가 세무대리행위를 하는 경우 3년 이하의 징역 또는 3,000만원 이하의 벌금에 처하도록 규정하고 있다.

라. 자격인증자가 세무사 자격이 없는 경우 세금에 대한 구체적인 상담이 필요한 고객을 위해 유능한 세무사와 정식으로 협력하는 방안을 수립할 필요가 있다.

---

① 가, 나

② 다, 라

③ 가, 나, 다

④ 나, 다, 라

1과목 재무설계 개론

2과목 재무설계사 직업윤리

3과목 은퇴설계

4과목 부동산설계

5과목 상속설계

해커스 AFPK 핵심문제집 모듈1

정답 및 해설

01 ① 무보수로 법률상담을 하는 경우에는 변호사법에 의한 처벌대상이 되지 않는 것으로 해석되고 있으나, 자격인증자의 경우 종합재무설계 업무수행에 대한 보수에 법률상담에 대한 보수가 포함되어 있다는 견해도 있으므로 유의해야 한다.

02 ② '다, 라'는 적절한 설명이다.

가. 조세에 관한 상담 또는 자문은 세무대리업무에 해당한다.

나. 세무대리업무는 영리목적의 유무 또는 유상, 무상의 구분과는 상관이 없는 것으로 해석되고 있다. 따라서 무보수라 할지라도 세무사법에 위반되는 행위로 간주되어 처벌대상이 되므로 유의해야 한다.

㉮ p.51 ㉯ p.98

03

중요도 ★

개업공인중개사의 금지행위로 가장 적절하지 않은 것은?

① 제3조에 따른 중개대상물의 매매를 업으로 하는 행위
② 사례, 증여, 기타 어떠한 명목이든지 제32조에 따른 보수 또는 실비를 초과하여 금품을 받는 행위
③ 탈세 등 관계 법령을 위반할 목적으로 부동산투기를 조장하는 행위
④ 중개의뢰인과 직접 거래하거나 거래당사자 일방을 대리하는 행위

04

중요도 ★

투자자문업 및 투자일임업과의 관계에 대한 설명으로 적절하지 **않은** 것은?

① 투자일임업은 금융투자상품 등의 가치 또는 금융투자상품에 대한 투자판단에 관한 자문에 응하는 영업을 말한다.

② 고객이 증권투자에 관한 조언을 요청하는 경우 투자판단에 도움이 되는 경기동향이나 과거와 현재의 유가증권의 가격이나 등락률을 알려주는 정도는 별 문제가 없을 것으로 예상된다.

③ 투자자문업자나 투자일임업자가 아닌 재무설계사는 고객이 증권투자 판단에 대한 조언을 요청하는 경우 금융위원회에 정식등록을 마친 투자자문업자나 투자일임업자를 물색하여 업무를 위임해야 한다.

④ 전문가의 판단을 바탕으로 투자조언을 하는 경우 고객이 전액 손실을 볼 경우에도 주요 재무계획에 별 타격이 없을 것으로 보이는 일정금액 이내에서 제한적으로 투자에 임하도록 조언할 수 있다.

1과목 재무설계 개론

2과목 재무설계사 직업윤리

3과목 은퇴설계

4과목 부동산설계

5과목 상속설계

해커스 AFPK 핵심문제집 모듈1

정답 및 해설

03 ④ 일방 → 쌍방

04 ① 투자일임업 → 투자자문업
투자일임업은 투자자로부터 금융투자상품 등에 대한 투자판단의 전부 또는 일부를 일임받아 투자자별로 구분하여 투자자의 재산상태나 투자목적 등을 고려하여 금융투자상품 등을 취득, 처분, 그 밖의 방법으로 운용하는 영업이다.

◆ **3과목 최신 출제 경향** ◆

- 은퇴설계는 **실생활과 연관성이 높은 과목**으로, 먼저 **제도의 목적을 알고 세부내용을 실생활 또는 사례와 연관지어서 접근**한다면 보다 수월하게 학습할 수 있습니다.

- 4 ~ 6장은 **숫자 등을 정확하게 암기하고 있는지 묻는 문제가 자주 출제**되므로 강의나 요약집에서 중요하게 **설명하는 부분을 반복 숙달**하여 정확하게 암기할 필요가 있습니다.

- 은퇴설계는 문제가 세부적으로 나오는 만큼 기본서를 꼼꼼하게 학습하시고, 〈해커스 AFPK 핵심문제집〉을 통해 출제유형을 익히시기 바랍니다.

3과목
은퇴설계

_____

총 30문항

"문제풀이와 이론학습을 동시에 할 수 있도록 각 문제의 관련 이론 기본서(한국FPSB 발간) 및 〈해커스 AFPK 핵심요약집〉*
페이지를 표기하였습니다."

* 〈해커스 AFPK 핵심요약집〉은 해커스금융 AFPK 합격지원반, 수강료 환급반, 벼락치기 패키지, 핵심요약 강의 수강생에게 제공됩니다.

01

중요도 ★

⑦ p.9 ~ 10 ⑨ p.104

다음 중 빈칸에 들어갈 말로 적절하게 나열된 것은?

> 은퇴는 평균수명이 길어지면서 주된 일자리에서 재취업이나 창업을 하는 중간과정의 (   )을 거쳐 완전은퇴를 하는 (   )이다.

① 부업, 일회성 사건
② 가교직업, 일회성 사건
③ 부업, 일련의 과정
④ 가교직업, 일련의 과정

02

중요도 ★★

⑦ p.12 ⑨ p.104

은퇴생활 단계 중 간병기에 대한 적절한 설명으로만 모두 묶인 것은?

> 가. 건강관리에 대한 관심 증가와 의료기술의 발달로 인해 시작시기가 늦어지고 있다.
> 나. 거동이 불편해지고 노인성 질환에 노출되어 타인의 간호가 필요한 시기이다.
> 다. 은퇴생활에 필요한 자금이 다른 은퇴시기에 비해 상당히 적게 소요되는 시기이다.
> 라. 생활비를 줄이고 정적인 여가활동이나 봉사활동에 관심을 가지는 시기이다.

① 가
② 가, 나
③ 가, 나, 다
④ 가, 나, 다, 라

03 중요도 ★★
은퇴생활 단계와 그 단계별 특성이 적절하게 연결된 것은?

> A. 활동기
> B. 회상기
> C. 간병기

> 가. 일반적으로 70대 초반부터 후반까지의 시기를 말하며, 건강은 양호하지만 사회활동이 줄어들어 심리적 건강관리에 주의를 기울이고 사람들과의 교류를 지속적으로 유지하는 것이 중요하다.
> 나. 모든 일에 의욕적이고 여가활동을 활발하게 하는 시기이나, 은퇴자산을 계획 없이 소비해버릴 우려가 있으므로 주의해야 한다.
> 다. 가족의 보살핌과 안전한 주거지로의 이동에 적응해야 하며 웰다잉(well-dying)을 위한 생애말기설계가 중요한 시기이다.

① A – 가, B – 나, C – 다
② A – 가, B – 다, C – 나
③ A – 나, B – 가, C – 다
④ A – 다, B – 가, C – 나

정답 및 해설

01 ④ 은퇴는 평균수명이 길어지면서 주된 일자리에서 재취업이나 창업을 하는 중간과정의 (가교직업)을 거쳐 완전은퇴를 하는 (일련의 과정)이다.

02 ② '가, 나'는 간병기에 대한 설명이다.
다. 회상기에 대한 설명이다. 간병기에는 거동이 불편해지며 타인의 간호를 필요로 하는 시기로서, 크고 작은 질병을 가진 채로 긴 시간을 보내야 하기 때문에 은퇴시기 중 가장 많은 비용이 소요된다.
라. 회상기에 대한 설명이다.

03 ③ 가. 회상기
나. 활동기
다. 간병기

04
중요도 ★★ ㉑ p.13 ~ 14 ㉚ p.105

다음 중 은퇴생활의 영역에 대한 설명으로 가장 적절한 것은?

① 은퇴 후에는 은퇴자금이 확보되어 있으므로 지출 통제를 느슨하게 한다.
② 일시금의 금융자산을 연금화하여 지속적인 현금흐름이 발생하도록 해야 한다.
③ 안정적이고 균형 잡힌 은퇴생활을 위해서는 비재무적 영역보다 재무적 영역이 우선이다.
④ 은퇴 이후 생존하는 동안 은퇴자금을 안정적으로 관리하는 것은 비재무적 영역에 해당한다.

05
중요도 ★ ㉑ p.9, p.15 ~ 16 ㉚ p.106

다음 중 은퇴설계의 개념에 대한 설명으로 가장 적절하지 **않은** 것은?

① 최근에는 은퇴를 직업 활동을 중단하며 주된 일자리에서 중간과정의 일자리 등을 거쳐 완전히 물러나게 되는 일련의 과정으로 본다.
② 은퇴설계는 은퇴 후 초래되는 생활양식의 변화나 건강의 변화와 같은 복잡한 문제를 다루어야 하는 분야이다.
③ 사회생활 초년기에는 직면하고 있는 생계 문제에 집중하고 은퇴설계는 은퇴기간에 가까워졌을 때 시작한다.
④ 은퇴설계는 개인 또는 가계가 가지고 있는 다양한 자원을 효율적으로 관리하여 은퇴 이후 재무적·비재무적 목표를 달성하고 노후생활의 안정과 복지를 실현해 나가는 과정으로 정의된다.

06 ㉮ p.16 ~ 20　㉯ p.106

중요도 ★★

다음 중 은퇴설계의 필요성이 강조되는 배경으로 적절하지 **않은** 것은?

① 평균수명의 연장과 길어지는 은퇴기간
② 총부양비 감소로 인한 노년부양 부담 증가
③ 물가와 금융환경의 변화
④ 고용상태의 변화와 연금공백

07 ㉮ p.18 ~ 19　㉯ p.106

중요도 ★★

노년부양비와 노령화지수에 대한 설명으로 적절한 것은?

① 노년부양비는 유소년 인구 100명당 부양할 65세 이상 고령인구이다.
② 노령화지수는 생산연령인구 100명당 부양할 65세 이상 고령인구이다.
③ 노인인구의 비중이 높아지면 각 개인이 책임져야 할 노후 부담은 줄어든다.
④ 평균수명의 증가는 노년부양비와 노령화지수를 모두 상승시킨다.

1과목 재무설계 개론

2과목 재무설계사 직업윤리

3과목 은퇴설계

4과목 부동산설계

5과목 상속설계

해커스 **AFPK** 핵심문제집 모듈1

정답 및 해설

04 ② ① 은퇴 후에는 소득활동이 축소 또는 중단되므로 더 엄격하게 지출을 통제해야 한다.
③ 안정적이고 균형 잡힌 은퇴생활을 위해서는 비재무적 영역도 반드시 포함해야 하고, 재무적 영역과 비재무적 영역의 균형을 맞추는 것이 중요하다.
④ 비재무적 → 재무적

05 ③ 평균수명의 증가로 은퇴기간이 늘어나고 있기 때문에 젊은 시기부터 은퇴준비를 시작해야 한다.

06 ② 총부양비는 지속적으로 증가하는 추세에 있어 국가와 젊은 세대의 노년부양 부담을 증가시킨다.

07 ④ ① 유소년 인구 → 생산연령인구
② 생산연령인구 → 유소년 인구
③ 줄어든다. → 늘어난다.

08
중요도 ★

㉠ p.21 ~ 22 ㉡ p.107

은퇴설계에서 재무설계사의 역할에 대한 설명으로 가장 적절하지 **않은** 것은?

① 위험관리, 세금, 부동산 등과 같은 재무설계의 다양한 영역들을 유기적으로 통합할 수 있는 능력을 가져야 한다.
② 고객에게 재무적 문제가 닥친 경우 절충안을 제안함으로써 고객이 은퇴설계를 포기하지 않고 적극적으로 참여할 수 있도록 해야 한다.
③ 건강, 주거, 삶의 질 등 노후생활의 다양한 측면에 대한 폭넓은 이해가 필요하다.
④ 은퇴설계 시 표준화된 공식에 기반하여 고객 개개인의 문제를 해결해야 한다.

09
중요도 ★

㉠ p.25 ~ 26 ㉡ p.108

은퇴지원제도에 대한 설명으로 가장 적절하지 **않은** 것은?

① 국민연금공단에서는 재무, 건강, 여가, 대인관계에 대한 노후준비 종합진단을 실시하고 있다.
② 급속한 고령사회로의 진입으로 노후준비에 관한 관심이 중요한 이슈가 됨에 따라 노후준비 관련법을 제정 준비 중이다.
③ 재무설계사들은 노후준비 진단서비스를 효과적으로 활용하여 고객의 은퇴설계 범위를 비재무적 영역까지 확대하여야 한다.
④ 서울시는 '서울시 50플러스센터'를 운영하여 생애설계 자가진단과 일자리 안내, 여행, 재무, 문화 등에 대한 정보를 제공하고 있다.

정답 및 해설

08 ④ 재무설계사는 개개인이 갖고 있는 문제를 해결하기 위해 표준화, 획일화된 공식에 의존하는 것을 지양해야 한다.

09 ② 2015년 6월 노후준비지원법이 이미 제정되었고 같은 해 12월 시행되었다. 노후준비지원법에는 노후준비서비스가 명시되어 있고 노후준비지표를 개발하여 보급하도록 하고 있다.

2장 은퇴소득

01

중요도 ★★

⑦ p.29 ~ 31 ⑨ p.109

다음 중 노후소득보장제도에 대한 설명으로 가장 적절하지 **않은** 것은?

① 우리나라는 '국가-기업-개인'에 의한 다층연금체계의 노후소득보장제도를 실시하고 있다.
② 개인연금은 개인이 추가적으로 저축하여 여유 있는 생활을 보장하는 연금이다.
③ 국민연금은 근로자의 안정적인 노후생활 보장을 위해 퇴직연금의 부족한 소득을 보충하는 역할을 한다.
④ 기업보장과 개인보장은 기업이나 개인이 주체가 되어 노후생활을 풍요한 수준으로 향상시키기 위해 공적연금에 추가적으로 보완하는 연금을 말한다.

02

중요도 ★★

⑦ p.30 ~ 31 ⑨ p.110

다음 중 공적연금에 대한 설명으로 가장 적절하지 **않은** 것은?

① 공적연금은 소득능력이 저해된 국민에게 최소한의 의식주 생활을 보장해주는 제도이다.
② 기초연금은 소득활동이 중단된 노후에도 기초적인 생활을 유지하도록 도와주며, 국민연금은 65세 이상 노인의 70%에게 기본적인 노후소득을 지원하는 제도이다.
③ 국민연금은 가입기간에 따라 소득대체율의 차이가 있다.
④ 공적연금의 장점은 연금수령액이 물가상승률만큼 상승한다는 것이다.

정답 및 해설

01 ③ 국민연금 ↔ 퇴직연금

02 ② 기초연금 ↔ 국민연금

1과목 재무설계 개론
2과목 재무설계사 직업윤리
3과목 은퇴설계
4과목 부동산설계
5과목 상속설계
해커스 AFPK 핵심문제집 모듈1

03

다음 중 퇴직연금과 개인연금에 대한 설명으로 가장 적절한 것은?

㉑ p.31 ⓦ p.110

① 우리나라 소득대체율은 국제기구의 권고기준보다 높은 수준이므로 퇴직연금에만 가입하는 것이 바람직하다.
② 확정기여형 퇴직연금은 가입자가 적립금 투자방법을 선택하여 운용할 수 있다.
③ 은퇴소득원에서 공적연금의 비중이 높아지고 있으므로 장수위험을 효과적으로 관리하기 위해서는 개인연금을 가입하는 것이 좋다.
④ 퇴직연금은 50세 이후부터 연금을 수령할 수 있다.

04

다음 중 (가) ~ (다)에 들어갈 내용이 적절하게 연결된 것은?

㉑ p.29 ~ 30 ⓦ p.110

우리나라 노후소득보장제도는 다층연금체계를 갖추고 있다. 0층에는 정부가 노인복지정책의 일환으로서 운영하는 (가)이 있고, 1층과 2층에는 노후소득보장 기능과 인사정책적 기능이 포함된 (나), 3층에는 여유로운 노후생활을 보장하기 위한 (다)을 두고 있다.

① 가 – 기초연금, 나 – 직역연금, 다 – 개인연금
② 가 – 국민연금, 나 – 퇴직연금, 다 – 주택연금
③ 가 – 기초연금, 나 – 개인연금, 다 – 퇴직연금
④ 가 – 국민연금, 나 – 직역연금, 다 – 기초연금

05 중요도 ★★

노후소득보장제도와 은퇴설계에 대한 설명으로 가장 적절하지 **않은** 것은?

① 공적연금은 국민들이 노령, 장애 등으로 소득능력이 상실되거나 감소될 경우 최소한의 의식주 생활을 할 수 있도록 마련된 제도이다.
② 국민연금은 노후소득보장 기능과 인사정책적 기능이 함께 포함되어 있다.
③ 퇴직연금은 회사에서 근로자들의 노후에 대한 부담을 덜어줄 수 있도록 일정 부분의 역할을 분담하여 사회적 책임을 분산시킨다.
④ 우리나라는 국민연금과 퇴직연금을 합하여 소득대체율 57 ~ 61% 정도를 보장받으므로, 국제기구 수준의 소득대체율을 보장받으려면 나머지는 개인연금 등으로 준비해야 한다.

06 중요도 ★★

다음 중 적정 은퇴소득 수준에 대한 설명으로 가장 적절하지 **않은** 것은?

① 건강한 노년을 가정할 때 최저의 생활을 유지하는 데 필요한 비용인 적정생활비를 고려하여 은퇴소득을 마련해야 한다.
② 소득대체율은 은퇴 후 소득이 은퇴 전 소득을 대체하는 정도를 나타내는 지표로서, 적정 수준은 배우자 유무, 주거지역 등에 따라 조정될 수 있다.
③ 목표소득대체율은 은퇴 이전 소비패턴을 분석하여 예측하며, 이는 은퇴저축목표로 활용될 수 있다.
④ 은퇴기간은 기대여명으로 산출하기도 하고, 최빈사망연령 등의 수치를 적용해 산출하기도 한다.

정답 및 해설

03 ② ① 우리나라의 경우 국민연금과 퇴직연금을 합한 소득대체율(57 ~ 61% 정도)은 국제기구의 권고기준(70 ~ 80%)보다 낮은 수준이므로, 안정적인 은퇴생활을 위해서는 국민연금과 퇴직연금뿐만 아니라 개인연금을 통해 추가적인 은퇴소득을 확보해야 한다.
③ 높아지고 → 낮아지고
④ 50세 → 55세

04 ① 가. 기초연금
나. 직역연금
다. 개인연금

05 ② 국민연금 → 직역연금

06 ① 건강한 노년을 가정할 때 최저의 생활을 유지하는 데 필요한 비용은 최저생활비이다.

1과목
재무설계 개론

2과목
재무설계사 직업윤리

3과목
은퇴설계

4과목
부동산설계

5과목
상속설계

해커스 **AFPK** 핵심문제집 모듈1

07

⑦ p.35 ⑧ p.112

중요도 ★

은퇴 전후 소득 수준이 다음과 같을 때 소득대체율로 가장 적절한 것은?

> • 은퇴 전 소득 수준 = 100만원
> • 은퇴 후 소득 수준 = 60만원

① 40%

② 60%

③ 100%

④ 160%

08

⑦ p.36 ~ 37 ⑧ p.112

중요도 ★★

은퇴라이프스타일에 따른 은퇴생활비에 대한 적절한 설명으로만 모두 묶인 것은?

> 가. 일반적으로 목표소득대체율은 은퇴 후 소득 수준을 은퇴 전 소득 수준으로 나누어 산출한다.
> 나. 은퇴생활 동안 필요로 하는 최소한의 생활비를 표준생활비라고 한다.
> 다. 목표소득대체율은 주관적 예상 은퇴생활비 평균을 이용하여 산정할 수 있다.
> 라. 향후 적정한 노후생활비의 기준이 없을 경우 노인가구의 평균 생활비 가이드라인을 참고
> 할 수 있다.

① 가, 나

② 가, 라

③ 나, 다

④ 다, 라

09

⑦ p.37 ~ 38 ⑧ p.112

중요도 ★★

목표은퇴소득 결정을 위한 고려사항으로 적절하지 **않은** 것은?

① 목표은퇴소득을 결정하기 위해서는 예상 은퇴기간, 자녀에 대한 지원 등을 고려해야 한다.

② 사망 전 은퇴자산이 소진되는 위험을 줄이기 위해 예상 은퇴기간을 보수적으로 잡아야
한다.

③ 예상 은퇴시점은 막연한 기대보다는 직업 및 사업장 등 현황에 대한 정확한 분석을 바탕
으로 추정해야 한다.

④ 자녀에 대한 지원 문제는 재무설계사가 직접적으로 개입하여 비용 지출을 최소화하고
효용을 극대화하는 방안을 고려해야 한다.

10 중요도 ★★

㉮ p.40~41 ㉯ p.113

은퇴소득 확보계획에 대한 설명으로 가장 적절하지 **않은** 것은?

① 가계수지지표를 통해 소득대비 지출을 점검할 수 있으며, 소득대비 지출액이 과도한 경우 고정지출을 줄여 조정한다.

② 저축여력은 자산과 부채 및 소득과 지출의 구성비를 파악한 후, 재무비율 분석을 통해 점검한다.

③ 공적연금은 매년 물가상승률만큼 증액되지만 사적연금은 증액되지 않으므로 별도의 증가율이 적용되도록 설계하는 방법을 고려한다.

④ 은퇴준비와 비상예비자금 준비를 동시에 할 여력이 없는 경우 은퇴준비 자산 중 일부를 유동성 자산으로 준비하는 방법이 있다.

정답 및 해설

07 ② 소득대체율 = 은퇴 후 소득 수준/은퇴 전 소득 수준
= 60만원/100만원 = 60%

08 ④ '다, 라'는 적절한 설명이다.
가. 목표소득대체율은 은퇴 후 소비 수준을 은퇴 전 소비 수준으로 나누어 산출한다. 일반적으로 은퇴 이후에는 정기적인 소득활동을 하지 않고 축적된 자산을 이용해 은퇴생활을 위한 소비행동이 주요 경제활동이 되기 때문에 소득기준보다는 소비기준으로 산출한다.
나. 표준생활비 → 최저생활비

09 ④ 재무설계사는 자녀에 대한 지원과 같은 문제에 대하여 깊이 개입하기보다는 고객이 감당할 수 있는 수준을 점검해 줄 필요가 있다.

10 ① 고정지출 → 변동지출

㉮ p.42 ~ 43 ㉯ p.114

11 중요도 ★★
다음 중 연령대별 은퇴소득 확보방안으로 가장 적절한 것은?

가. 20대	나. 30대	다. 40대	라. 50대

A. 장기투자를 통해 가장 큰 복리효과를 기대할 수 있다.
B. 은퇴저축을 충분히 하지 않으면 희망하는 은퇴생활을 수정해야 한다.
C. 은퇴생활에 대한 목표와 은퇴저축 수준을 설정한다.
D. 보유자산의 구성을 가능한 단순화한다.

① 가 – A, 나 – B, 다 – C, 라 – D
② 가 – A, 나 – C, 다 – B, 라 – D
③ 가 – C, 나 – B, 다 – D, 라 – A
④ 가 – D, 나 – C, 다 – B, 라 – A

㉮ p.44 ~ 48 ㉯ p.114 ~ 116

12 중요도 ★★★
다음 중 주택연금에 대한 설명으로 가장 적절하지 **않은** 것은?

① 주택연금을 활용하면 사망 시까지 자신의 주택에서 거주하면서도 일정한 소득이 발생하므로 은퇴소득을 확보하기에 적합하다.
② 주택연금 가입대상 주택은 가입자 또는 배우자가 실제로 거주지로 이용하고 있어야 한다.
③ 가입자와 배우자가 사망하면 대출(보증)잔액을 주택처분금액 내에서 상환한다.
④ 연금액의 월지급액은 이자율이 높아질수록 증가한다.

13

다음 중 농지연금의 지급방식과 설명이 적절하게 연결된 것은?

가. 종신정액형
나. 기간정액형
다. 수시인출형
라. 경영이양형

A. 가입자(배우자) 사망 시까지 매월 일정한 금액을 지급하는 방식이다.
B. 총지급가능액의 30% 이내에서 필요금액을 수시로 인출할 수 있다.
C. 가입자가 5년, 10년, 15년 중에 하나의 기간을 선택하여 이 기간 동안 매월 일정한 금액을 지급받는다.
D. 연금 지급기간 종료 시 농어촌공사에 소유권을 이전한다는 전제하에 더 많은 연금을 받을 수 있다.

---

① 가 – A, 나 – C, 다 – B, 라 – D
② 가 – A, 나 – D, 다 – B, 라 – C
③ 가 – B, 나 – C, 다 – A, 라 – D
④ 가 – B, 나 – D, 다 – A, 라 – C

1과목
재무설계 개론

2과목
재무설계사 직업윤리

3과목
은퇴설계

4과목
부동산설계

5과목
상속설계

해커스 AFPK 핵심문제집 모듈1

정답 및 해설

11 ② A. 20대
　　 B. 40대
　　 C. 30대
　　 D. 50대

12 ④ 연금액의 월지급액은 이자율이 낮아질수록, 주택가격 상승률이 높아질수록, 기대여명이 낮아질수록 증가한다.

13 ① A. 종신정액형
　　 B. 수시인출형
　　 C. 기간정액형
　　 D. 경영이양형

01 은퇴설계 실행 절차를 순서대로 나열한 것은?

중요도 ★★★ ㉮ p.53 ~ 55 ㉯ p.118

> 가. 현재 준비하고 있는 은퇴자산을 은퇴시점에서의 순미래가치로 계산하여 목표은퇴소득을 충족할 수 있는지 평가한다.
> 나. 추가로 필요한 은퇴일시금 마련을 위해 얼마나 은퇴저축이 필요한지 계산한다.
> 다. 고객이 희망하는 은퇴라이프스타일을 확인하고 이에 필요한 정보를 수집한다.
> 라. 고객의 위험성향을 고려하여 저축 혹은 투자 계획을 수립한다.
> 마. 총은퇴일시금에서 은퇴자산 평가금액을 차감하여 계산한다.
> 바. 목표은퇴소득금액에서 공적연금 수령예상액을 차감한 금액을 은퇴시점에서 일시금으로 계산한다.

① 다 – 바 – 가 – 마 – 나 – 라
② 다 – 바 – 가 – 마 – 라 – 나
③ 다 – 바 – 마 – 가 – 나 – 라
④ 바 – 다 – 마 – 나 – 라 – 가

02 은퇴설계 실행 시 고려사항에 대한 설명으로 가장 적절하지 **않은** 것은?

중요도 ★★ ㉮ p.56 ㉯ p.118

① 은퇴설계 실행과정은 장기간에 걸쳐 진행되므로 화폐의 시간가치를 고려해야 한다.
② 고객이 충분하고 정확한 은퇴설계 정보를 제공해야 성공적인 은퇴설계가 가능하다.
③ 고객이 희망하는 은퇴라이프스타일이 실현되기 어려운 재무적 상황이라도 고객의 인생가치관을 위해 최대한 반영한다.
④ 은퇴시기, 기대수명 등 고객과 관련된 제반 가정조건은 보수적으로 결정한다.

03 은퇴설계를 위한 정보수집에 대한 설명으로 가장 적절하지 **않은** 것은?

① 은퇴설계 실행을 위해 필요한 정보에는 총은퇴일시금 산정을 위한 정보, 은퇴소득원 정보, 기타 경제적 가정조건과 관련한 정보 등이 있다.
② 은퇴기간은 장수위험에 대비하기 위해 통계청에서 발표하는 기대수명보다 일정 기간을 더하여 보수적으로 결정한다.
③ 소득대체율을 적용한 목표은퇴소득을 설정할 경우, 현재의 지출수준에 비해 은퇴기간 중 필요한 지출이 많이 달라질 수 있음에 유의한다.
④ 목표은퇴소득은 은퇴시점의 예상물가기준 금액으로 설정한다.

04 다음 중 은퇴설계 시 은퇴소득원 및 은퇴자산의 분류에 대한 설명으로 가장 적절한 것은?

① 은퇴소득으로 사용할 목적을 갖고 저축·투자하고 있는 자산으로 인출 시 이연된 세금이 없는 금융상품은 '세제적격연금'으로 분류한다.
② 퇴직연금 가입자가 추가로 설정·납입하는 개인형 퇴직연금(IRP)은 '퇴직급여'로 분류한다.
③ 은퇴 이후 거주주택을 담보로 주택연금을 활용할 계획이 있다면 예상되는 담보가액 및 연금액 등을 파악하여 '부동산자산'으로 분류한다.
④ 골동품, 서화, 예상하는 상속재산 등은 '저축 및 투자자산'으로 분류한다.

정답 및 해설

01 ① '다 – 바 – 가 – 마 – 나 – 라'의 순이다.
　가. [3단계] 은퇴자산(은퇴시점) 평가
　나. [5단계] 연간 은퇴저축액 계산
　다. [1단계] 은퇴설계 정보수집 및 경제적 가정조건 결정
　라. [6단계] 은퇴저축(투자) 계획 수립
　마. [4단계] 추가로 필요한 은퇴일시금 계산
　바. [2단계] 총은퇴일시금 산정

02 ③ 고객이 희망하는 은퇴라이프스타일이 실현되기 어려운 재무적 상황이라면 고객이 합리적이고 현실적인 은퇴라이프스타일을 설정할 수 있도록 조언해야 한다.

03 ④ 목표은퇴소득은 현재물가기준 금액으로 설정한다.

04 ③ ① 세제적격연금 → 저축 및 투자자산
　　② 퇴직급여 → 세제적격연금
　　　퇴직연금 가입자가 추가로 설정·납입하는 개인형 퇴직연금(IRP)은 '세제적격연금'으로 분류하고, 퇴직 시 개인형 퇴직연금(IRP)으로 이전된 퇴직급여는 '퇴직급여'로 분류한다.
　　④ 저축 및 투자자산 → 기타자산

1과목 재무설계 개론

2과목 재무설계사 직업윤리

3과목 은퇴설계

4과목 부동산설계

5과목 상속설계

해커스 **AFPK** 핵심문제집 모듈1

⑦ p.62 ～ 64 ⑧ p.120

05 다음 중 경제지표 가정에 대한 설명으로 가장 적절한 것은?

중요도 ★★

① 은퇴설계 실행 전에 고객과 합의하여 제반 경제지표들을 합리적 수준으로 결정한다.
② 은퇴설계 시 가장 낮은 물가상승률을 적용하여 자산 축적에 대한 동기를 부여한다.
③ 은퇴자산 세후투자수익률은 포트폴리오 내 자산군별 단기 수익률을 통해 결정한다.
④ 은퇴설계 시 소득세율은 사회적, 경제적, 정치적 요인에 따른 추정치를 사용한다.

⑦ p.66 ～ 67 ⑧ p.121

06 총은퇴일시금 산정에 대한 설명으로 가장 적절하지 **않은** 것은?

중요도 ★★★

① 고객이 목표로 하는 은퇴생활 수준에 필요한 비용을 기준으로 산정해야 한다.
② 총은퇴일시금이란 목표은퇴소득에서 공적연금을 차감한 후 은퇴시점에서의 일시금으로 평가한 금액을 말한다.
③ 물가상승률 조정수익률은 물가상승률과 은퇴자산 세후투자수익률의 영향을 하나의 가정치로 만든 것이다.
④ 은퇴자산 관리의 우선순위를 수익성에 둔다면 연간 은퇴소득 부족금액에 은퇴기간을 곱하여 산정한다.

⑦ p.67 ⑧ p.121

07 다음 중 총은퇴일시금 산정의 진행 순서대로 나열한 것은?

중요도 ★★★

> 가. 은퇴기간, 연간 은퇴소득 부족금액, 물가상승률 조정수익률로 은퇴시점에서의 일시금을 계산한다.
> 나. 연간 목표은퇴소득에서 공적연금 수령예상액을 차감한다.
> 다. 은퇴생활비 외에 간병비, 상속니즈 등의 재무목표가 있다면 해당 금액을 추가하여 수정한다.
> 라. 지금까지 계산된 일시금을 설계시점부터 은퇴시점까지의 물가상승률로 조정한다.

① 가 – 나 – 다 – 라　　　② 가 – 나 – 라 – 다
③ 나 – 가 – 다 – 라　　　④ 나 – 가 – 라 – 다

08

중요도 ★★★

다음 중 은퇴자산 평가에 대한 설명으로 적절한 것은?

① 공적연금과 현재 저축하고 있는 은퇴자산만으로 목표은퇴소득을 충족할 수 있는지 판단하기 위해 현재시점에서의 은퇴자산을 평가한다.

② 은퇴시점에서의 순미래가치는 은퇴시점에서 확보 가능한 은퇴자산의 세전금액을 말한다.

③ 은퇴자산의 유형에 따라 은퇴시점 혹은 현재시점 중 하나의 시점으로 은퇴자산을 평가한다.

④ 은퇴시점에서 실제로 전액 인출이나 매각이 이루어지지 않더라도 은퇴시점에서 매각 또는 인출하는 것을 전제로 평가한다.

1과목 재무설계 개론

2과목 재무설계사 직업윤리

3과목 은퇴설계

4과목 부동산설계

5과목 상속설계

해커스 AFPK 핵심문제집 모듈1

정답 및 해설

05 ① ② 물가상승률을 지나치게 낮은 수준으로 가정하면 은퇴기간 중 목표로 했던 은퇴소득이 부족할 수 있으므로 물가상승률에 대한 가정은 장기적인 변화 추이를 반영하여 보수적으로 결정한다.
　　 ③ 단기 수익률이 아닌 역사적 수익률을 기초로 결정하며, 역사적 수익률은 다양한 요인에 따른 수익률 변동성을 장기간에 걸쳐 평준화하여 결정한다.
　　 ④ 소득세율은 복잡한 환경적 변화에 따라 정책적으로 결정되어 추정이 어렵기 때문에 설계 당시의 세율을 적용한다.

06 ④ 은퇴자산 관리의 우선순위를 안전성과 유동성에 두는 고객의 경우에 세후투자수익률과 물가상승률을 동일한 수준으로 가정하여 연간 은퇴소득 부족금액에 은퇴기간을 곱하는 방법으로 총은퇴일시금을 산정한다.

07 ④ '나 – 가 – 라 – 다'의 순서이다.

08 ④ ① 현재가 아니라 미래시점(은퇴시점)에서의 은퇴자산을 평가한다.
　　 ② 은퇴시점에서의 순미래가치는 은퇴시점에서 확보 가능한 은퇴자산의 세전금액에서 인출 시 발생하는 세금 및 매각비용 등을 공제한 금액을 말한다.
　　 ③ 은퇴자산의 유형과 상관없이 은퇴자산 평가는 은퇴시점에서의 순미래가치로 평가한다.

09

중요도 ★★★　　　　　　　　　　　⑳ p.68 ～ 70　⑭ p.122

다음 중 은퇴자산별 평가방식에 대한 설명으로 적절하지 **않은** 것은?

① 종신형으로 지급하는 연금보험은 은퇴기간 중 정기적으로 지급받는 연금액을 은퇴시점으로 할인한 일시금으로 평가한다.
② 미확정된 상속재산은 상속 변동 가능성 등을 고려하여 지극히 보수적인 가치상승률을 적용하여 평가하는 것이 일반적이다.
③ 퇴직급여를 IRP에 납입하여 퇴직연금으로 수령할 경우, 은퇴기간 중 매년 수령하는 세후 연금액을 은퇴시점에서 일시금으로 할인하는 방식으로 평가한다.
④ 부동산자산은 은퇴시점에서 매각하는 것으로 가정하기 때문에, 매도비용과 양도소득세 등을 공제하여 평가한다.

10

중요도 ★★　　　　　　　　　　　⑳ p.71　⑭ p.123

추가저축액 계산과정에 대한 설명 중 빈칸에 들어갈 내용이 순서대로 나열된 것은?

> 총은퇴일시금에서 (가)을 차감하여 은퇴일시금 부족액을 구하고, 추가저축의 세후투자수익률을 결정한다. 저축가능기간 동안 저축해야 할 추가저축액과 (나)을 비교한 후, 추가저축액이 (나)을 초과할 시 은퇴설계 가정치를 수정한다.

① 가 - 공적연금 수령예상액, 나 - 목표은퇴소득
② 가 - 은퇴자산 평가액, 나 - 추가저축여력
③ 가 - 공적연금 수령예상액, 나 - 추가저축여력
④ 가 - 은퇴자산 평가액, 나 - 목표은퇴소득

1과목
재무설계 개론

2과목
재무설계사 직업윤리

3과목
은퇴설계

4과목
부동산설계

5과목
상속설계

해커스 **AFPK** 핵심문제집 모듈1

11 중요도 ★★   ㉮ p.71 ~ 72

다음 중 가정조건의 수정에 대한 설명으로 가장 적절하지 **않은** 것은?

① 물가상승률을 조정하여 고객의 은퇴목표를 충족하는 은퇴설계안을 만들어야 한다.
② 은퇴자산의 세후투자수익률을 수정하게 되는 상황을 방지하기 위해 설계시점에서 고객 위험수용성향을 반영한 은퇴자산배분 안을 구성하고 자산군별 투자비중과 역사적 수익률을 고려해 세후투자수익률을 결정해야 한다.
③ 은퇴시기의 시점에 따라서 총은퇴일시금, 부족한 은퇴일시금, 연간 추가저축액은 다르게 산출된다.
④ 최초 설계한 은퇴설계안을 고객이 실행할 수 없다면 은퇴시기를 조정할 수 있다.

12 중요도 ★★   ㉮ p.73 ~ 74   ㉯ p.124

자산배분에 대한 설명으로 빈칸에 들어갈 내용을 순서대로 나열한 것은?

> 자산배분을 통해 포트폴리오를 구성하면 포트폴리오의 위험은 개별 자산군의 위험 평균보다 ( )지고, 포트폴리오의 기대수익률은 개별 자산군의 수익률 평균과 비교했을 때 ( ) 수준이다. 따라서 자산배분전략은 분산투자를 통해 ( )을 추구하는 전략이다.

① 높아, 동일한, 높은 위험과 평균수익   ② 낮아, 동일한, 낮은 위험과 평균수익
③ 낮아, 높은, 낮은 위험과 높은 수익   ④ 높아, 높은, 높은 위험과 높은 수익

정답 및 해설

09 ② 미확정된 상속재산은 상속 변동 가능성 등을 고려하여 은퇴자산으로 평가하지 않는다.

10 ② 총은퇴일시금에서 (은퇴자산 평가액)을 차감하여 은퇴일시금 부족액을 구하고, 추가저축의 세후투자수익률을 결정한다. 저축가능기간 동안 저축해야 할 추가저축액과 (추가저축여력)을 비교한 후, 추가저축액이 (추가저축여력)을 초과할 시 은퇴설계 가정치를 수정한다.

11 ① 고객이 희망하는 특정 지출항목 비용의 상승률이 물가상승률과 큰 차이가 예상되는 경우가 아니라면 고객의 은퇴목표를 충족시키기 위해 물가상승률을 조정하여 은퇴설계안을 만드는 것은 바람직하지 않다.

12 ② 자산배분을 통해 포트폴리오를 구성하면 포트폴리오의 위험은 개별 자산군의 위험 평균보다 (낮아)지고, 포트폴리오의 기대수익률은 개별 자산군의 수익률 평균과 비교했을 때 (동일한) 수준이다. 따라서 자산배분전략은 분산투자를 통해 (낮은 위험과 평균수익)을 추구하는 전략이다.

13

㉑ p.74 ㉺ p.124

다음 자산배분에 대한 설명 중 빈칸에 들어갈 말이 적절하게 연결된 것은?

> 1991년 발표된 BHB의 연구결과에 의하면 (가)인 미국 대형연기금 포트폴리오 성과의 대부분은 자산배분에 의해 이뤄졌다고 밝혔다. 이러한 성과는 (가)인 자산구성비율을 유지하는 (나) 자산배분과 인덱스전략과 같이 시가비중과 포트폴리오 구성종목을 동일하게 매수하는 (나) 종목선택의 결과이다.

① 가 – 단기적, 나 – 적극적   ② 가 – 단기적, 나 – 소극적
③ 가 – 장기적, 나 – 소극적   ④ 가 – 장기적, 나 – 적극적

14

㉑ p.75 ㉺ p.124

다음에서 설명하는 자산배분 전략으로 적절한 것은?

> 최초 수립하였던 자본시장에 관한 각종 가정들이 변하는 경우 자산구성을 변경하는 적극적인 투자전략으로서, 본질적으로 역투자전략(contrary strategy)에 해당한다. 시장가격이 지나치게 상승하여 내재가치 대비 고평가되면 매도해 나가며, 시장가격이 지나치게 하락하여 내재가치 대비 저평가되면 매수해 나간다.

① 집중 투자   ② 전술적 자산배분(TAA)
③ 전략적 자산배분(SAA)   ④ 생애주기를 고려한 자산배분

15 중요도 ★★★

다음 중 자산배분에 대한 적절한 설명으로만 모두 묶인 것은?

> 가. 자산배분이란 위험수준이 동일한 여러 자산집단을 대상으로 투자자금을 배분하는 것을 의미한다.
>
> 나. 전략적 자산배분이란 투자목적의 달성을 위해 장기적인 포트폴리오의 자산구성을 정하는 의사결정이다.
>
> 다. 전술적 자산배분이란 현재의 시장 상황을 고려하여 사후적으로 자산구성을 변동시켜 나가는 전략이다.
>
> 라. 내재가치 대비 고평가되면 매수하고, 저평가되면 매도하는 것을 역투자전략이라고 한다.

① 나

② 가, 나

③ 가, 다, 라

④ 나, 다, 라

16 중요도 ★

생애주기에 따른 자산배분에 대한 설명으로 가장 적절하지 **않은** 것은?

① 생애주기에 따른 자산배분은 은퇴자산 포트폴리오가 단순하면서도 연령대별 위험성향을 적절히 반영하고 있다.

② 고객의 투자에 대한 위험성향은 불변한다는 가정 아래 활용 가능한 전략이다.

③ 주식과 채권으로만 구성한 포트폴리오에서 50세인 고객의 주식형자산에 대한 투자비중은 50%인 것이 바람직하다.

④ 주식과 채권으로만 구성한 포트폴리오에서 채권형자산에 대한 투자비중은 '100 − 주식형자산에 대한 투자비중'으로 계산한다.

정답 및 해설

13 ③ 가. 장기적
    나. 소극적

14 ② 전술적 자산배분(TAA)에 대한 설명이다.

15 ① '나'는 적절한 설명이다.
    가. 동일한 → 다양한
    다. 사후적 → 사전적
    라. 내재가치 대비 고평가되면 매도하고, 저평가되면 매수하는 것을 역투자전략이라고 한다.

16 ② 고객의 투자에 대한 위험성향은 변화한다는 가정 아래 일정한 기간단위별로 자산배분을 조정해 나가는 전략을 말한다.

1과목 재무설계 개론

2과목 재무설계사 직업윤리

3과목 은퇴설계

4과목 부동산설계

5과목 상속설계

해커스 **AFPK** 핵심문제집 모듈1

17 중요도 ★★

은퇴자산 포트폴리오 구성 방법으로 적절하지 **않은** 것은?

① 목표수익률은 보수적으로 결정하되 무위험이자율 이상의 수준이어야 한다.
② 신뢰수준을 벗어나는 극단적 손실 발생에 대응하기 위해 위험허용수준을 사전에 설정한다.
③ 은퇴시점을 기준으로 자산군별 투자비중을 결정했다면 리밸런싱을 추가로 실행하는 것이 좋다.
④ 투자자가 스스로 포트폴리오를 구성할 때는 가능한 펀드와 ETF 등 간접투자상품을 선택한다.

18 중요도 ★★

TDF(Target Date Fund)에 대한 설명으로 가장 적절하지 **않은** 것은?

① 은퇴시점에 가까워질수록 위험자산의 비중을 점차 낮추어 운용하는 펀드이다.
② 고객은 글라이드패스(glide-path)에 따라 포트폴리오를 직접 구성하여 자율적인 투자를 할 수 있다.
③ 국내의 펀드와 해외의 다양한 글로벌펀드에 재투자하여 분산투자 효과를 높인다.
④ 투자기간 중 발생할 수 있는 시장변동성에도 불구하고 은퇴저축을 지속할 수 있게 한다.

은퇴자산 축적을 위한 투자계획 수립 시 고려사항으로 가장 적절하지 **않은** 것은?

① 다른 재무목표와 조화를 이루기 위해 재무목표 간 우선순위 점검이 필요하다.
② 저축기간은 고객의 저축여력을 고려하여 정하고 이 시기 내의 추가저축 가능성을 검토한다.
③ 은퇴자산을 장기저축하여 복리효과를 통한 안정적인 수익을 얻는 것을 목표로 한다.
④ 투자환경이 변화하여도 자산배분 및 포트폴리오를 조정하는 것은 투자위험을 증가시키기 때문에 피해야 한다.

1과목
재무설계 개론

2과목
재무설계사 직업윤리

3과목
은퇴설계

4과목
부동산설계

5과목
상속설계

해커스 **AFPK** 핵심문제집 모듈1

정답 및 해설

17 ③ 은퇴시점 → 투자시점

18 ② 글라이드패스에 따라 자산재배분이 자동으로 실행되므로 고객이 직접 포트폴리오를 구성할 필요가 없다.

19 ④ 투자환경 변화에 적극적인 대응을 하지 않으면 포트폴리오 가치가 급격히 하락할 수 있기 때문에 정기적인 모니터링을 통한 자산배분 및 포트폴리오 조정이 필요하다.

01
중요도 ★★

⑰ p.87 ~ 88 ⑳ p.128

다음 중 공적연금에 대한 설명으로 가장 적절하지 **않은** 것은?

① 공적연금은 사회보험방식의 국민연금과 직역연금, 공공부조방식의 기초연금제도로 이루어져 있다.
② 직역연금은 국민연금을 제외한 공적연금과 가입기간이 상호 연계되어 있다.
③ 가입기간이 연계된 연금제도는 일정 기간을 충족하면 각각의 제도에서 연금을 수령할 수 있다.
④ 기초연금제도와 달리 국민연금과 직역연금의 비용은 개인, 사업주, 국가가 공동으로 분담한다.

02
중요도 ★★

⑰ p.88 ⑳ p.128

다음 중 장수리스크에 대한 설명으로 가장 적절하지 **않은** 것은?

① 평균 수명이 짧았던 과거와 달리 현대의 장수는 새로운 리스크가 되어 등장했다.
② 다발성 노인성 질환이 발생하여 생활비의 전부를 의료비로 소진할 수 있기에 보험상품을 적극 활용하여야 한다.
③ 공적연금과 사적연금의 활용을 통해 은퇴 후 현금흐름을 조절하는 것은 유병장수 리스크에 대한 대비이다.
④ 무업장수 리스크를 극복하려면 삶의 활력소 역할을 하는 노동을 장기간 해야 한다.

03 중요도 ★★★ ⑦ p.89 ~ 90 ⑧ p.129

다음 기초연금에 대한 설명 중 빈칸에 들어갈 내용이 순서대로 나열된 것은?

> • 기초연금은 만 (   ) 이상의 노인 중 가구의 소득인정액이 선정기준액 이하인 자를 대상으로 매월 일정액의 연금을 지급하는 제도이다.
> • 소득인정액 산정 시 포함되는 월 소득평가액은 근로소득에서 기본공제액 110만원(2024년 기준)을 공제한 후 (   )를 추가로 공제한 값에 기타소득을 더하여 계산한다.

① 60세, 30%
② 65세, 70%
③ 65세, 30%
④ 70세, 70%

04 중요도 ★★★ ⑦ p.89 ~ 90 ⑧ p.129

기초연금 수급자격에 대한 설명으로 가장 적절하지 **않은** 것은?

① 만 65세 이상이고 공무원연금, 사립학교교직원연금 등 직역연금 수급권자 및 그 배우자가 아니어야 한다.
② 소득인정액에는 일용근로소득, 공공일자리소득, 자활근로소득이 포함된다.
③ 재산의 월 소득환산액 중 고급자동차 및 회원권은 그 가액을 그대로 적용한다.
④ 소득인정액은 월 소득평가액과 재산의 월 소득환산액의 합으로 계산된다.

1과목 재무설계 개론 · 2과목 재무설계사 직업윤리 · 3과목 은퇴설계 · 4과목 부동산설계 · 5과목 상속설계 · 해커스 AFPK 핵심문제집 모듈1

정답 및 해설

01 ② 2009년 '국민연금과 직역연금의 연계에 관한 법률'이 제정되면서 국민연금을 포함한 각각의 연금제도의 가입기간이 상호 연계되었다.

02 ③ 유병장수 리스크 → 무전장수 리스크

03 ③ • 기초연금은 만 (65세) 이상의 노인 중 가구의 소득인정액이 선정기준액 이하인 자를 대상으로 매월 일정액의 연금을 지급하는 제도이다.
    • 소득인정액 산정 시 포함되는 월 소득평가액은 근로소득에서 기본공제액 110만원(2024년 기준)을 공제한 후 (30%)를 추가로 공제한 값에 기타소득을 더하여 계산한다.

04 ② 포함된다. → 제외된다.

05
㉑ p.90~91 ㉜ p.129

중요도 ★★★

기초연금제도에 대한 설명으로 가장 적절하지 않은 것은?

① 월 소득평가액 산정 시 기타소득에는 사업소득, 재산소득, 공적이전소득, 무료임차소득이 포함된다.
② 근로소득이 있다면 월 소득평가액은 근로소득에서 110만원을 공제한 후 30%를 추가 공제한다.
③ 재산의 월 소득환산액 계산 시 기본재산액은 모두 8,500만원으로 동일하다.
④ 차량가액 4,000만원 이상의 고급승용차의 경우 기본재산 공제대상에서 제외된다.

06
㉑ p.91~92 ㉜ p.129

중요도 ★★★

다음 중 기초연금액의 산정에 대한 설명으로 가장 적절하지 않은 것은?

① 국민연금법상 유족연금을 받고 있는 자의 기초연금액은 기준연금액으로 산정된다.
② 기준연금액은 전년도 기준연금액에 전국소비자물가변동률을 반영하여 고시된다.
③ 국민연금 급여액이 기준연금액의 150%를 초과하면 기준연금액이 감액되어 부가연금액 미만으로 지급된다.
④ 부부가 모두 기초연금을 받는 경우에는 각각에 대하여 산정된 기초연금액의 20%를 감액한다.

07 중요도 ★★

다음 중 기초연금액의 지급 및 정지에 대한 설명으로 가장 적절하지 **않은** 것은?

① 기초연금 신청일이 속하는 달부터 지급하며 사전신청의 경우 만 65세 생일이 속하는 달부터 지급이 개시된다.
② 매월 25일에 지급하고, 토요일이나 공휴일인 경우에는 그 전날 지급한다.
③ 지급정지 사유가 생긴 날이 속하는 달부터 그 사유가 소멸한 날이 속하는 달의 다음 달까지 지급을 정지한다.
④ 기초연금 수급자의 국외 체류기간이 60일 이상 지속되는 경우 지급을 정지한다.

08 중요도 ★★★

국민연금의 특징에 대한 설명으로 가장 적절한 것은?

① 미래세대가 현재의 노인세대를 지원하는 '세대 내 소득재분배' 기능이 포함되어 있다.
② 국민연금은 물가상승에 따른 실질가치가 항상 보장되지는 않는다.
③ 국민연금은 사회보험제도이므로 가입의 강제성을 채택하고 있다.
④ 국가와 개인, 사업주가 함께 비용을 부담하기 때문에 적립된 기금이 모두 소진되면 연금을 지급하지 않는다.

정답 및 해설

05 ③ 기본재산액은 지역별로 상이하다. 대도시와 특례시는 1억 3,500만원, 중소도시는 8,500만원, 농어촌은 7,250만원이다.

06 ③ 국민연금 급여액에 따라 감액되더라도 최소한 기준연금액의 50% 수준인 부가연금액은 지급된다.

07 ③ 지급정지 사유가 생긴 날이 속하는 달의 다음 달부터 그 사유가 소멸한 날이 속하는 달까지 지급을 정지한다.

08 ③ ① 세대 내 소득재분배 → 세대 간 소득재분배

[참고] 국민연금은 가입자의 미래세대가 현재의 노인세대를 지원하는 '세대 간 소득재분배' 기능과 고소득계층에서 저소득계층으로 소득이 재분배되는 '세대 내 소득재분배' 기능을 모두 포함한다.

② 물가상승에 따른 실질가치가 항상 보장된다.
④ 최종적으로 지급을 보장하는 것은 국가이므로 이른바 부과방식으로 전환해서라도 국가가 존속하는 한 반드시 연금을 지급한다.

㉮ p.95 ～ 96 ㉯ p.131 ～ 132

09 국민연금 가입자에 대한 설명으로 가장 적절한 것은?

중요도 ★★★

① 국민연금 가입대상에서 제외되는 자는 재외국민, 북한이탈주민 등이다.
② 임의가입자와 임의계속가입자는 본인의 선택에 의해 가입과 탈퇴가 가능하다.
③ 국민기초생활보장법상 생계급여 수급자, 사업장가입자 등의 배우자로서 별도의 소득이 없는 자, 1년 미만 행방불명된 자는 모두 지역가입 제외 대상이다.
④ 5인 이상의 근로자를 사용하는 사업장에서 근무하는 18세 이상 60세 미만의 근로자만 사업장가입자가 된다.

㉮ p.95 ～ 96 ㉯ p.131 ～ 132

10 국민연금 사업장가입자와 지역가입자에 대한 설명으로 적절하지 **않은** 것은?

중요도 ★★★

① 사업장가입자와 지역가입자는 가입이 강제되는 의무가입자이다.
② 지역가입자가 사업장에 취업하면 자동적으로 사업장가입자가 되고, 지역가입자 자격은 상실한다.
③ 18세 이상 27세 미만이면서 학생이거나 군복무 등으로 소득이 없는 자는 지역가입자 대상이지만 연금보험료를 납부한 사실이 있는 자는 제외한다.
④ 사업장가입자가 아닌 18세 이상 60세 미만인 자는 당연지역가입자가 되지만, 기초생활수급자 중 생계급여, 의료급여, 보장시설 수급자의 경우 지역가입자 대상에서 제외된다.

㉮ p.95 ～ 98 ㉯ p.131 ～ 132

11 국민연금의 가입자와 그 유형이 적절하게 연결되지 **않은** 것은?

중요도 ★★★

① 남편이 공무원이고, 현재 별도의 소득이 없는 전업주부 A – 지역가입자
② 7년 전 국민연금에 가입하여 현재 60세가 된 부동산중개업자 B – 임의계속가입자
③ 2인 이상 근로자를 둔 중소기업에서 근무하는 50세 C – 사업장가입자
④ 국민연금에 가입한 적이 없고 현재 소득 활동이 없는 26세 학생 D – 임의가입자

12 중요도 ★★★

㉮ p.97 ~ 98 ㉯ p.132

국민연금 임의가입자와 임의계속가입자에 대한 적절한 설명으로만 모두 묶인 것은?

> 가. 임의가입자와 임의계속가입자는 본인의 선택에 의해 가입과 탈퇴가 가능하다.
> 나. 임의계속가입은 납부기간이 적어 연금을 받을 수 없거나 연금이 적은 경우에 가입을 연장할 수 있는 제도이다.
> 다. 다른 요건은 모두 충족한다고 가정하면, 임의가입과 임의계속가입 모두 60세가 되기 전에 신청할 수 있고, 60세에 도달하면 가입대상에서 제외된다.
> 라. 임의가입자가 60세가 되거나 연금보험료를 1회 이상 납부하지 않은 경우 등에 해당하면 그 자격을 상실한다.

① 가
② 가, 나
③ 가, 나, 다
④ 가, 나, 다, 라

1과목 재무설계 개론

2과목 재무설계사 직업윤리

3과목 은퇴설계

4과목 부동산설계

5과목 상속설계

해커스 **AFPK** 핵심문제집 모듈1

정답 및 해설

09 ② ① 재외국민, 북한이탈주민은 국민에 포함되며 18세 이상 60세 미만이라면 국민연금 가입대상이다.
   ③ 1년 미만 → 1년 이상
   ④ 1인 이상의 근로자를 사용하는 사업장에서 근무하는 18세 이상 60세 미만의 근로자와 사용자는 당연히 사업장가입자가 된다.

10 ③ 18세 이상 27세 미만이면서 학생이거나 군복무 등으로 소득이 없는 자는 지역가입자 대상에서 제외되지만 연금보험료를 납부한 사실이 있는 자는 지역가입자 가입대상이다.

11 ① 국민연금 및 직역연금 가입자의 배우자로서 별도의 소득이 없는 자는 지역가입자 대상에서 제외된다.

12 ② '가, 나'는 적절한 설명이다.
   다. 임의가입은 60세가 되기 전에 신청할 수 있고, 임의계속가입은 60세가 된 자가 65세가 될 때까지의 기간에 신청할 수 있다.
   라. 1회 이상 → 6회 이상

13

㉮ p.99 ㉯ p.133

중요도 ★★★

기준소득월액이 200만원인 국민연금 지역가입자 유영길씨가 부담해야 할 국민연금 연금보험료는 얼마인가?

① 9만원
② 14만원
③ 18만원
④ 21만원

14

㉮ p.99, p.117, p.123, p.127 ㉯ p.133, p.145 ～ 146

중요도 ★★★

공적연금의 보험료에 대한 적절한 설명으로만 모두 묶인 것은?

> 가. 국민연금 사업장가입자의 경우 본인과 사용자가 각각 기준소득월액의 4.5%에 해당하는 금액을 부담한다.
> 나. 국민연금 임의가입자 및 임의계속가입자는 본인이 전액을 부담하며 그 금액은 기준소득월액의 8%이다.
> 다. 공무원연금의 가입자기여율은 2020년부터 9%가 적용되고 있다.
> 라. 사학연금의 경우 가입자가 70%, 학교법인 및 국가가 30%를 부담한다.
> 마. 군인연금은 기준소득월액에 대해 가입자가 7%를 납부하며 퇴직수당 지급에 드는 비용은 국가가 전액 부담한다.

① 가, 나
② 나, 라
③ 가, 다, 마
④ 다, 라, 마

15

㉮ p.98 ～ 99 ㉯ p.133

중요도 ★★

다음 중 국민연금 연금보험료에 대한 설명으로 가장 적절하지 **않은** 것은?

① 연금보험료는 가입자의 기준소득월액에 보험료율을 곱하여 계산한다.
② 연금보험료는 월납이 원칙이며, 해당 월의 연금보험료는 다음 달 10일까지 납부해야 한다.
③ 연금보험료는 선납이 가능하며, 선납 신청 당시 50세 이상인 자의 경우 연금보험료의 선납기간은 3년 이내까지 가능하다.
④ 기한 내 납부하지 못한 때, 연체금은 체납된 연금보험료의 5%를 초과하지 못한다.

㉮ p.100 ~ 102 ㉯ p.133 ~ 134

국민연금 보험료 지원제도에 대한 설명 중 (가) ~ (다)에 들어갈 내용으로 가장 적절한 것은?

- 농어업인은 월 46,350원을 한도로 연금보험료의 (가)를 정부에서 지원받는다.
- 사업장가입자 중 사용자를 제외한 근로자가 (나) 미만인 사업장에 근무하면서 기준소득월액이 고시소득의 상환액 미만인 자가 신규 가입하는 경우, 연금보험료 중 근로자기여금 및 사용자부담금의 80%를 지원한다.
- 지역 납부예외자가 납부 재개 시 월 (다)을 한도로 연금보험료의 50%를 지원한다.

	가	나	다
①	50%	5명	43,000원
②	70%	5명	43,000원
③	50%	10명	46,350원
④	70%	10명	46,350원

정답 및 해설

13 ③ 연금보험료 = 기준소득월액 × 9% = 200만원 × 9% = 18만원

> 참고 사업장가입자인 경우에는 본인과 사용자가 연금보험료를 각각 4.5%씩 부담하기 때문에 '200만원 × 4.5% = 9만원'을 부담해야 한다.

14 ③ '가, 다, 마'는 적절한 설명이다.
나. 8% → 9%
라. 사학연금의 경우 가입자 50%, 학교법인 및 국가가 50%씩 공동으로 부담한다.

15 ③ 3년 → 5년

16 ③ 가. 50%
나. 10명
다. 46,350원

⑦ p.102 ⑧ p.134

17 중요도 ★★
국민연금 출산크레딧의 추가인정 가입기간이 적절하게 나열된 것은?

자녀 수	3자녀	4자녀	5자녀 이상
추가 가입기간	(가)	(나)	(다)

	가	나	다
①	24개월	36개월	48개월
②	24개월	36개월	50개월
③	30개월	48개월	50개월
④	30개월	48개월	56개월

⑦ p.102 ⑧ p.134

18 중요도 ★★
국민연금 연금보험료 지원제도에 대한 설명으로 가장 적절한 것은?

① 출산크레딧의 추가가입기간 중 가입자의 기준소득월액은 A값을 적용하며, 노령연금 급여 산정 시에 추가가입기간을 가산한다.
② 군복무크레딧의 추가가입기간은 군 복무기간에 따라 최대 24개월이다.
③ 군복무크레딧의 추가가입기간 중 가입자의 기준소득월액은 A값을 적용한다.
④ 군복무크레딧의 추가가입기간은 노령연금, 장애연금, 유족연금 산정 시 적용된다.

⑦ p.103 ⑧ p.134

19 중요도 ★★
국민연금 실업크레딧에 대한 설명으로 가장 적절하지 **않은** 것은?

① 재산의 과세표준의 합이 6억원 초과, 연간 종합소득이 1,680만원 초과인 자는 지원하지 않는다.
② 구직급여 수급기간 중 최대 1년을 한도로 한다.
③ 가산기간 중 인정 소득은 실직 전 3개월 평균의 50%로 한다.
④ 가입기간 추가 산정 시 연금보험료는 국가와 가입자가 50%씩 부담한다.

20 중요도 ★★★

국민연금 연금보험료 납부 관련 제도에 대한 설명으로 가장 적절한 것은?

① 추후납부제도의 분할납부 횟수는 추납대상기간에 따라 월 단위로 최대 24회이다.

② 반환일시금 반납제도와 추후납부제도 모두 60세까지 신청 가능하다.

③ 반환일시금 반납은 반환일시금과 1년 만기 정기예금이자율로 가산한 이자를 반납하는 경우 그에 상응하는 가입기간을 복원해주는 제도이다.

④ 추후납부제도로써 납부할 수 있는 기간은 20년 미만이며, 추납보험료를 납부한 경우 그에 상응하는 기간을 기존 가입기간에 합산한다.

정답 및 해설

17 ③　가. 3자녀 : 30개월
　　　나. 4자녀 : 48개월
　　　다. 5자녀 이상 : 50개월

　　　[참고] 2자녀 : 12개월

18 ①　② 6개월만을 인정해준다.
　　　③ 군복무크레딧의 추가가입기간 중 가입자의 기준소득월액은 A값의 1/2을 적용한다.
　　　④ 노령연금 산정 시에만 적용된다.

19 ④　가입기간 추가 산정 시 연금보험료는 고용보험 등이 75%, 본인이 25%를 부담한다.

20 ③　① 24회 → 60회
　　　② 반환일시금 반납제도와 추후납부제도 모두 60세 이후에도 국민연금 가입 중이면 신청 가능하다.
　　　④ 20년 미만 → 10년 미만

21 중요도 ★★★ p.103 ~ 104 p.135

국민연금 연금보험료 납부 제도에 대한 설명 중 (가) ~ (다)에 들어갈 내용으로 가장 적절한 것은?

- 추납보험료는 일시납 또는 (가) 한도 내에서 분할납부할 수 있다.
- 반환일시금 반납은 (나) 만기 정기예금이자율을 적용하여 계산한 금액을 일시납 또는 분할납이 가능하고, 분할하여 납부하는 경우 가입기간에 따라 최고 (다)까지 분할납부할 수 있다.

	가	나	다
①	10개월	1년	24회
②	10개월	3년	20회
③	60개월	1년	24회
④	60개월	3년	20회

22 중요도 ★★ p.104 p.135

국민연금 기본연금액 산정에 대한 설명으로 가장 적절한 것은?

① A값은 가입자 개인의 가입기간 중 매년의 기준소득월액을 연금 수급 전년도의 현재가치로 환산하여 합산한 후 총가입기간으로 나눈 금액이다.
② 기본연금액은 가입자 전체의 소득, 가입자 본인의 소득, 가입기간에 의해 결정된다.
③ 가입자 개인의 평균소득이 가입자 전체 최소소득과 동일하고 가입기간이 40년인 자의 연금급여수준을 소득대체율이라고 한다.
④ 소득대체율은 매년 가입자 평균소득월액의 50% 수준으로 유지하고 있다.

136 합격의 기준, 해커스금융 fn.Hackers.com

23

중요도 ★★★ ㉠ p.104 ～ 105 ㉢ p.135

국민연금 연금급여에 대한 설명으로 가장 적절하지 **않은** 것은?

① 국민연금 급여의 종류에는 노령연금(분할연금), 장애연금, 유족연금, 반환일시금 및 사망 일시금 등이 있다.

② 연금액은 기본연금액에 연금종류별 지급률을 곱한 값에 경우에 따라 부양가족연금액을 가산 하여 지급한다.

③ 부양가족연금액은 수급권자에 의해 생계를 유지하고 있는 배우자, 자녀, 부모가 일정 요건을 만족하는 경우 지급된다.

④ 부양가족연금액을 지급받으려면 자녀의 경우 19세 미만이거나 장애등급 2급 이상에 해당 해야 하며 배우자가 혼인 전에 얻은 자녀는 대상에서 제외한다.

1과목 재무설계 개론
2과목 재무설계사 직업윤리
3과목 은퇴설계
4과목 부동산설계
5과목 상속설계
해커스 **AFPK** 핵심문제집 모듈1

정답 및 해설

21 ③ 가. 60개월
　　　나. 1년
　　　다. 24회

22 ② ① A값 → B값
　　　　A값은 가입자 전체의 연금수급개시 직전 3년간 평균소득월액의 평균액을 의미한다.
　　　③ 최소소득 → 평균소득
　　　④ 소득대체율은 1988 ～ 1998년까지의 가입자 평균소득월액의 70%, 1999 ～ 2007년에는 60%, 2008년에는 50%, 2009년부터 0.5%p씩 낮추어 2028년에는 40%가 된다.

23 ④ 자녀는 양자와 배우자가 혼인 전에 얻은 자녀를 포함한다.

24 중요도 ★★★ ㉮ p.106 ㉯ p.136

노령연금에 대한 설명으로 가장 적절하지 **않은** 것은?

① 노령연금은 가입기간이 10년 이상이고 연금수급개시연령이 된 때부터 그가 생존하는 동안의 기본연금액과 부양가족연금액을 합산하여 지급하는 연금이다.
② 노령연금을 받고 있는 자가 일정 수준을 초과하는 소득이 있는 업무에 종사하는 경우 부양가족 연금액은 지급되지 않는다.
③ 연금수급개시연령이 60세인 노령연금 수급권자가 60세부터 65세가 될 때까지의 기간 중 소득이 있는 경우 소득구간별 감액금액을 적용한 금액을 지급하며, 65세부터는 소득액에 상관없이 전액 지급된다.
④ 소득활동에 따른 노령연금 감액금액은 월 50만원을 초과할 수 없다.

25 중요도 ★★★ ㉮ p.106 ~ 107 ㉯ p.136

소득이 있는 업무에 종사하는 자의 노령연금에 대한 설명으로 가장 적절하지 **않은** 것은?

① 노령연금 수급권자가 소득이 있는 경우 부양가족연금액은 지급하지 않는다.
② 초과소득월액 수준에 따라 구간별로 감액되는 금액이 다르다.
③ 노령연금 수급권자가 연금수급개시일로부터 5년 이후의 기간에 소득이 있는 경우에는 소득액에 관계없이 전액 지급된다.
④ 연금수급개시 연령 도달 전인 조기노령연금 수급권자가 연금을 지급받는 중에 소득이 있는 업무에 다시 종사하게 되더라도 연금지급은 유지된다.

26 중요도 ★★★ ㉮ p.106 ㉯ p.136

노령연금 연기제도에 대한 설명으로 가장 적절하지 **않은** 것은?

① 연금수급개시연령부터 5년의 기간 이내에 신청할 수 있다.
② 연금의 일부가 아닌 전액을 연기할 수도 있다.
③ 연기비율은 가입자의 소득에 따라 결정된다.
④ 노령연금 수급을 연기했다가 다시 받게 될 때는, 연기를 신청하기 전 원래의 노령연금액 (부양가족연금액 제외)에 대하여 연기된 매달 0.6%(연 7.2%)의 연금액을 더 올려서 지급한다.

27 중요도 ★★★
조기노령연금에 대한 설명으로 가장 적절하지 **않은** 것은?

① 조기노령연금은 가입기간 10년 이상인 가입자가 '연금수급개시연령 – 5년' 기간 중에도 연금을 받을 수 있도록 하는 제도이다.
② 조기노령연금의 지급률은 연금수급개시연령 5년 전 신청 시 기본연금액의 70%가 적용된다.
③ 조기노령연금 수급자가 '연금수급개시연령 – 5년' 기간 중에 소득이 발생할 경우 그 소득이 있는 기간 동안 연금지급이 정지된다.
④ 조기노령연금 수급 시 부양가족연금은 지급되지 않는다.

정답 및 해설

24 ④ 소득활동에 따른 A값 초과소득월액이 400만원 이상인 경우 월 감액금액은 50만원 이상이다.

25 ④ 조기노령연금을 신청하여 지급받다가 연금수급개시연령 도달 이전에 소득이 있는 업무에 다시 종사하게 될 경우 그 소득이 있는 기간 동안 연금지급이 정지된다.

26 ③ 연기비율은 50%, 60%, 70%, 80%, 90%, 100% 중에서 수급권자가 자유롭게 선택할 수 있다.

27 ④ 조기노령연금을 수급하더라도 부양가족연금이 지급된다.

28

중요도 ★★★ ㉮ p.106 ~ 107 ㉦ p.136

국민연금 연금수급개시연령이 65세인 노령연금 수급권자의 기본연금액이 100만원인 경우 다음과 같이 조기노령연금과 연기연금을 신청할 때 각각의 기본연금액으로 가장 적절한 것은? (단, 부양가족연금액과 물가는 고려하지 않음)

상 황	연금지급액
62세부터 조기노령연금을 수령하는 경우	(가)
70세부터 연기연금을 수령하는 경우	(나)

	가	나
①	64만원	118만원
②	80만원	130만원
③	80만원	136만원
④	82만원	136만원

29

중요도 ★ ㉮ p.105 ㉦ p.136

노령연금 수급개시연령에 대한 설명으로 가장 적절하지 **않은** 것은?

① 1951년생의 노령연금 수급개시연령은 60세이다.
② 1958년생의 조기노령연금 수급개시연령은 58세이다.
③ 1962년생의 노령연금 수급개시연령은 63세이다.
④ 1970년생의 노령연금 수급개시연령은 65세이다.

30
중요도 ★★★

다음 중 국민연금 분할연금에 대한 설명으로 가장 적절하지 **않은** 것은?

① 이혼 전 배우자의 국민연금 가입기간 중 혼인기간이 5년 이상인 자가 일정 요건을 갖추면 신청할 수 있다.

② 다른 요건을 만족할 경우 분할연금 수급권자 본인이 지급개시연령이 되어야 분할연금을 지급받을 수 있다.

③ 배우자였던 자가 소득이 있는 업무에 종사하여 감액된 연금액을 지급받게 되면 감액 후의 노령연금액을 기준으로 분할연금액을 지급한다.

④ 연금액은 전배우자의 노령연금액 중 혼인기간에 해당하는 연금액(부양가족연금 제외)의 50%이다.

31
중요도 ★★

장애연금에 대한 설명으로 가장 적절하지 **않은** 것은?

① 가입자 또는 가입자였던 자가 질병이나 부상으로 장애가 남을 경우 본인과 가족의 안정된 생활을 보장하기 위한 연금이다.

② 급여는 장애정도(1 ~ 4급)에 따라 일정한 금액을 지급한다.

③ 초진일로부터 1년 6개월 경과 후에도 완치되지 않았다면, 초진일로부터 1년 6개월이 경과한 날을 기준으로 장애정도를 결정한다.

④ 장애연금 수급권자가 장애연금의 지급사유와 동일한 사유로 근로기준법에 의한 장애보상 또는 일시보상 등을 받을 수 있는 경우 장애연금이 지급되지 않는다.

정답 및 해설

28 ④ 가. 62세부터 조기노령연금을 수령하는 경우 : 100만원 × {1 − (0.5% × 36개월)} = 82만원
나. 70세부터 연기연금을 수령하는 경우 : 100만원 × {1 + (0.6% × 60개월)} = 136만원

29 ② 1958년생의 조기노령연금 수급개시연령은 57세이다.

30 ③ 배우자였던 자가 소득이 있는 업무에 종사하여 감액된 연금액을 지급받더라도 감액 전의 노령연금액을 기준으로 혼인기간에 해당하는 연금액의 1/2을 분할연금액으로 지급한다.

> 참고 분할연금은 이혼 전 배우자의 국민연금 가입기간 중 혼인기간이 5년 이상인 자가 이혼, 배우자였던 자의 노령연금 수급권 취득, 본인의 연금수급개시연령 도달 요건을 모두 충족할 때 지급된다.

31 ④ 장애연금이 지급되지 않는다. → 장애연금액의 1/2을 지급받는다.

32

㉮ p.108 ㉯ p.137

중요도 ★★

다음 중 장애등급별 장애연금 급여로 가장 적절하지 **않은** 것은?

① 1급 : 기본연금액 100% + 부양가족연금액
② 2급 : 기본연금액 80% + 부양가족연금액
③ 3급 : 기본연금액 60% + 부양가족연금액
④ 4급 : 기본연금액 225%(일시보상금) + 부양가족연금액

33

㉮ p.108 ㉯ p.137

중요도 ★★

다음 중 유족연금이 지급되는 경우로만 모두 묶인 것은?

가. 장애등급이 4급인 장애연금 수급권자의 사망
나. 가입기간이 10년 이상인 가입자였던 자의 사망
다. 연금보험료를 낸 기간이 가입대상기간의 1/3 이상인 가입자의 사망
라. 사망일 5년 전부터 사망일까지의 기간 중 연금보험료를 낸 기간이 4년인 가입자의 사망

① 가
③ 나, 다
② 가, 나
④ 나, 다, 라

34

㉮ p.109 ㉯ p.138

중요도 ★★★

국민연금 가입기간과 유족연금액이 적절하게 연결되지 **않은** 것은?

① 가입기간 5년 : 기본연금액 40% + 부양가족연금액
② 가입기간 15년 : 기본연금액 50% + 부양가족연금액
③ 가입기간 20년 : 기본연금액 60% + 부양가족연금액
④ 가입기간 25년 : 기본연금액 70% + 부양가족연금액

35

유족연금에 대한 설명으로 가장 적절하지 **않은** 것은?

① 가입기간이 20년 이상인 가입자가 사망했을 때, 기본연금액 전액과 부양가족연금액이 유족연금으로 지급된다.
② 연금을 받을 수 있는 대상자가 동순위로 2인 이상인 경우 같은 금액을 나누어 지급할 수 있다.
③ 다른 요건을 만족할 경우 20세인 자녀는 국민연금법상 유족에 포함된다.
④ 다른 요건을 만족할 경우 사실혼 배우자도 국민연금법상 유족에 포함된다.

1과목
재무설계 개론

2과목
재무설계사 직업윤리

3과목
은퇴설계

4과목
부동산설계

5과목
상속설계

해커스 **APPK** 핵심문제집 모듈1

정답 및 해설

32 ④ 장애등급 4급의 경우 기본연금액의 225%가 일시보상금으로 지급되며, 부양가족연금액은 지급되지 않는다.

33 ④ '나, 다, 라'는 유족연금이 지급되는 경우에 해당한다.
　　　가. 장애등급 4급 → 장애등급 2급 이상

34 ④ 70% → 60%

35 ① 가입기간이 20년 이상인 가입자가 사망했을 때, 기본연금의 60%와 부양가족연금액이 유족연금으로 지급된다.

36 중요도 ★★   ㉮ p.110 ㉤ p.138

유족연금 수급권 소멸 사유로 가장 적절하지 **않은** 것은?

① 수급권자가 사망한 때
② 수급권자인 자녀나 손자녀가 파양된 때
③ 수급권자인 자녀(장애 없음)가 19세가 된 때
④ 수급권자인 장애등급 3급에 해당하는 손자녀가 19세가 된 때

37 중요도 ★★★   ㉮ p.110 ㉤ p.138

국민연금 유족연금 수급에 대한 설명으로 가장 적절하지 **않은** 것은?

① 수급권자인 배우자가 재혼하는 경우 배우자의 유족연금 수급권은 소멸한다.
② 사망한 가입자의 태아가 출생한 경우 자녀보다 후순위로 유족연금을 받던 자의 수급권은 소멸한다.
③ 유족연금 수급권자인 장애등급 1급의 배우자에 대하여는 수급권이 발생한 때부터 3년 동안 유족연금을 지급한 후 55세가 될 때까지 유족연금 지급이 정지된다.
④ 연령도달로 유족연금 수급권이 소멸되는 자녀 또는 손자녀가 지급받은 유족연금액이 사망일시금으로 지급받는 경우보다 적다면 그 차액을 보전해준다.

38 중요도 ★★   ㉮ p.111 ㉤ p.139

반환일시금과 사망일시금에 대한 설명으로 가장 적절하지 **않은** 것은?

① 가입기간이 10년 미만인 가입자가 60세가 될 경우 반환일시금이 지급될 수 있다.
② 반환일시금 수급권이 발생한 날부터 10년 이내에 반환일시금 지급 신청을 하지 않으면 청구권은 소멸한다.
③ 가입자 등이 사망했지만 지급대상이 되는 유족이 없을 경우에 그 배우자 등에게 사망일시금이 지급될 수 있다.
④ 사망일시금으로는 반환일시금으로 책정된 금액의 4배를 지급해야 한다.

1과목
재무설계 개론

2과목
재무설계사 직업윤리

3과목
은퇴설계

4과목
부동산설계

5과목
상속설계

해커스 AFPK 핵심문제집 모듈1

39 중요도 ★★★　　　　　　　　　　　　　　　　　　㉮ p.111　㉯ p.140

국민연금 급여지급에 대한 설명으로 가장 적절하지 **않은** 것은?

① 연금은 지급사유가 발생한 날이 속하는 달부터 수급권이 소멸하는 달까지 지급된다.
② 유족연금의 지급사유 발생일은 사망일이다.
③ 노령연금(조기노령연금 제외)의 지급사유 발생일은 연금수급개시연령 도달일이다.
④ 장애연금의 지급사유 발생일은 완치일 또는 초진일로부터 1년 6개월 경과일이다.

40 중요도 ★★★　　　　　　　　　　　　　　　　　　㉮ p.112　㉯ p.140

국민연금 급여조정에 대한 설명으로 가장 적절하지 **않은** 것은?

① 동일인에게 두 개 이상의 급여 수급권이 발생하면 각각의 급여를 모두 지급한다.
② 국민연금 급여조정은 한정된 자원으로 더 많은 사람들이 혜택을 누려야 한다는 사회보험의 원리를 따른 것이다.
③ 장애연금 수급권자가 같은 사유로 근로기준법 등 다른 법률에 의한 장애보상을 받을 수 있는 경우에 그 장애연금액의 1/2에 해당하는 금액을 지급받는다.
④ 제3자의 가해행위로 장애 또는 유족연금 지급의 사유가 발생하여 가해자로부터 손해배상액을 수령했다면 그 배상액의 범위 안에서 연금지급이 정지된다.

정답 및 해설

36 ③ 장애등급 2급 이상에 해당하지 않는 자녀인 수급권자는 25세가 된 때에 유족연금 수급권이 소멸한다.

37 ③ 유족연금 수급권자인 배우자가 장애등급 2급 이상인 경우에는 유족연금의 지급을 정지하지 않는다.

38 ④ 사망일시금은 반환일시금에 상당하는 금액을 말하며, 최종기준소득월액 또는 가입 중 기준소득월액의 평균액 중 많은 금액의 4배를 초과할 수 없다.

39 ① 지급사유가 발생한 날이 속하는 달의 다음 달부터 지급된다.

40 ① 동일인에게 두 개 이상의 급여 수급권이 발생하면 수급권자의 선택의 의하여 한 개의 급여만 지급되고, 나머지는 지급의 제한을 받는다.

41

⑦ p.112   ⑧ p.140

중요도 ★★★

다음 상황별 지급되는 국민연금 연금급여가 바르게 연결된 것은?

상 황	결 과	국민연금 지급
노령연금 수령 중인 자에게 유족연금이 발생한 경우	노령연금 선택	(가)
장애연금 수령 중인 자에게 근로기준법에 의한 장애보상이 발생한 경우	장애보상 수령	(나)
제3자의 가해행위로 유족연금 지급 사유가 발생한 경우	가해자로부터 손해배상액 수령	(다)

	가	나	다
①	노령연금과 유족연금의 30% 지급	장애연금액의 50% 상당액 지급	연금지급 정지
②	노령연금만 지급	장애연금액의 50% 상당액 지급	유족연금액의 30% 지급
③	노령연금과 유족연금의 30% 지급	장애연금 미지급	연금지급 정지
④	노령연금만 지급	장애연금 미지급	유족연금액의 30% 지급

42

⑦ p.112 ~ 113   ⑧ p.141

중요도 ★★★

공적연금 연계제도에 대한 설명으로 가장 적절하지 **않은** 것은?

① 연계란 국민연금과 직역연금의 가입기간을 합산하는 것을 말한다.
② 연계제도는 공적연금의 사각지대 해소와 안정된 노후생활보장 기능 강화를 목적으로 도입되었다.
③ 각 연금 간의 재정이전을 통해 최종 재직기관에서 연금을 지급한다.
④ 퇴직일시금을 수령하지 않은 경우 퇴직일로부터 5년 이내에 연계신청해야 한다.

43 중요도 ★★★

다음 중 공적연금 연계제도의 연계대상기간과 신청방법에 대한 설명으로 가장 적절한 것은?

① 퇴직연금 수급권을 취득한 경우에는 퇴직 후라면 언제든 연계신청이 가능하다.

② 국민연금 연계대상기간에는 사업장가입기간, 지역가입기간, 임의(계속)가입기간뿐만 아니라 출산·군복무 크레딧도 포함된다.

③ 국민연금법상 반환일시금 반납금 또는 추납보험료를 납부하여 가입기간이 늘어나는 경우 해당 기간도 연계대상기간에 포함된다.

④ 국민연금에서 직역연금으로 이동하여 직역연금 가입자가 된 경우 국민연금 수급권의 소멸 여부와 상관없이 연계신청이 가능하다.

1과목 재무설계 개론

2과목 재무설계사 직업윤리

3과목 은퇴설계

4과목 부동산설계

5과목 상속설계

해커스 AFPK 핵심문제집 모듈1

정답 및 해설

41 ① 가. 노령연금과 유족연금의 30% 지급
나. 장애연금액의 50% 상당액 지급
다. 연금지급 정지

42 ③ 각 연금 간의 연계연금 수급요건을 충족하면 연계된 각각의 연금제도에서 가입기간과 재직기간에 따라 연금을 지급한다.

43 ③ ① 퇴직연금 수급권을 취득한 경우 퇴직연금 수급 전이면 연계 가능하고, 연계신청일이 퇴직연금 최초 지급일에 앞서는 경우 연계신청을 인정한다.
② 임의계속가입기간과 출산·군복무 크레딧은 연계대상기간에서 제외된다.
④ 국민연금에서 직역연금으로 이동하여 직역연금 가입자가 된 경우 국민연금 수급권이 소멸되기 전까지 연계신청을 할 수 있다.

44

중요도 ★★   ㉮ p.112 ~ 113   ㉯ p.141

공적연금 연계대상기간에 대한 설명으로 가장 적절하지 않은 것은?

① 직역연금 연계대상기간은 임용일이 속한 달부터 퇴직일의 전날이 속한 달까지의 개월 수이다.
② 사병복무기간, 재직기간합산, 소급통산 등은 직역연금 연계대상기간에 가산되는 개월 수이다.
③ 국민연금과 군인연금을 연계하여 10년 이상이 되면 연계연금이 지급된다.
④ 국민연금의 반환일시금 반납금이나 추납보험료를 납부하여 가입기간이 연장된 경우 해당기간은 연계대상기간에 포함한다.

45

중요도 ★★   ㉮ p.113 ~ 114   ㉯ p.141

공적연금 연계급여에 대한 설명으로 가장 적절하지 않은 것은?

① 연계연금에는 연계노령연금, 연계노령유족연금, 연계퇴직연금, 연계퇴직유족연금이 있다.
② 연계기간의 합이 10년(군인연금의 경우 제외) 이상이어야 연계노령연금 및 연계퇴직연금 수급권이 생긴다.
③ 임의계속가입 중 반·추납으로 연계기간이 10년이 된 경우에는 그 날에 연계급여 지급사유가 발생한다.
④ 연계연금 가입기간을 충족하더라도 국민연금(또는 직역연금)의 가입(재직)기간이 1년 미만일 경우 연금이 아닌 일시금으로 지급한다.

46 중요도 ★★★

46 중요도 ★★★ ㉮ p.112, p.116 ㉯ p.140, p.142

직역연금에 대한 설명으로 가장 적절한 것은?

① 공무원연금, 사학연금, 군인연금, 별정우체국직원연금은 모두 직역연금에 해당한다.
② 직역연금은 강제적 사회보험제도인 국민연금과 달리 가입이 자유롭다.
③ 직역연금은 노후생활보장, 재해보상, 근로보상적 성격이 존재한다는 점에서 국민연금과 공통점이 있다.
④ 또 다른 사회보험인 국민연금과의 연계를 막아 급여의 중복지급을 방지한다.

47 중요도 ★★★ ㉮ p.116 ~ 117 ㉯ p.142

공무원연금에 대한 설명으로 가장 적절하지 **않은** 것은?

① 가입대상 공무원에는 상시 공무에 종사하는 국가공무원, 지방공무원, 군인 등이 포함된다.
② 선거에 의해 취임하는 공무원은 공무원연금 가입대상에서 제외된다.
③ 공무원연금의 급여에 드는 비용은 가입자인 공무원이 부담하는 기여금과 고용주인 국가 및 지자체가 부담하는 부담금을 재원으로 한다.
④ 2020년 이후 가입자 기여금율은 9%이다.

정답 및 해설

44 ③ 군인연금과 연계할 시 20년 이상이 되면 연계연금을 지급한다.

45 ③ 임의계속가입 중 반·추납으로 연계기간이 10년이 된 경우 임의계속 탈퇴일이 연계급여 지급사유발생일이다.

46 ① ② 직역연금은 국민연금과 동일하게 강제적 사회보험제도이다.
③ 국민연금은 노후생활보장의 성격만 있지만, 직역연금은 노후생활보장뿐만 아니라 재해보상과 근로보상적 성격이 추가적으로 포함되어 있다.
④ 가입(재직)기간의 부족으로 연금수급권을 취득하지 못하는 경우가 발생할 수 있는데, 이러한 공적연금의 사각지대를 해소하기 위해 직역연금과 국민연금과의 연계제도가 도입되었다.

47 ① 군인은 공무원연금이 아닌 군인연금 가입대상이 된다.

48

중요도 ★★ ㉮ p.118, p.120 ㉯ p.142 ~ 143

공무원연금 급여에 대한 설명으로 가장 적절하지 **않은** 것은?

① 공무원연금 급여 중 연금급여는 매월 25일에 지급된다.
② 연금급여 수급권자가 외국으로 이민을 가거나 국적을 상실한 경우에는 본인의 희망에 따라 4년분의 연금에 해당하는 금액을 일시금으로 받을 수 있다.
③ 퇴직급여의 청구권소멸시효는 5년이다.
④ 공무원연금 급여 중 퇴직연금일시금은 재직기간과 관계없이 지급된다.

49

중요도 ★★★ ㉮ p.119 ㉯ p.143

공무원연금 퇴직연금에 대한 설명으로 가장 적절하지 **않은** 것은?

① 공무원이 10년 이상 재직하고 퇴직한 경우에는 본인의 희망에 따라 퇴직연금, 퇴직연금일시금 및 퇴직연금공제일시금을 선택할 수 있다.
② 공무원이 10년 이상 재직하고 퇴직 이후에 연금지급조건에 도달하면 그 때부터 사망 시까지 퇴직연금을 지급한다.
③ 퇴직연금 산정 시 적용되는 연도별 지급률은 연도별로 상향조정하고 있다.
④ 공무원 A씨가 10년간 재직 후 계급정년에 도달하여 2023년 퇴직한 경우, A씨는 2028년부터 사망 시까지 매월 퇴직연금을 지급받는다.

50

중요도 ★★ ㉮ p.121 ~ 122 ㉯ p.144

공무원연금 10년 미만 가입자가 지급받을 수 있는 퇴직연금급여로 가장 적절한 것은?

① 퇴직연금　　　　　　　　　　② 퇴직일시금
③ 퇴직연금일시금　　　　　　　④ 퇴직연금공제일시금

51 공무원연금의 분할연금에 대한 설명으로 가장 적절하지 **않은** 것은?

① 재직기간 중 혼인기간이 5년 이상이어야 한다.
② 배우자였던 자가 퇴직연금 또는 조기퇴직연금, 연계퇴직연금 수급권자이어야 한다.
③ 분할연금은 요건을 모두 갖추게 된 때부터 5년 이내에 청구해야 한다.
④ 급여수준은 혼인기간에 해당하는 기간의 연금액을 1/2로 균등하게 분할한 금액이다.

52 공무원연금 퇴직유족급여에 대한 설명으로 가장 적절하지 **않은** 것은?

① 10년 이상 재직한 공무원이 재직 중 사망하면 퇴직유족연금과 퇴직유족연금부가금이 지급된다.
② 퇴직유족연금의 수급권은 유족에게 있으며, 사실혼 배우자는 유족의 범위에 포함되지 않는다.
③ 퇴직유족연금일시금은 10년 이상 재직한 공무원이 재직 중 사망한 경우 유족이 원할 때 퇴직유족연금을 갈음하여 지급되는 것이다.
④ 퇴직유족연금은 퇴직연금의 60%가 지급되고, 퇴직유족연금부가금은 사망 당시의 퇴직연금일시금의 25%가 지급된다.

정답 및 해설

48 ④ 퇴직연금일시금은 재직기간이 10년 이상이어야 지급된다.

49 ③ 연도별 지급률은 연도별로 0.022%p씩 하향조정되어 2035년 이후부터는 1.7%로 조정된다.

50 ② 10년 미만 가입자는 퇴직일시금을 지급받을 수 있다. 퇴직연금, 퇴직연금일시금 및 퇴직연금공제일시금은 10년 이상 가입자에게 지급된다.

51 ③ 5년 → 3년

52 ② 유족에는 사실혼 배우자가 포함된다.

53

중요도 ★★

㉮ p.119 ~ 120, p.122 ㉯ p.143 ~ 145

공무원연금 급여에 대한 설명으로 가장 적절한 것은?

① 조기퇴직연금은 퇴직연금 지급연령 미달연수 매 1년당 3%씩 감액하여 최대 5년간 15%를 감액한 금액으로 지급한다.

② 분할연금 수급자는 이혼 후 곧바로 선신청을 하면 수급요건을 충족하지 않아도 연금을 선지급 받을 수 있다.

③ 공무원이 공무 외의 사유로 생긴 질병 또는 부상으로 인하여 장해상태가 되어 퇴직한 경우에는 조기퇴직연금을 지급한다.

④ 공무원이 1년 이상 재직하고 퇴직한 경우 퇴직급여와 별도로 재직기간에 따라 책정한 금액을 퇴직수당으로 지급한다.

54

중요도 ★★

㉮ p.123 ~ 125 ㉯ p.145 ~ 146

군인연금에 대한 설명으로 가장 적절하지 **않은** 것은?

① 지원에 의하지 않고 임용된 부사관은 군인연금의 사망보상금과 장애보상금만 적용된다.

② 퇴직급여 및 퇴직유족급여 비용은 군인과 국가가 각각 부담하지만 퇴직수당 비용은 국가가 전액 부담한다.

③ 퇴역연금은 19년 5개월 이하로 복무 후 퇴직한 자에게 지급한다.

④ 퇴역연금은 평균기준소득월액을 기초로 산정하고, 이때 기준소득월액은 공무원 전체 평균액의 1.8배를 초과할 수 없다.

55

중요도 ★

다음 중 사학연금의 가입대상으로 적절한 것은?

① 사립학교에 근무하는 무보수 직원 ② 임시로 임명된 교원
③ 조건부로 임명된 교원 ④ 국립대학치과병원 직원

정답 및 해설

53 ④ ① 조기퇴직연금은 퇴직연금 지급연령 미달연수 매 1년당 5%씩 감액하여 최대 5년간 25%를 감액한 금액으로 지급한다.
② 분할연금 선신청은 분할연금 선청구 행위일 뿐 분할연금을 바로 받는다는 의미는 아니며, 분할연금 수급요건을 충족해야 그때부터 연금을 받을 수 있다.
③ 조기퇴직연금 → 비공무상 장해급여

54 ③ 퇴역연금은 19년 6개월 이상 복무 후 퇴역한 자에게 지급한다. 19년 5개월 이하로 복무한 자에게는 퇴직일시금을 지급한다.

55 ④ 국립대학치과병원과 국립대학병원 직원은 가입대상이다.

01 중요도 ★★ ㉮ p.131 ~ 132 ㉯ p.147 ~ 148

퇴직급여에 대한 설명으로 가장 적절하지 **않은** 것은?

① 퇴직금제도는 근로자퇴직급여보장법에 따라 근로자들이 퇴직급여를 연금 또는 일시금으로 수령할 수 있는 제도이다.
② 퇴직급여 형태에는 퇴직일시금과 퇴직연금이 있다.
③ 1년 이상 계속 근로한 근로자가 퇴직한 경우 퇴직급여를 지급해야 한다.
④ 퇴직연금에는 확정급여형 퇴직연금, 확정기여형 퇴직연금, 개인형 퇴직연금 등이 있다.

02 중요도 ★★ ㉮ p.131 ~ 132 ㉯ p.147

평균임금에 대한 설명 중 빈칸에 들어갈 내용으로 가장 적절한 것은?

> 퇴직금 산정의 기초가 되는 평균임금이란 근로자의 퇴직사유가 발생한 날 이전 (   ) 동안에 근로자에게 지급된 임금의 총액을 그 기간의 총일수로 나눈 금액이다.

① 30일
② 60일
③ 3개월
④ 6개월

03 중요도 ★★

다음 중 퇴직연금제도에 대한 설명으로 가장 적절하지 **않은** 것은?

① 근퇴법에서는 퇴직급여의 사외적립을 강제하고 있다.
② 중도인출을 자유롭게 허용함으로써 퇴직연금의 다양한 활용이 가능하게 되었다.
③ DC형 퇴직연금 또는 IRP 가입자는 적립금을 직접 운용할 수 있다.
④ 퇴직급여가 이전된 IRP에서 연금수령요건을 충족하는 경우 퇴직소득세가 30%(또는 40%) 경감된다.

04 중요도 ★★★

확정급여형, 확정기여형 퇴직연금에 대한 설명으로 가장 적절한 것은?

① 확정급여형 퇴직연금은 사용자부담금 수준이 사전에 결정되는 연금이다.
② 확정기여형 퇴직연금은 대기업의 근로자에게 선호되는 제도로 볼 수 있다.
③ 확정기여형 퇴직연금의 경우 근로자는 사용자부담금과 별도로 추가납입이 가능하다.
④ 우리나라의 DC형 퇴직연금은 사용자가 적립금 운용방법을 선택하여 운용한다.

정답 및 해설

01 ① 퇴직금제도 → 퇴직연금제도

02 ③ 퇴직금 산정의 기초가 되는 평균임금이란 근로자의 퇴직사유가 발생한 날 이전 (3개월) 동안에 근로자에게 지급된 임금의 총액을 그 기간의 총일수로 나눈 금액이다.

03 ② 중도인출을 제한함으로써 안정적인 연금소득을 확보할 수 있다.

04 ③ ① 사용자부담금 수준이 사전에 결정되는 연금은 확정기여형 퇴직연금이다.
    ② 대기업의 근로자에게 선호되는 제도는 확정급여형 퇴직연금이다.
    ④ DC → DB

05 중요도 ★★★　　　　　　　　　　　　　　　⑦ p.134　⑧ p.148

개인형 퇴직연금에 대한 설명으로 가장 적절하지 **않은** 것은?

① 퇴직급여를 이전하거나 퇴직일시금의 전부 또는 일부를 납입하여 운용할 수 있다.
② 퇴직연금을 먼저 가입한 사람이 은퇴소득을 추가적으로 확보하기 위해 설정하는 연금이다.
③ 가입자가 스스로 선택한 방법으로 포트폴리오를 구성하여 적립금을 운용한다.
④ 상시근로자 1인 이상의 모든 사업장은 근로자 전원이 개인형 퇴직연금에 가입한 경우 퇴직급여제도를 설정한 것으로 본다.

06 중요도 ★★　　　　　　　　　　　　　　⑦ p.131, p.134　⑧ p.147 ~ 148

국내 퇴직급여제도에 대한 설명으로 가장 적절하지 **않은** 것은?

① 상시근로자 1인 이상인 모든 사업장은 퇴직급여제도 중 하나 이상을 설정해야만 한다.
② 사용자는 하나의 사업장에 DB형과 DC형 퇴직연금제도를 함께 설정할 수 없다.
③ 사용자는 1년 이상 계속 근로한 근로자가 퇴직하는 경우 퇴직급여를 지급해야 한다.
④ 기존의 퇴직금제도를 퇴직연금제도로 변경하려는 경우 반드시 근로자대표의 동의를 받아야 한다.

07 중요도 ★★★　　　　　　　　　　　　　　　⑦ p.135　⑧ p.149

퇴직급여 지급에 대한 설명으로 가장 적절하지 **않은** 것은?

① 원칙적으로 사용자는 근로자가 퇴직일로부터 14일 이내에 퇴직급여를 지급해야 하며, 지연 지급하는 경우 지연일수에 대해 연 20%의 연체이자를 함께 지급해야 한다.
② 퇴직급여는 근로자 명의의 IRP 계정으로 이전 지급하는 것이 원칙이지만, 근로자가 55세 이후 퇴직하거나 퇴직급여 총액이 300만원 이하인 경우 등에는 근로자 명의의 예금계좌로 지급할 수도 있다.
③ 퇴직급여를 근로자의 대출채권과 상계하여 지급하는 것은 금지된다.
④ 퇴직연금 미가입자는 퇴직나이가 55세에 도달하지 않더라도 본인이 희망하는 경우 일반 예금계좌로 지급 가능하다.

1과목
재무설계 개론

2과목
재무설계사 직업윤리

3과목
은퇴설계

4과목
부동산설계

5과목
상속설계

해커스 AFPK 핵심문제집 모듈1

08

중요도 ★★

㉮ p.136 ~ 137 ㉯ p.150

퇴직연금제도의 도입에 대한 설명으로 가장 적절하지 **않은** 것은?

① 대부분의 선진국은 고령화와 저출산으로 인한 재정 부담이 발생하여 사적연금을 통한 노후준비를 강조하고 있다.
② 우리나라는 2005년 퇴직연금제도를 도입하며 퇴직급여의 수급권 보장을 강화하고 있다.
③ 2022년 전체 적립금 중 DB형 및 DC형 퇴직연금의 비중은 각각 전년대비 증가한 반면 IRP의 비중은 전년대비 감소하였다.
④ 국내 퇴직연금 적립금은 원리금보장형과 실적배당형 상품 등의 방법으로 운용되고 있다.

09

중요도 ★★★

㉮ p.137 ~ 138 ㉯ p.150

퇴직연금 적립금 운용에 대한 설명으로 가장 적절하지 **않은** 것은?

① DC형 퇴직연금과 IRP의 경우 사용자가 금융회사에게 운용지시를 한다.
② 가입자가 운용지시를 해야 하는 퇴직연금 제도에서 가입자의 운용지시가 없는 경우에는 사전지정운용방법으로 운용된다.
③ 적립금은 원리금보장상품, 실적배당형 상품 등 다양한 운용방법 중 둘 이상의 운용방법을 선택하여 운용할 수도 있다.
④ 원리금보장상품은 변동성이 낮다는 장점이 있어서 단기투자에 활용한다.

정답 및 해설

05 ④ 상시근로자가 10인 미만인 사업장인 경우에만 근로자 전원이 개인형 퇴직연금에 가입하면 퇴직급여제도를 설정한 것으로 본다.

06 ② 사용자는 하나의 사업장에 DB형과 DC형 퇴직연금제도를 함께 설정할 수 있다.

　[참고] 둘 이상의 퇴직연금제도를 설정하는 경우 사용자부담금은 각각의 설정 비율의 합이 1이 되도록 퇴직연금 규약을 정한다.

07 ④ 퇴직연금 미가입자가 55세 미만인 경우 IRP계좌로 지급되고, 55세 이상인 경우 IRP계좌, 연금저축계좌, 일반예금 계좌 중 본인이 희망하는 계좌로 지급한다.

08 ③ 증가 ↔ 감소

09 ① DB형 퇴직연금의 경우에는 사용자가, DC형 퇴직연금과 IRP의 경우에는 근로자가 금융회사에게 운용지시를 한다.

10　중요도 ★★★　　　　　　　　　　　　　　　　　　　㉮ p.135, p.138　㉯ p.149～150

퇴직연금에 가입한 A씨(50세)가 현재 퇴직할 경우 퇴직연금 수령에 대한 설명으로 가장 적절한 것은?

① A씨가 퇴직급여를 IRP계좌로 이전했다면 지금 즉시 연금수령이 가능하다.
② A씨의 퇴직급여는 반드시 본인이 선택한 IRP계좌로 이전하는 방식으로 지급된다.
③ A씨의 퇴직급여가 IRP 계좌로 이전된 경우 반드시 연금의 형태로만 인출해야 한다.
④ A씨가 작년에 퇴직연금 가입을 했다면 연금수령을 위한 가입기간 요건을 충족한다.

11　중요도 ★　　　　　　　　　　　　　　　　　　　　　　　　　　　　㉮ p.139

다음 빈칸에 들어갈 내용이 순서대로 나열된 것은?

> (가)는 퇴직연금 관리업무를 수행하기 위해 고용노동부 장관과 금융위원회에 등록한 자를 말하는데, (나)와 자산관리사업자로 나누어진다. 관련 기관으로는 (나)에게 적립금 운용방법을 제공하는 상품제공기관과 신용평가기관이 있다.

① 가 - 위탁관리사업자,　나 - 퇴직연금사업자
② 가 - 퇴직연금사업자,　나 - 운용관리사업자
③ 가 - 위탁관리사업자,　나 - 운용관리사업자
④ 가 - 퇴직연금사업자,　나 - 위탁관리사업자

12　중요도 ★★★　　　　　　　　　　　　　　　　　　㉮ p.138～139　㉯ p.150

퇴직연금 적립금의 중도인출사유에 해당하는 것은?

① 무주택자인 가입자가 가족 명의로 주택을 구입하는 경우
② 가입자 본인의 질병으로 3개월의 요양을 하는 경우
③ 가입자가 자녀의 대학등록금을 부담하는 경우
④ 가입자가 인출 신청일로부터 역산하여 5년 이내에 개인회생절차개시 결정을 받은 경우

13

중요도 ★★★

확정급여형 퇴직연금에 대한 적절한 설명으로만 모두 묶인 것은?

가. 퇴직급여는 평균임금과 근속년수에 따라 정해진 금액으로 한다.

나. 사용자는 매 반기 1회 이상 퇴직급여 지급을 위한 부담금을 납부해야 한다.

다. 근로자는 사용자부담금에 추가하여 근로자기여금을 납부할 수 없다.

라. 적립금은 총액의 30%까지만 위험자산에 투자할 수 있으며, 원리금보장상품이나 위험이
   낮은 자산에는 100% 투자할 수 있다.

---

① 가, 나   ② 가, 다

③ 나, 라   ④ 다, 라

1과목
재무설계 개론

2과목
재무설계사 직업윤리

3과목
은퇴설계

4과목
부동산설계

5과목
상속설계

해커스 AFPK 핵심문제집 모듈1

정답 및 해설

10 ② ① 퇴직연금에 가입한 근로자가 퇴직급여를 IRP로 이전한 경우 가입기간과 관계없이 55세 이후부터 연금수령이
      가능하다.
      ③ 퇴직급여가 이전된 IRP계좌의 적립금은 가입자 희망에 따라 연금 또는 일시금으로 인출할 수 있다.
      ④ 근퇴법상 퇴직연금의 연금수령은 가입기간이 10년 이상이어야 가능하다.

11 ② (퇴직연금사업자)는 퇴직연금 관리업무를 수행하기 위해 고용노동부 장관과 금융위원회에 등록한 자를 말하는데,
      (운용관리사업자)와 자산관리사업자로 나누어진다. 관련 기관으로는 (운용관리사업자)에게 적립금 운용방법을 제
      공하는 상품제공기관과 신용평가기관이 있다.

12 ④ ① 가족 명의 → 본인 명의
      ② 가입자 본인의 질병 또는 부상으로 6개월 이상 요양하는 경우로서, 본인 연간 임금 총액의 12.5%를 초과하여
         요양비를 부담하는 경우에 한하여 중도인출이 가능하다.
      ③ 부양가족의 대학등록금을 부담하는 경우에는 담보제공만 가능하다.

13 ② '가, 다'는 적절한 설명이다.
      나. 매 반기 1회 → 매년 1회
      라. 30% → 70%

14

중요도 ★★★　　　　　　　　　　　　㉮ p.133 ~ 134, p.140 ~ 142　㉯ p.148, p.151 ~ 152

확정기여형 퇴직연금에 대한 적절한 설명으로만 모두 묶인 것은?

> 가. 임금인상률이 적립금 운용수익률보다 높을 경우 DC형의 급여가 DB형의 급여보다 높아진다.
> 나. 사용자는 매년 1회 이상 사용자부담금으로 연간 임금총액의 1/12 수준의 금액을 근로자가 선택한 퇴직연금계좌에 납입해야 한다.
> 다. 근로자는 사용자기여분에 추가하여 근로자기여금을 납입할 수 없다.
> 라. 근로자가 납입하는 추가부담금에 대한 수수료는 노사합의가 없는 한 근로자가 부담한다.

① 가, 나　　　　　　　　　　　② 가, 다
③ 나, 라　　　　　　　　　　　④ 다, 라

15

중요도 ★★★　　　　　　　　　　　　　　　　㉮ p.141　㉯ p.151

다음 중 확정기여형 퇴직연금의 적립금 운용에 대한 설명으로 가장 적절한 것은?

① DC형의 적립금 운용책임은 퇴직연금사업자에게 있다.
② 퇴직연금사업자는 매월 1회 이상 원리금보장상품을 포함한 3개 이상의 적립금 운용방법을 제공한다.
③ DC형은 상장·비상장 주식에 대한 직접투자가 금지된다.
④ DC형은 퇴직연금의 위험자산 투자가 전면 금지된다.

16

중요도 ★★★　　　　　　　　　　　　　　㉮ p.139 ~ 141　㉯ p.151

퇴직연금에 대한 설명 중 (가) ~ (다)에 들어갈 내용으로 가장 적절한 것은?

구 분	DB형	DC형
퇴직급여수준	퇴직금제도의 퇴직금과 동일	(가)
사용자부담금	(나)	법정퇴직금 이상
적립금 운용지시	사용자	(다)

	가	나	다
①	운용결과에 따라 변동	법정퇴직금과 동일	근로자
②	운용결과에 따라 변동	운용결과에 따라 변동	근로자
③	법정퇴직금과 동일	운용결과에 따라 변동	금융회사
④	법정퇴직금과 동일	법정퇴직금과 동일	사용자

중요도 ★★

㉮ p.143 ㉯ p.152

17 다음 중 사전지정운용제도의 적격펀드에 대한 설명으로 적절하지 **않은** 것은?

① 타겟데이트펀드는 투자목표시점을 사전에 결정한 후 운용기간이 경과함에 따라 투자위험이 낮은 자산을 증가시키는 방법으로 운용하는 펀드이다.
② 자산배분형펀드는 분산투자하되 금융시장상황, 시장전망 등의 변동사항을 고려하여 주기적으로 자산배분을 지정하여 운용하는 펀드이다.
③ 단기금융펀드는 1년 이상의 장기금융상품에 투자하여 손실 가능성을 최소화하고 안정적인 수익을 추구하는 펀드이다.
④ 사회간접자본펀드는 국가 및 지방자치단체가 추진하는 사회기반시설 사업 등에 투자하는 펀드이다.

정답 및 해설

14 ③ '나, 라'는 적절한 설명이다.
가. 임금인상률이 적립금 운용수익률보다 높을 경우 DB형의 급여가 DC형의 급여보다 높아진다.
다. 근로자는 사용자기여분에 추가하여 근로자기여금을 납입할 수 있다.

15 ③ ① DC형의 적립금 운용책임은 근로자에게 있다.
② 매월 1회 → 반기 1회
④ 주식형펀드, ETF, 상장Reits, 상장인프라펀드 등의 위험자산에 대해서는 70%까지 투자가 허용되며, 위험자산 투자는 집합투자의 방법으로만 가능하다.

16 ② 가. 운용결과에 따라 변동
나. 운용결과에 따라 변동
다. 근로자

17 ③ 1년 미만의 단기금융상품에 투자하여 손실 가능성을 최소화하고 단기의 안정적인 수익을 추구한다.

18
⑦ p.142 ~ 144 ⑧ p.152 ~ 153

중요도 ★★★

디폴트옵션제도(사전지정운용제도)는 금융회사가 사전에 결정된 운용방법으로 투자상품을 자동으로 선정해 운용하는 제도이다. 이에 대한 설명으로 가장 적절하지 **않은** 것은?

① 디폴트옵션제도를 도입하기 위해서는 사업장 단위로 노사 합의에 따라 퇴직연금규약에 도입에 관한 내용을 규정해야 한다.
② 고용노동부 장관의 승인을 받은 사전지정운용방법에는 TDF, BF, SVF 등이 있다.
③ 디폴트옵션의 범위는 단기투자에 적합한 펀드와 원리금비보장상품으로 구성되며, 가입자는 그 중 하나를 선택할 수 있다.
④ DC형 퇴직연금 가입자가 적립금 운용지시를 적절히 하지 못하는 상황에서 활용할 수 있는 제도이다.

19
⑦ p.145 ⑧ p.153

중요도 ★★★

다음 중 IRP를 설정할 수 있는 사람으로 모두 묶인 것은?

> 가. 10인 미만 고용 사업장의 근로자
> 나. 자영업자 등 안정적인 노후소득 확보가 필요한 사람
> 다. 퇴직금제도에서 퇴직일시금을 지급받은 사람
> 라. 사립학교교직원으로 재직 중인 직역연금 가입자

① 가
② 나, 다
③ 가, 다, 라
④ 가, 나, 다, 라

20

중요도 ★★★

㉮ p.145 ~ 146 ㉯ p.154

다음 중 개인형 퇴직연금에 대한 설명으로 적절하게 연결된 것은?

개인형 퇴직연금 종류에는 퇴직 시 퇴직급여를 근로자 명의의 IRP계좌로 이전하는 (가)와 종합소득이 있는 가입자가 납입액의 일정 한도까지 연금계좌세액공제를 받을 수 있는 (나)가 있다.

또한 (다) 사업장 특례를 이용하면 근로자 전원이 IRP를 설정하고 사용자가 사용자부담금을 납부하는 방법으로 퇴직급여제도를 설정할 수 있다.

	가	나	다
①	퇴직IRP	적립IRP	10인 미만
②	퇴직IRP	공제IRP	5인 미만
③	개인IRP	퇴직IRP	10인 미만
④	개인IRP	적립IRP	5인 미만

1과목 재무설계 개론

2과목 재무설계사 직업윤리

3과목 은퇴설계

4과목 부동산설계

5과목 상속설계

해커스 AFPK 핵심문제집 모듈1

정답 및 해설

18 ③ 디폴트옵션은 원리금보장상품, 장기투자에 적합한 펀드(TDF, 장기가치상승추구펀드, MMF, 인프라펀드)와 원리금보장상품과 펀드상품을 혼합한 포트폴리오 상품으로 구성된다.

19 ④ '가, 나, 다, 라' 모두 IRP를 설정할 수 있다.

20 ① 가. 퇴직IRP
나. 적립IRP
다. 10인 미만

중요도 ★★

㉑ p.146 ㉖ p.154

21 IRP 계좌 인출 시 과세에 대한 내용으로 빈칸에 들어갈 말이 순서대로 나열된 것은?

> • IRP 계좌 인출 시 퇴직급여 납입액을 연금으로 수령하면 연금실제수령연차 10년 차까지의 연금소득세는 이연퇴직소득세의 (   )이다.
> • IRP 계좌 인출 시 퇴직급여 납입액을 일시금으로 수령하면 퇴직 시 산출된 퇴직소득세의 (   )를 과세한다.

① 60%, 70% ② 70%, 70%
③ 60%, 100% ④ 70%, 100%

중요도 ★★

㉑ p.147 ㉖ p.155

22 다음 중 IRP 가입 시 검토사항으로 적절하지 **않은** 것은?

① 가입자가 부담하는 수수료를 서비스별과 소득원천별로 구분하여 검토한다.
② 중도해지 등 연금수령조건을 충족하지 못하면 세액공제액보다 많은 세금이 부과되는 불이익을 받을 수 있음에 유의한다.
③ 가입자가 운용지시를 하지 않으면 6주간 사전지정운용방법으로 운용되다가 이후 저금리 대기성 자금으로 운용된다.
④ 연금수령 시 분리과세 또는 종합과세 중 하나의 방법을 선택할 수 있다.

중요도 ★★

㉑ p.147 ~ 148 ㉖ p.155

23 중소기업퇴직연금기금의 부담금에 대한 설명으로 가장 적절하지 **않은** 것은?

① 중소기업퇴직연금기금은 30인 이하 중소기업의 사업주와 근로자가 납입한 부담금으로 공동기금을 조성하여 운영한다.
② 사용자는 매년 1회 이상 가입자의 연간 임금 총액의 1/12 이상의 금액을 중소기업퇴직연금기금 계정에 납입해야 한다.
③ 사용자는 최초 가입일로부터 3년간 납입한 정기부담금의 10%를 일정 한도 내에서 지원받는다.
④ 가입자는 가입자 명의의 부담금 계정을 설정한 후 정해진 납입주기 이외에는 추가 부담금을 납입할 수 없다.

24 중소기업퇴직연금기금에 대한 설명으로 가장 적절한 것은?

① 상시근로자 30인 이하의 중소기업은 반드시 중소기업퇴직연금기금을 도입해야 한다.
② 가입자의 퇴직급여는 연금으로만 지급한다.
③ 가입자가 55세 이상이고 가입기간이 10년 이상이어야 연금 수령이 가능하다.
④ 중소기업퇴직연금기금의 적립금은 DB형 퇴직연금과 마찬가지로 중도인출이 금지된다.

중요도 ★★   ⑦ p.149~151 ⑭ p.156

25 IRP계좌 설정 시 점검사항에 대한 설명으로 가장 적절하지 **않은** 것은?

① IRP계좌는 1개의 금융회사에 1개의 IRP계좌만 개설 가능하므로 가입자가 원하는 상품을 제공하는 금융회사인지 확인해봐야 한다.
② 운용방법 수익률 비교 검토 시 1년 이내의 단기수익률 위주로 검토한다.
③ IRP 수수료는 장기간에 걸쳐 발생하고 적립금 운용수익률에 큰 영향을 미치기 때문에 수수료가 낮은 금융회사의 IRP계좌를 가입한다.
④ 소득원천별로 퇴직급여를 퇴직IRP와 적립IRP로 구분하여 관리해야 한다.

정답 및 해설

21 ④ IRP 계좌 인출 시 퇴직급여 납입액을 연금으로 수령하면 연금실제수령연차 10년 차까지의 연금소득세는 이연퇴직소득세의 (70%)이다. IRP 계좌 인출 시 퇴직급여 납입액을 일시금으로 수령하면 퇴직 시 산출된 퇴직소득세의 (100%)를 과세한다.

22 ③ 사전지정운용방법 ↔ 저금리 대기성 자금

23 ④ 중소기업퇴직연금기금 가입자는 가입자 명의의 부담금 계정(가입자부담금 계정)을 설정하고 정해진 납입주기 또는 수시로 가입자 추가부담금을 납입할 수 있다.

24 ③ ① 상시근로자 30인 이하의 중소기업이라도 중소기업퇴직연금기금을 반드시 도입해야 하는 것은 아니고 DB형, DC형, 중소기업퇴직연금기금 중에 선택하면 된다.
   ② 가입자의 퇴직급여는 연금 또는 일시금으로 지급한다.
   ④ 적립금은 DC형과 마찬가지로 일정한 사유가 있으면 중도인출이 가능하다.

25 ② 단기수익률에만 초점을 맞춘 비교는 바람직하지 않으며 최소 3년 이상의 중장기 수익률에 대한 비교검토가 필요하다.

26 중요도 ★★ ㉮ p.150 ~ 151 ㉰ p.156

IRP계좌 구분관리의 필요성에 대한 설명으로 적절하지 **않은** 것은?

① 소득원천에 따라 IRP계좌를 구분관리하게 되면 긴급 자금이 필요한 경우 세제상 불이익을 최소화하고 미해지 계좌는 은퇴소득을 위해 활용할 수 있다.
② 사업장 또는 금융회사에 따라서는 추가납부가 어려울 수 있으므로 DC형 퇴직연금계좌도 함께 활용해야 한다.
③ IRP계좌를 구분해놓지 않은 상태로 불가피하게 IRP계좌의 퇴직급여를 해지해야 하는 경우 퇴직소득세를 100% 부담해야 한다.
④ 퇴직급여는 별도의 퇴직IRP를 설정하여 이전받아 운용하고 적립IRP를 설정하여 추가로 납부하는 것이 바람직하다.

27 중요도 ★★★ ㉮ p.151 ~ 152 ㉰ p.156

퇴직연금의 적립금 운용 방식에 대한 설명으로 가장 적절하지 **않은** 것은?

① 분산투자를 통해 장기간에 걸친 안정적인 수익률을 목표로 한다.
② 퇴직연금 적립금을 디폴트옵션으로 운용하는 중에는 선택한 펀드를 변경할 수 없다.
③ 디폴트옵션과 TDF는 가입자의 위험성향에 맞는 펀드를 선택할 수 있다는 공통점이 있다.
④ TDF는 목표시점에 맞추어 위험자산의 비중을 자동으로 조정한다.

28 중요도 ★★ ㉮ p.152 ~ 153 ㉰ p.157

자산배분 재조정에 대한 적절한 설명으로만 모두 묶인 것은?

> 가. 자산배분의 재조정은 투자환경의 변화에 대응하기 위해 필요하다.
> 나. 빈번한 포트폴리오 변경은 펀드운용수익률에 부정적 영향을 준다.
> 다. 개인투자자는 시장에 선행하도록 포트폴리오를 변경하여 위험관리를 할 수 있다.
> 라. 은퇴시기가 가까워져 오는 50대에는 주식형자산 등 수익자산의 비중을 높이고 채권형자산이나 인컴자산의 비중을 낮추는 자산배분 재조정을 고려한다.
> 마. 은퇴시기를 단축하거나 연장하는 경우 TDF의 목표시기를 변경해야 한다.

① 가, 나, 라
② 가, 나, 마
③ 가, 다, 마
④ 나, 다, 라

1과목
재무설계 개론

2과목
재무설계사 직업윤리

3과목
은퇴설계

4과목
부동산설계

5과목
상속설계

해커스 **AFPK** 핵심문제집 모듈1

29 중요도 ★★ ⑦ p.154~156 ⑧ p.158

IRP 연금지급방식에 대한 설명으로 가장 적절한 것은?

① IRP의 연금수령방식은 연금지급개시 이전에 지정해야 하고 연금지급개시 이후에는 변경이 불가능하다.
② 확정기간형 연금지급방식은 적립금 운용수익률이 낮아지는 경우 연금수령기간이 단축될 수 있다는 단점이 있다.
③ 확정금액형 연금지급방식은 연금수령기간을 확정하므로 연금적립금의 운용수익률에 따라 연금액이 변동된다는 단점이 있다.
④ 수시인출방식은 예상치 못한 자금니즈가 발생되는 경우 적립금의 상당부분을 인출하여 적립금을 조기에 소진할 가능성이 있다.

30 중요도 ★★ ⑦ p.154 ⑧ p.158

확정기간형 연금지급에 대한 설명으로 가장 적절하지 **않은** 것은?

① 연금수령기간을 미리 정하고 매 정한 기간 동안 연금을 수령한다.
② 연금수령기간 중 선택한 기간 동안 일정한 주기로 연금 수령을 확보할 수 있다는 장점이 있다.
③ 연금액은 전기 말 연금적립금을 잔여 연금지급기간으로 나누어 계산한다.
④ 적립금 운용수익률이 높아지면 이후에 지급되는 연금액이 낮아진다.

정답 및 해설

26 ② IRP계좌가 아닌 DC형 퇴직연금계좌를 활용하는 경우 사업장 또는 금융회사에 따라 근로자의 추가납부를 허용하지 않을 수 있고, 사용자 납입 부담금과 근로자 납입 기여금이 혼용되어 운용수익을 구분하기 어렵다.

27 ② 퇴직연금 적립금을 선택한 디폴트옵션에 따라 운용 중이더라도 이후 시장상황이나 투자기간 경과에 따라 선택한 펀드를 변경할 수 있다.

28 ② '가, 나, 마'는 적절한 설명이다.
다. 개인투자자가 시장변화에 대응하는 포트폴리오는 시장에 후행하는 결과로 귀결되기 때문에 위험관리 효과를 얻기 어렵다.
라. 은퇴시기가 가까워져 오는 50대에는 주식형자산 등 위험자산의 비중을 낮추고 채권형자산이나 인컴자산의 비중을 높이는 자산배분 재조정을 고려한다.

29 ④ ① IRP의 연금수령방식은 연금지급개시 이전에 지정해야 하지만 연금지급개시 이후에도 변경 가능하다.
② 확정기간형 → 확정금액형
③ 확정금액형 → 확정기간형

30 ④ 적립금 운용수익률이 높아지면 이후에 지급되는 연금액이 높아진다.

6장 개인연금

⑦ p.160 ⑨ p.159

01 중요도 ★★

다음 중 개인연금제도의 변천과정에 대한 설명으로 적절하게 연결된 것은?

구 분	개인연금저축	연금저축	연금저축계좌
시행기간	'94.6월 ~ '00.12월	'01.1월 ~ '13.2월	'13.3월 ~ 현재
가입대상	20세 이상	18세 이상	(가)
납입한도	분기 300만원	분기 400만원	(나)
연금수령 가입기간 요건	10년 이상	10년 이상	(다)

	가	나	다
①	18세 이상 거주자	연 1,200만원	5년 이상
②	18세 이상 거주자	연 1,800만원	10년 이상
③	나이제한 없음	연 1,800만원	5년 이상
④	나이제한 없음	연 1,200만원	10년 이상

⑦ p.160 ~ 161 ⑨ p.159

02 중요도 ★★

개인연금에 대한 설명으로 가장 적절하지 **않은** 것은?

① 개인연금은 세액공제 여부에 따라 세제적격연금과 세제비적격연금으로 구분된다.

② 세제적격연금인 연금저축계좌의 납입한도는 연간 1,800만원이며 55세 이후 연금개시가 가능하다.

③ 2023년 3월 현재 기준으로 신규 가입이 가능한 세제적격연금은 연금저축계좌뿐이다.

④ 세제비적격연금은 납입보험료에 대한 세액공제가 허용되는 보험회사의 일반연금보험 상품을 말한다.

⑦ p.161 ~ 162 ⑧ p.160

03
다음 중 연금저축계좌의 연금지급방법에 대한 설명으로 가장 적절하지 **않은** 것은?

① 종신연금형 세제적격연금은 생명보험회사의 연금저축보험에만 허용된다.
② 확정기간연금형은 연금적립금 운용성과에 따라 매 회차 지급되는 연금액이 변동될 수 있다.
③ 연금적립금 운용성과에 따라 연금지급기간이 변동하는 것은 확정금액연금형이다.
④ 비정기연금은 지급되는 연금액이 연금수령한도 초과 시에도 세제혜택을 준다.

⑦ p.162 ⑧ p.160

04
다음 중 연금보험의 연금지급방법에 대한 설명으로 가장 적절하지 **않은** 것은?

① 연금보험의 연금지급방법에는 조기집중연금 및 상속연금, 체증형연금 등이 있다.
② 종신연금은 피보험자가 생존할 때까지 연금을 지급하다가 사망 시 연금지급을 종료하고 잔여 연금적립금을 일시금으로 지급한다.
③ 피보험자가 생존할 때는 연금을 지급하다가 사망 시 유족에게 잔여 연금적립금을 지급하는 방법은 상속연금이다.
④ 체증형연금은 일정한 증액률을 적용하여 매년 연금액을 증액하여 지급하는 방법을 말한다.

정답 및 해설

01 ③ 가. 나이제한 없음
　　　　나. 연 1,800만원
　　　　다. 5년 이상

02 ④ 세제비적격연금은 납입보험료에 대한 세액공제가 허용되지 않는다.

03 ④ 비정기연금형 세제적격연금은 지급되는 연금액이 연금수령한도를 초과하면 세제혜택이 없다.

04 ② 잔여 연금적립금은 미지급한다.

㉮ p.164 ~ 165   ㉯ p.161

05 중요도 ★★★

연금저축계좌에 대한 설명으로 (가) ~ (다)에서 설명하는 상품이 적절하게 연결된 것은?

> 가. 연간 납입한도 내에서 자유로운 납입이 가능하며, 적립금은 예금자보호가 된다.
> 나. 확정금액형, 확정기간형 중 선택이 가능하며, 적립금은 예금자보호가 되지 않는다.
> 다. 공시이율을 반영하여 적립금을 운용하고, 중도인출은 허용하고 있지 않다.

	가	나	다
①	연금저축보험	연금저축펀드	연금저축신탁
②	연금저축펀드	연금저축신탁	연금저축보험
③	연금저축신탁	연금저축보험	연금저축펀드
④	연금저축신탁	연금저축펀드	연금저축보험

㉮ p.164 ~ 165   ㉯ p.161

06 중요도 ★★★

다음 중 연금저축계좌에 대한 설명으로 가장 적절하지 **않은** 것은?

① 연금저축신탁은 확정기간형 또는 종신형으로 연금수령이 가능하다.
② 연금저축펀드는 원금보장이 되지 않는다.
③ 연금저축보험은 예금자보호가 된다.
④ 연금저축보험은 가입 초기 사업비 공제로 인해 연금저축펀드에 비해 연금적립금 적립 속도가 낮다.

07 중요도 ★★★

다음 중 연금저축보험에 대한 설명으로 가장 적절하지 **않은** 것은?

① 공시이율을 반영하여 적립금을 운용하는 금리연동형 상품이다.
② 최저보증이율이 있어 원리금이 보장되고 연금저축펀드에 비해 기대수익률이 높다.
③ 자금이 필요한 경우 중도인출 대신 적립금 담보 보험계약자대출을 활용할 수 있다.
④ 예금자보호가 되며, 연금수령 시 원금보장이 가능하다.

08 중요도 ★★★

연금저축계좌 가입에 대한 설명으로 빈칸에 들어갈 말이 순서대로 나열된 것은?

> 연간 연금저축 납입액은 (   )원 내에서 가능하며, 2023년 7월부터 부부 중 1인 (   )세 이상인 1주택 고령가구가 기존 주택을 매도 후 가격이 더 낮은 주택으로 이사한 경우 그 차액 중 (   )원까지 연금저축에 납입할 수 있다.

① 1,200만, 60, 2억
② 1,200만, 55, 1억
③ 1,800만, 60, 1억
④ 1,800만, 55, 2억

정답 및 해설

05 ④ 가. 연금저축신탁
　　　나. 연금저축펀드
　　　다. 연금저축보험

06 ① 연금저축신탁은 확정기간형으로만 연금수령이 가능하다.

07 ② 최저보증이율이 있어 원리금은 보장되지만 연금저축펀드와 비교하여 상대적으로 기대수익률이 낮다.

08 ③ 연간 연금저축 납입액은 (1,800만)원 내에서 가능하며, 2023년 7월부터 부부 중 1인 (60)세 이상인 1주택 고령가구가 기존 주택을 매도 후 가격이 더 낮은 주택으로 이사한 경우 그 차액 중 (1억)원까지 연금저축에 납입할 수 있다.

09

중요도 ★★★

㉠ p.165 ~ 166 ㉴ p.161

연금저축계좌 가입 시 유의사항에 대한 적절한 설명으로만 모두 묶인 것은?

> 가. 연금저축사업자가 교부하는 연금저축계좌 핵심설명서나 보험약관을 면밀히 살펴봐야 한다.
> 나. 다른 금융회사에 개설한 연금계좌와 합산하여 연간 납입잔여한도가 얼마인지 확인해야 한다.
> 다. 연금수령계좌는 출금액 수령이 가능하도록 IRP계좌로 지정해야 한다.
> 라. 가입기간 5년 이상, 55세 이후에 연금수령한도 내에서 연금수령이 되도록 적립기간 및 연금지급개시 예정일을 지정해야 한다.

① 가
② 가, 라
③ 가, 나, 라
④ 나, 다, 라

10

중요도 ★★★

㉠ p.166 ㉴ p.161

연금저축계좌 중도해지에 대한 설명으로 가장 적절한 것은?

① 연금저축펀드는 연금개시 전 전부 해지만 가능하다.
② 연금저축보험은 연금개시 전 전부 해지하거나 일부를 해지하여 인출할 수 있다.
③ 연금저축계좌에서 중도해지하는 경우 운용수익, 이연퇴직소득, 과세제외금액 순서로 인출되는 것으로 본다.
④ 중도해지하여 인출할 때 기타소득세가 부과되는 불이익이 있으므로 세액공제 받지 않은 납입액 범위 내에서 인출하는 것이 바람직하다.

11

중요도 ★★

㉠ p.167 ㉴ p.162

다음에서 설명하는 연금저축계좌의 종류는 무엇인가?

> 금융회사가 제공하는 위험수준이 다양한 펀드 및 ETF 등으로 포트폴리오를 구성하여 투자를 할 수 있다. 은퇴 시까지 장기간에 걸쳐 다양한 투자위험에 노출될 가능성이 많기 때문에 분산투자가 필수적이다. 위험자산에 대한 투자비중 제한이 없으므로 개인별 위험성향에 따른 투자가 가능하다.

① 연금저축펀드
② 연금저축보험
③ 연금저축신탁
④ 변액연금보험

12 중요도 ★★   ㉮ p.167~168   ㉯ p.163

다음 중 연금저축 계좌이체가 제한되는 경우가 **아닌** 것은?

① 아직 연금을 수령하지 않은 계좌에서 연금수령 중인 연금저축계좌로 이체하는 경우
② 종신연금을 수령 중인 연금저축보험에서 계좌이체하는 경우
③ 연금저축계좌의 전액을 다른 연금저축계좌로 이체하는 경우
④ 압류, 가압류, 질권 등이 설정된 계좌로 이체하는 경우

13 중요도 ★★★   ㉮ p.168   ㉯ p.163

빈칸에 들어갈 말이 순서대로 나열된 것은?

> 연금저축계좌는 납입단계에서 (   )되며, 운용단계에서는 (   )되고 인출단계에서 연금외수령 시 원리금에 대해 (   )를 과세한다.

① 세액공제, 과세이연, 기타소득세
② 세액공제, 과세, 이자소득세
③ 소득공제, 과세이연, 이자소득세
④ 소득공제, 과세, 기타소득세

정답 및 해설

09 ③ '가, 나, 라'는 적절한 설명이다.
　　　다. 연금수령계좌는 중도인출 또는 연금지급 등이 발생할 때 출금액을 수령할 수 있는 일반계좌로 지정해야 한다.

10 ④ ① 연금저축펀드 → 연금저축보험
　　　　② 연금저축보험 → 연금저축펀드
　　　　③ 연금저축계좌에서 중도해지하는 경우 과세제외금액, 이연퇴직소득, 세액공제 받은 납입액 및 운용수익의 순서로 인출되는 것으로 보아 소득원천에 따라 과세한다.

11 ① 연금저축펀드의 운용에 대한 설명이다.

12 ③ 연금저축계좌 상호 간 전액 이체는 제한 없이 가능하며, 일부 금액만을 이체하는 경우에 이체가 제한된다.

13 ① 연금저축계좌는 납입단계에서 (세액공제)되며, 운용단계에서는 (과세이연)되고 인출단계에서 연금외수령 시 원리금에 대해 (기타소득세)를 과세한다.
　　　[참고] 인출단계에서 연금수령할 경우 연금소득세를 과세한다.

14 중요도 ★★★　　　　　　　　　　　　　　　　　　　㉮ p.169　㉯ p.163
다음 중 연금저축계좌의 세금에 대한 설명으로 가장 적절하지 **않은** 것은?

① 종합소득금액이 5,000만원인 A씨는 연금저축계좌 납입액에 대하여 지방소득세 별도로 12%의 세액공제율을 적용받는다.
② 연금저축계좌 납입액은 연간 600만원 한도로 세액공제 대상이 된다.
③ 근로소득만 4,500만원이 있는 B씨는 연금저축계좌 납입액에 대하여 지방소득세 별도로 13.2%의 세액공제율을 적용받는다.
④ 소득세법상 부득이한 사유로 연금저축계좌를 중도해지하여 적립금을 인출하는 경우 연령에 따라 3 ~ 5%의 연금소득세가 과세된다.

15 중요도 ★★★　　　　　　　　　　　　　　　　　　　㉮ p.170　㉯ p.163
연금저축계좌 세금에 대한 설명으로 빈칸에 들어갈 말이 순서대로 나열된 것은?

> 연금저축계좌에서 소득세법상 요건을 충족하는 연금을 수령할 때, 확정연금형인 경우 한도 내 금액은 연금소득세로 (　　) 과세되며, 한도 초과 금액에 대해서는 (　　)가 과세된다.

① 5 ~ 3%, 기타소득세 15%
② 5 ~ 3%, 연금소득세 12%
③ 4 ~ 3%, 기타소득세 15%
④ 4 ~ 3%, 이자소득세 12%

16 중요도 ★★　　　　　　　　　　　　　　　　　　　㉮ p.170　㉯ p.165
연금계좌 승계에 대한 설명으로 가장 적절한 것은?

① 연금계좌를 승계하고자 하는 배우자는 가입자가 사망한 날이 속하는 달의 말일부터 3개월 이내에 승계신청을 해야 한다.
② 배우자는 가입자가 사망한 다음 날부터 연금계좌를 승계한 것으로 본다.
③ 피상속인이 이미 연금수령을 개시한 경우 배우자는 연금수령 전까지 추가납입을 할 수 없다.
④ 배우자 나이가 55세에 달하지 않았다면 55세부터 연금개시를 해야 한다.

17 중요도 ★★★

세제비적격연금에 대한 설명으로 빈칸에 들어갈 말이 순서대로 나열된 것은?

> 세제비적격연금은 납입단계에서 세액공제가 (   )하며, 일정 요건 충족 시 보험차익에 대해 이자소득세를 (   )하고, 은퇴기간 중 연금을 수령하다가 불가피하게 해지하는 경우 해약환급금액에 대해 (   )한다.

① 가능, 비과세, 비과세
② 가능, 과세, 저율 분리과세
③ 불가능, 비과세, 비과세
④ 불가능, 과세, 저율 분리과세

1과목 재무설계 개론
2과목 재무설계사 직업윤리
3과목 은퇴설계
4과목 부동산설계
5과목 상속설계
해커스 **AFPK** 핵심문제집 모듈1

정답 및 해설

14 ③ 근로소득만 4,500만원이 있는 B씨는 지방소득세 별도 15%의 세액공제율을 적용받는다. 종합소득금액이 4,500만원 초과(근로소득만 있는 경우 총급여액 5,500만원 초과)인 경우 지방소득세 별도 12%의 세액공제율이 적용된다.

15 ① 연금저축계좌에서 소득세법상 요건을 충족하는 연금을 수령할 때, 확정연금형인 경우 한도 내 금액은 연금소득세로 (5 ~ 3%) 과세되며, 한도 초과 금액에 대해서는 (기타소득세 15%)가 과세된다.

16 ④ ① 3개월 → 6개월
② 사망한 다음 날부터 → 사망한 날부터
③ 피상속인이 이미 연금수령을 개시한 경우에도 배우자는 연금수령 전까지 추가납입을 할 수 있다.

> [참고] 다만, 연금수령을 개시할 때 최소납입요건 판정을 위한 가입일과 연금수령연차 산정을 위한 기산연도는 피상속인을 기준으로 하며, 원천세율은 배우자를 기준으로 한다.

17 ③ 세제비적격연금은 납입단계에서 세액공제가 (불가능)하며, 일정 요건 충족 시 보험차익에 대해 이자소득세를 (비과세)하고, 은퇴기간 중 연금을 수령하다가 불가피하게 해지하는 경우 해지환급금액에 대해 (비과세)한다.

18

중요도 ★★★

세제비적격연금의 특징에 대한 적절한 설명으로만 모두 묶인 것은?

> 가. 가입기간 10년 이상 경과한 기간에 중도해지하거나 연금을 수령하는 경우 과세하지 않는다.
> 나. 절세 측면에서 고려하면 연금저축 세액공제 한도까지는 세제비적격 연금보험에 납입하고 추가저축을 연금저축에 납입하는 것이 유리하다.
> 다. 보험료 납입액에 세액공제 혜택이 있고 보험차익에 대해 이자소득세를 과세한다.
> 라. 장기저축성보험 성격을 가지며 금리연동형 연금보험과 변액연금보험을 포함한다.

① 가
② 가, 라
③ 가, 다, 라
④ 나, 다, 라

19

중요도 ★★

금리연동형 연금보험에 대한 설명으로 가장 적절하지 **않은** 것은?

① 대부분 보험회사의 최저보증이율은 모든 기간에 일률적으로 적용하고 있다.
② 시장금리와 보험회사의 자산운용수익률을 반영한 공시이율로 적립금이 부리되는 상품이다.
③ 금리가 지속적으로 하락하는 경우에도 원리금이 보장되어 안정적으로 연금적립금을 쌓아갈 수 있다.
④ 공시이율의 변동에 따라 적립금의 수익률이 달라진다.

20

중요도 ★★

금리연동형 연금보험의 장점으로만 모두 묶인 것은?

> 가. 투자에 따른 위험부담을 회피하고 적립금을 안정적으로 운용할 수 있다.
> 나. 연금지급개시 이후에도 생존연금액에 중대질병 연금 등의 특약을 부가할 수 있다.
> 다. 보험료납입 편의제도를 활용하여 유연한 보험료 납입을 할 수 있다.
> 라. 장기간 인플레이션이 진행되어도 구매력에 영향을 받지 않는다.

① 가, 라
② 나, 다
③ 가, 나, 다
④ 나, 다, 라

⑳ p.173 ⑳ p.167

21 금리연동형 연금보험의 연금수령 방법에 대한 설명으로 가장 적절하지 **않은** 것은?

① 적립식 연금보험은 납입기간 5년 이상, 피보험자 만 45세 이상부터 수령 가능하다.
② 은퇴 단계별로 필요한 은퇴소득이 많아질 것으로 예상하는 가입자에게는 종신연금으로 수령하는 것이 적합하다.
③ 조기집중연금지급 방식은 은퇴초기에 상대적으로 많은 은퇴소득이 필요한 가입자에게 적합하다.
④ 자녀들에게 상속니즈가 있다면 상속연금을 활용할 수 있다.

중요도 ★★★

⑳ p.172 ~ 176 ⑳ p.167 ~ 168

22 변액연금보험과 금리연동형 연금보험을 비교한 내용으로 가장 적절한 것은?

구 분	금리연동형 연금보험	변액연금보험
① 적립금 운용	가입자 선택	공시이율
② 운용리스크 부담	가입자	보험회사
③ 보험료 납입	일시중지제도, 납입종료제도	월 적립식, 일시납 방식
④ 원금보장	없 음	있 음

정답 및 해설

18 ② '가, 라'는 적절한 설명이다.
　나. 절세 측면에서 고려하면 연금저축 세액공제 한도까지는 연금저축에 납입하고 추가저축은 세제비적격 연금보험에 납입하는 것이 유리하다.
　다. 보험료 납입액에 세제혜택은 없지만 소득세법상 요건을 충족하면 보험차익에 대해 이자소득세를 과세하지 않는다.

19 ① 대부분 보험회사의 최저보증이율은 경과기간별로 차등하여 적용하고 있다.

20 ③ '가, 나, 다'는 금리연동형 연금보험의 장점에 해당한다.
　라. 장기간 인플레이션이 진행되면 구매력 하락위험에 노출될 수 있다는 단점이 있다.

21 ② 종신연금 → 체증형연금

22 ③

구 분	금리연동형 연금보험	변액연금보험
적립금 운용	공시이율	가입자 선택
운용리스크 부담	보험회사	가입자
보험료 납입	일시중지제도, 납입종료제도	월 적립식, 일시납 방식
원금보장	있 음	없 음

23 중요도 ★★ ㉮ p.174 ~ 175 ㉯ p.168

다음 중 변액연금보험에 대한 설명으로 가장 적절하지 **않은** 것은?

① 변액연금은 적립금의 운용결과에 따라 연금액 수준이 결정되며 일반계정과 분리된 특별계정에서 운용된다.
② 가입자는 보험회사가 제공하는 펀드를 선택하여 투자할 수 있다.
③ 펀드변경은 연간 허용횟수 내이고 적립금 운용 전인 경우에 한해서 가능하다.
④ 가입자는 자동재배분옵션이나 펀드자동재배분옵션을 선택할 수 있다.

24 중요도 ★★ ㉮ p.174 ㉯ p.168

변액연금보험의 납입에 대한 설명으로 가장 적절하지 **않은** 것은?

① 월 적립식으로 보험료를 납입한다면 계약 시 정한 기본보험료의 1배수 범위의 추가납입보험료를 납입하는 것이 가능하다.
② 추가납입보험료에서 공제하는 사업비는 기본보험료에서 공제하는 사업비보다 더 높은 수준이어야 한다.
③ 변액연금의 적립금 운용수익률을 높이려면 월 납부금의 50%를 기본보험료로 납부하고 나머지를 추가보험료로 납부한다.
④ 정액분할투자 옵션을 선택하면 변동성 위험이 낮아지고 매입단가가 하락하는 효과를 얻을 수 있다.

25 중요도 ★★ ㉮ p.172 ~ 173, p.175 ~ 176 ㉯ p.167 ~ 168

세제비적격연금의 수령방법에 대한 설명으로 가장 적절하지 **않은** 것은?

① 연금 수령 중 중도해지 하는 경우 해지환급금액에 대해 과세하지 않는다.
② 금리연동형 연금보험은 가입자의 니즈에 따른 다양한 연금수령 방법을 제공한다.
③ 변액연금보험은 연금개시일 이후에 연금적립금을 모두 공시이율형으로 전환해야 한다.
④ 변액연금보험의 경우 안정적인 연금 수령을 위한 인출보증옵션이 다양하다.

26 중요도 ★★

개인연금 가입 시 고려사항으로 가장 적절하지 **않은** 것은?

① 저축목적이 장기 일시금 마련이라면 개인연금을 선택하는 것이 적합하다.

② 세제혜택을 선호하여 연금저축을 선택하는 사람은 중도 해지 시 세제상 불이익을 감수해야 한다.

③ 세제비적격연금보험을 선택한 경우 위험회피형이라면 변액연금보험보다는 일반연금보험이 적합하다.

④ 동일한 금융회사 상품이라도 온라인으로 가입하면 수수료가 상대적으로 저렴하다.

27 중요도 ★★

위험수용성향을 고려하여 포트폴리오를 구성한다고 할 경우 위험선호형에게 적합한 상품으로만 모두 묶인 것은?

가. 연금저축보험	나. 연금저축펀드
다. 일반연금보험	라. 변액연금보험

① 가, 나　　　　　　　　　　② 가, 다

③ 나, 라　　　　　　　　　　④ 다, 라

정답 및 해설

23 ③ 적립금 운용 중이더라도 펀드변경이 필요하면 연간 허용횟수 내에서 자유롭게 펀드변경이 가능하다.

24 ② 추가납입보험료는 기본보험료에서 공제하는 사업비보다 낮은 수준의 사업비를 공제한다.

25 ③ 변액연금보험은 연금개시일 이후 연금적립금을 공시이율형으로 전환하거나 특별계정에서 계속 운용할 수 있다.

26 ① 개인연금은 은퇴소득을 확보하기 위한 연금상품으로, 단기 또는 장기 일시금자금을 마련할 목적이라면 예·적금, 저축성보험, 일반펀드 등을 선택하는 것이 적합하다.

27 ③ '나, 라'는 위험선호형에게 적합한 상품이다.

[참고] 위험회피형에게 적합한 상품은 연금저축보험, 일반연금보험이다.

1과목 재무설계 개론

2과목 재무설계사 직업윤리

3과목 은퇴설계

4과목 부동산설계

5과목 상속설계

해커스 **AFPK** 핵심문제집 모듈1

㉮ p.179 ㉯ p.165

28 중요도 ★★

다음 정보를 고려할 때, 연금저축보다 IRP를 선택하는 것이 바람직한 고객은?

① 남들보다 일찍 은퇴저축을 시작하고 싶은 15세의 A학생
② 연금의 100%를 주식형자산과 ETF에 투자하고 싶은 회사원 B씨
③ 은퇴시점이 가까워짐에 따라 수익성보다 원금보장을 원하는 자영업자 C씨
④ 납입액 중 일부를 중도해지해야 할 가능성이 높은 D씨

㉮ p.179 ㉯ p.165

29 중요도 ★★

다음 중 연금저축과 IRP에 대한 설명으로 가장 적절한 설명은?

① IRP는 소득유무와 관계없이 가입이 가능하다.
② 연금저축의 위험자산 투자비중은 70% 한도이다.
③ 중도해지를 원하는 경우 IRP와 연금저축 모두 전액 해지만 가능하다.
④ IRP의 세액공제 한도는 연간 900만원, 연금저축의 세액공제 한도는 연간 600만원이다.

㉮ p.179 ~ 180 ㉯ p.165

30 중요도 ★★

다음 중 연금저축계좌 이전에 대한 설명으로 가장 적절하지 **않은** 것은?

① 연금저축과 IRP 간 이전은 동일한 상품이라면 제한 없이 금융회사를 변경할 수 있다.
② 세제상 불이익 없이 계좌이전이 허용되려면 계좌이전 신청일 기준 가입자의 나이가 55세 이상, 가입기간이 5년 이상이며 해당 계좌 전액을 이전해야 한다.
③ IRP계좌는 일부 해지가 불가능하므로 불가피하게 일부 인출이 필요한 상황에는 전부를 해지할 수 밖에 없다.
④ IRP계좌의 일부 해지가 필요한 경우 소득세법상 요건을 갖추었다면 IRP 전액을 연금저축계좌로 이전한 후에 필요한 금액을 인출하여 사용하는 것이 세제상으로 유리하다.

㉮ p.179 ~ 180 ㉯ p.163 ~ 164

31 중요도 ★★

연금저축 중도인출에 대한 설명으로 가장 적절하지 **않은** 것은?

① 연금저축의 경우 납입금액의 일부 인출이 가능하다.
② 연금저축 가입 중 세액공제 받은 납입금을 중도인출하는 경우 세액공제 받은 납입액과 운용수익 전체에 대해 기타소득세가 과세된다.
③ 소득세법상 부득이한 인출사유에 해당한다면 연금소득세를 과세한다.
④ 세액공제를 받지 않은 납입금액을 인출하면 세제상 불이익이 따른다.

32
중요도 ★★

연금저축의 세제혜택에 대한 설명으로 가장 적절하지 **않은** 것은?

① 납입금액에 대한 세액공제를 받은 후 은퇴저축으로 재투자할 수 있다.
② 운용단계에서 발생하는 소득은 즉시 과세하여 투자수익을 증대시킨다.
③ 연금저축의 일부 해지가 필요한 경우 해지 후 나머지 적립금은 은퇴소득으로 활용할 수 있다.
④ 일부 해지를 하는 경우 가능한 세액공제를 받지 않은 금액을 한도로 인출하면 세제상 불이익을 피할 수 있다.

33
중요도 ★

개인연금 투자원칙에 대한 설명으로 가장 적절하지 **않은** 것은?

① 가능한 한 일찍 가입하고 장기저축한다.
② 개인연금을 세제혜택을 위한 재테크의 수단으로 활용한다.
③ 장수위험을 대비해 종신형 연금으로 가입한다.
④ 적극적인 성향의 투자자라면 연금저축펀드 등을 선택할 수 있다.

정답 및 해설

28 ③ 소득이 있어야 가입이 가능하고 위험자산 투자비중이 제한되는 IRP 상품을 선택하는 것이 적절하다. 연금저축이 더 적합한 유형은 은퇴시점까지 투자기간이 충분하고 공격적인 위험성향을 가진 가입자이다.

29 ④ ① IRP는 근로소득자 및 자영업자 등 소득이 있어야 가입이 가능하다.
② 연금저축은 주식형펀드 및 ETF 등 위험자산에 100%까지 투자 가능하다.
③ 중도해지하는 경우 IRP는 전액 해지만 가능하고, 연금저축은 전액 해지 및 일부 해지를 자유롭게 할 수 있다.

30 ① 연금저축 상호 간 또는 IRP 상호 간 이전인 경우에 특별한 제한 없이 동일한 상품 내에서 금융회사를 변경할 수 있다.

31 ④ 세액공제 받지 않은 납입금액을 한도로 인출하면 세제상 불이익 없이 인출이 가능하다.

32 ② 운용단계에서 발생하는 소득을 인출 시까지 과세이연하여 투자수익을 증대시킨다.

33 ② 세제혜택을 위한 재테크의 목적보다는 은퇴기간 동안의 연금수령을 목적으로 활용해야 한다.

1과목 재무설계 개론

2과목 재무설계사 직업윤리

3과목 은퇴설계

4과목 부동산설계

5과목 상속설계

해커스 AFPK 핵심문제집 모듈1

7장 은퇴 후 자산관리와 인출전략

01 중요도 ★ ㉮ p.185 ~ 186
은퇴 후 자산관리의 필요성이 강조되는 이유로 적절하지 **않은** 것은?

① 은퇴설계는 은퇴 전 축적단계와 은퇴 후 인출단계의 목표 방향이 달라야 한다.
② 은퇴 전 축적단계는 은퇴 후 인출단계보다 더 정교하고 체계적인 전략이 필요하다.
③ 은퇴자들은 현재 보유자산이 은퇴자금으로서 충분한지를 판단해야 한다.
④ 은퇴자금이 객관적으로 충분한 상태이지만 주관적으로 부족하다고 생각하는 은퇴자들은 은퇴자 본인의 재무 복지를 충분히 실현하지 못할 가능성이 크다.

02 중요도 ★★ ㉮ p.187 ~ 191 ㉯ p.170
다음 중 은퇴 후 자산관리의 기본원칙에 대한 설명으로 가장 적절하지 **않은** 것은?

① 예상사망시기에 은퇴자산이 남도록 설정하여 자식에게 최대의 상속 자산을 남길 수 있는 지점을 찾는 계획을 은퇴자산의 종신지급이라고 한다.
② 구매력을 일정하게 유지하기 위해 물가상승률을 반영한 자산관리 전략을 세운다.
③ 고객의 포트폴리오 수익률 변동성에 따른 자산관리 계획을 주기적으로 모니터링한다.
④ 일상적인 생활비와 특수목적 비용은 별도로 분리하여 관리한다.

03 중요도 ★★

은퇴자금의 수익률 변동성에 대한 설명으로 가장 적절하지 **않은** 것은?

① 수익률 변동성을 고려하지 않는 경우, 위험자산에 투자하는 비중이 커질수록 인출 가능 은퇴자금이 증가하는 것으로 나타난다.

② 포트폴리오 수익률이 높아짐에 따라 인출금액을 늘리면 수익률 변동성이 커지기 때문에 은퇴자금의 유지가능성은 낮아진다.

③ 은퇴 전 은퇴자금 축적 계획 수립단계에서는 과거의 평균수익률을 참고하여 고객의 기대수익률 또는 요구수익률을 반영한다.

④ 인출단계보다 축적단계에서의 수익률 변화가 더 치명적이다.

04 중요도 ★

은퇴자 A씨는 별도의 연금설계를 하지 않아도 종신까지 지급되는 공적연금을 보유하고 있다. A씨의 자산을 은퇴 후 효율적 자산관리를 위한 자산유형으로 구분했을 때 가장 적절한 것은?

① 연금자산
② 비연금 금융자산
③ 거주주택 실물자산
④ 거주주택 이외의 실물자산

정답 및 해설

01 ② 은퇴 후에는 현금 유출이 지속되는 반면 소득은 급격히 감소하기 때문에 은퇴 전 축적단계보다 은퇴 후 인출단계에서 더 정교하고 체계적인 전략이 필요하다.

02 ① 종신지급은 은퇴자산이 사망시점에 부족하지 않고 너무 많이 남지도 않는 최적의 균형을 찾는 계획을 의미한다.

03 ④ 인출단계 ↔ 축적단계

04 ① 공적연금은 금융자산 중 연금자산 유형으로 구분된다.

1과목 재무설계 개론
2과목 재무설계사 직업윤리
3과목 은퇴설계
4과목 부동산설계
5과목 상속설계
해커스 AFPK 핵심문제집 모듈1

05 중요도 ★★　　　　　　　　　　　　　　　　　　　　　　㉮ p.192~193　㉯ p.171

은퇴소득 인출전략의 개념에 대한 설명으로 가장 적절한 것은?

① 사망 전에 은퇴자금이 고갈되지 않기 위해서 일상적인 생활비용으로 기간별로 얼마를 축적해야 하는지를 결정하는 전략이다.
② 은퇴소득 인출전략에서의 적절한 소비수준이란 은퇴자가 희망하는 소비수준을 의미한다.
③ 은퇴자금으로부터 정기적으로 생활비를 인출하고도 사망 시까지 은퇴자금이 크게 남는다면 상속자산을 모으기 위해 저축할 수 있다.
④ 은퇴소득 인출전략에 은퇴자금 포트폴리오 구성과 관리 방법을 결정하고 실행하는 과정은 포함되지 않는다.

06 중요도 ★★　　　　　　　　　　　　　　　　　　　　　　㉮ p.193　㉯ p.171

다음 중 은퇴소득 인출전략에서 인출할 은퇴소득에 해당하지 **않는** 비용은?

① 일반적인 생활비
② 보험료
③ 간병비
④ 건강검진 비용

인출률과 인출규칙에 대한 적절한 설명으로만 모두 묶인 것은?

가. 인출률이란 인출의 기초자산으로 활용되는 은퇴자금에서 인출하는 금액이 차지하는 비중을 말한다.

나. 초기인출률은 은퇴 첫해에 필요한 인출금액에 비해 다음 해 물가상승률만큼 증액된 금액의 비율을 말한다.

다. 은퇴자금에서 은퇴자산이 조기에 고갈되지 않을 수 있는 인출금액이 차지하는 비율을 지속가능한 인출률이라고 한다.

라. 인출규칙은 물가상승률보다 낮은 비율을 적용하는 것이 좋다.

① 가, 다   ② 나, 라
③ 가, 나, 다   ④ 나, 다, 라

1과목
재무설계 개론

2과목
재무설계사 직업윤리

3과목
은퇴설계

4과목
부동산설계

5과목
상속설계

해커스 AFPK 핵심문제집 모듈1

정답 및 해설

05 ③ ① 축적 → 인출
② 적절한 소비수준이란 은퇴자금으로부터 정기적으로 생활비를 인출하더라도 은퇴기간이 종료되는 시점까지 은퇴자금이 고갈되지 않을 수 있는 수준을 말한다.
④ 은퇴소득 인출전략에는 은퇴자금 포트폴리오 구성과 관리 방법을 결정하고 실행하는 과정까지 포함된다.

06 ③ 간병비나 여행경비 등 지출 시기가 불규칙적이거나 특정 시기에 집중적으로 지출하는 비용은 인출할 은퇴소득에 포함되지 않는다.

07 ① '가, 다'는 적절한 설명이다.
나. 초기인출률은 은퇴 첫해에 인출되는 금액이 은퇴자금에서 차지하는 비중을 말한다.
라. 인출규칙은 최소한의 구매력 유지를 위해 물가상승률보다 낮은 비율을 적용하는 것은 지양하는 것이 좋다.

㉑ p.193 ~ 194 ㉰ p.171

08 중요도 ★★★

다음은 은퇴자금 지속 곡선으로 인출기초자산의 범위를 정하는 과정을 그린 그래프이다. 이에 대한 분석 내용으로 적절하지 **않은** 것은?

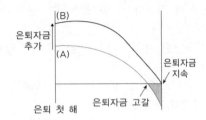

① (A)선은 적절하지 않은 생활비 인출로 인해 은퇴자금이 사망하기 전에 고갈된 상황이다.
② (A)선의 적절한 소비수준은 은퇴자가 희망하는 수준보다 크다.
③ (B)선은 은퇴자금을 추가하여 사망 시까지 은퇴자금이 고갈되지 않은 상황이다.
④ (A)선을 (B)선까지 늘리기 위해서 비연금 금융자산이나 실물자산을 은퇴소득 인출전략의 기초자산으로 활용하는 방향을 고려해보아야 한다.

㉑ p.196 ㉰ p.171

09 중요도 ★★

다음 중 포트폴리오 성공가능성에 대한 설명으로 가장 적절하지 **않은** 것은?

① 포트폴리오 성공가능성은 해당 은퇴기간을 지속할 수 있는 가능성을 나타내며 은퇴소득 인출전략을 평가하는 수단으로 활용된다.
② 포트폴리오의 위험자산 비중과 은퇴소득 인출전략 성공가능성은 비례한다.
③ 은퇴자산의 잔존가치를 높이기 위해 위험자산을 포함할 경우 포트폴리오 성공가능성을 100%로 확신할 수 없다.
④ 은퇴자의 위험수용성향에 따라 인출전략의 성공가능성 수용 정도가 달라진다.

10 중요도 ★★ ㉮ p.197 ㉯ p.171

다음 중 은퇴소득 인출전략 수립에 필요한 요인으로 적절하지 **않은** 것은?

① 은퇴기간을 짧게 설정하면 장수리스크에 처하게 될 수 있다.
② 물가상승률을 낮게 가정하면 예상치 못한 물가 상승 시 초과 인출로 인해 은퇴자금의 고갈시점을 앞당기게 될 수 있음에 유의한다.
③ 금리를 높게 책정하면 인출가능금액이 낮게 산출된다.
④ 물가상승률과 금리는 정기적인 모니터링을 통한 점검이 필요하다.

1과목
재무설계 개론

2과목
재무설계사 직업윤리

3과목
은퇴설계

4과목
부동산설계

5과목
상속설계

해커스 **AFPK** 핵심문제집 모듈1

정답 및 해설

08 ② (A)선의 상황에서 적절한 소비수준은 은퇴자가 희망하는 수준보다 적기 때문에 인출기초자산을 (B)선까지 늘려야 한다.

09 ② 포트폴리오의 위험자산 비중이 높아질수록 수익률에 대한 불확실성도 커지기 때문에 은퇴소득 인출전략이 성공할 가능성도 계속해서 증가하지는 않는다.

10 ③ 금리를 높게 책정하면 은퇴자금의 가치를 높여서 인출가능금액이 높게 산출된다. 하지만 예상 수익률을 달성하지 못하면 은퇴자금의 고갈이 빨라지게 되므로 주의한다.

◆ **4과목 최신 출제 경향** ◆

- 부동산설계는 부동산 관련 법률에 해당하는 **3~5장**의 출제비중이 높습니다.

- 물권과 채권, 주택임대차보호법과 상가임대차보호법 등 **유사한 제도와 법률이 많으므로** 개념을 비교해가며 **학습할 것을 추천합니다.** 금번 개정으로 다양한 사례가 추가됨에 따라 〈해커스 AFPK 핵심문제집〉에 수록된 사례문제를 반드시 풀어보시기 바랍니다.

- 또한 1~6장까지 세부적으로 암기할 내용이 많으므로 기본서를 꼼꼼히 확인하는 것이 필요하고, 〈해커스 AFPK **핵심요약집**〉에 표시한 중요도 별 3개 내용은 반드시 암기할 수 있도록 합니다.

4과목
부동산설계

───────────

총 25문항

"문제풀이와 이론학습을 동시에 할 수 있도록 각 문제의 관련 이론 기본서(한국FPSB 발간) 및 〈해커스 AFPK 핵심요약집〉*
페이지를 표기하였습니다."

* 〈해커스 AFPK 핵심요약집〉은 해커스금융 AFPK 합격지원반, 수강료 환급반, 벼락치기 패키지, 핵심요약 강의 수강생에게 제공됩니다.

01 중요도 ★　　　　　　　　　　　　　　　　　　　　　　　㉮ p.8 ~ 9　㉭ p.176
부동산설계의 성격에 대한 설명으로 적절하지 **않은** 것은?

① 부동산과 관련된 활동은 크게 취득, 보유, 처분활동으로 분류할 수 있다.
② 부동산설계와 개업공인중개사를 통한 부동산투자는 성격이 다르다.
③ 재무설계사는 부동산 자체에 초점을 맞추어 거래에 가장 큰 비중을 두지만, 개업공인중
　개사는 부동산을 고객의 시각에서 바라보며 하나의 자산으로 간주한다.
④ 부동산설계는 고객의 재무 목표라는 관점에 부동산을 적용하는 것이므로 종합적인 접근
　이 매우 중요하다.

02 중요도 ★　　　　　　　　　　　　　　　　　　　　　　㉮ p.9 ~ 10　㉭ p.176
부동산설계에서 요구되는 재무설계사의 역량에 해당하지 **않는** 것은?

① 부동산시장과 지역경제에 대한 이해능력
② 부동산상품을 제시 및 알선하는 능력
③ 투자대상 부동산에 대한 분석 및 문제점을 파악하는 능력
④ 다른 전문가와의 원만한 유대관계 유지 능력

03 중요도 ★★　　　　　　　　　　　　　　　　　　　　㉮ p.10 ~ 13　㉭ p.176
부동산업에 대한 설명으로 적절하지 **않은** 것은?

① 부동산업은 부동산전문활동을 통해 부가가치를 창출하여 보수를 받고, 책임을 부담함으
　로써 성립된다.
② 부동산업은 크게 부동산 임대 및 공급업과 부동산관련 서비스업으로 분류된다.
③ 구입한 부동산을 임대 또는 운영하지 않고 재판매 하는 경우는 부동산 개발 및 공급업에
　서 제외한다.
④ 부동산 관리업은 수수료 또는 계약에 의해 타인의 부동산 시설을 유지 및 관리하는 산업
　활동을 말한다.

04

중요도 ★★

㉮ p.11 ㉯ p.176

부동산 산업 중 부동산관련 서비스업에 해당하는 것으로 모두 묶인 것은?

가. 비주거용 건물 임대업
나. 부동산 감정평가업
다. 부동산 중개 및 대리업
라. 비주거용 부동산 관리업
마. 기타 부동산 임대업

---

① 가, 다, 라
② 나, 다, 라
③ 나, 라, 마
④ 다, 라, 마

05

중요도 ★★★

㉮ p.15 ~ 16 ㉯ p.177

부동산의 개념에 대한 설명으로 적절하게 연결된 것은?

가. 부동산의 유형적 측면인 자연적 조건과 인공적 조건을 통해 부동산을 정의한 개념이다.
나. 부동산의 자산, 자본 등으로서의 성질에 초점을 맞추고 부동산 경기·수익성·수요 및 공급 등에 대하여 규정한 개념이다.
다. 협의의 부동산은 토지 및 그 정착물을 의미하며, 광의의 부동산은 준부동산도 포함한 개념이다.

	가	나	다
①	경제적 개념	물리적 개념	법률적 개념
②	물리적 개념	경제적 개념	법률적 개념
③	법률적 개념	경제적 개념	물리적 개념
④	물리적 개념	법률적 개념	경제적 개념

정답 및 해설

01 ③ 재무설계사 ↔ 개업공인중개사

02 ② 부동산 상품을 제시 및 알선하는 능력은 해당 전문가에게 요구되는 능력이며, 재무설계사에게 요구되는 역량에 해당하지 않는다.

03 ③ 구입한 부동산을 임대 또는 운영하지 않고 재판매 하는 경우도 부동산 개발 및 공급업에 포함한다.

04 ② '나, 다, 라'는 부동산관련 서비스업에 해당한다.
'가, 마'는 부동산 임대 및 공급업에 해당한다.

05 ② 가. 물리적 개념
나. 경제적 개념
다. 법률적 개념

06

중요도 ★★★   ㉑ p.16 ~ 17   ㉘ p.177

다음의 법조항을 통해 알 수 있는 부동산의 개념으로 적절하지 **않은** 것은?

〈민법 제99조 제1항〉
• 토지 및 그 정착물은 부동산이다.
• 부동산 이외의 물건은 동산이다.

〈민법 제212조(토지소유권의 범위)〉
• 토지의 소유권은 정당한 이익 있는 범위 내에서 토지의 상하에 미친다.

〈민법 제241조(토지의 심굴금지)〉
• 토지소유자는 인접지의 지반이 붕괴할 정도로 자기의 토지를 심굴하지 못한다. 그러나 충분한 방어공사를 한 때에는 그러하지 아니하다.

---

① 토지는 법률적인 개념으로 민법의 토지소유권을 의미한다.
② 토지소유권은 무한히 지하 또는 공중으로 미치지 않고 사회통념 또는 용도에 따라 그 범위가 결정된다.
③ 정착물은 주택, 상가, 담장, 수목 등 토지에 고정적으로 부착되어 쉽게 이동할 수 없는 것을 말한다.
④ 위 조항에서 부동산은 준부동산을 포함한 개념을 의미한다.

07

중요도 ★★★   ㉑ p.19 ~ 20   ㉘ p.178

건축법상 공동주택에 해당하지 **않는** 것은?

① 다가구주택
② 아파트
③ 연립주택
④ 기숙사

08

중요도 ★★★

다음의 (가) ~ (라)의 주택을 건축법상 규정하고 있는 용도별 분류기준으로 적절히 연결한 것은? (단, 층수는 지하층을 제외함)

> 가. 층수는 3개 층, 연면적은 500㎡인 15세대가 거주할 수 있는 단독주택
> 나. 층수는 3개 층, 연면적은 300㎡인 주거용 공동주택
> 다. 층수는 3개 층, 연면적은 600㎡인 독립된 주거형태를 갖추지 않은 단독주택
> 라. 층수는 4개 층, 연면적은 700㎡인 주거용 공동주택

	가	나	다	라
①	다세대주택	다가구주택	연립주택	다중주택
②	다세대주택	다가구주택	다중주택	연립주택
③	다가구주택	다세대주택	연립주택	아파트
④	다가구주택	다세대주택	다중주택	연립주택

1과목 재무설계 개론

2과목 재무설계사 직업윤리

3과목 은퇴설계

4과목 부동산설계

5과목 상속설계

해커스 AFPK 핵심문제집 모듈1

정답 및 해설

06 ④ 협의의 부동산을 규정하는 민법 제99조 제1항에서의 부동산은 준부동산의 개념을 포함하지 않으며, 광의의 부동산은 민법 제99조 제1항에서의 부동산의 개념에 준부동산을 포함한 개념이다.

07 ① 다가구주택은 단독주택에 해당한다.

08 ④ 가. 다가구주택 : 단독주택, 층수가 3개 층 이하, 연면적 660㎡ 이하, 19세대 이하가 거주할 수 있을 것
　　 나. 다세대주택 : 공동주택, 층수가 4개 층 이하, 연면적 660㎡ 이하
　　 다. 다중주택 : 단독주택, 층수가 3개 층 이하, 연면적 660㎡ 이하, 독립된 주거형태를 갖추지 않을 것
　　 라. 연립주택 : 공동주택, 층수가 4개 층 이하, 연면적 660㎡ 초과

09 중요도 ★★
건축법상 건축물의 용도에 대한 설명으로 적절하지 **않은** 것은?

① 식품, 잡화, 의류 등 일용품을 판매하는 소매점으로 바닥면적의 합계가 $1,000m^2$ 미만인 것은 제1종 근린생활시설로 본다.
② 미용원, 목욕장, 세탁소 등의 위생관리나 의류 등을 세탁·수선하는 시설은 제1종 근린생활시설로 본다.
③ 변전소, 도시가스배관시설 등 주민의 생활에 필요한 에너지공급·통신서비스제공이나 급수·배수와 관련된 시설은 제2종 근린생활시설로 본다.
④ 휴게음식점 등 음료·음식 등을 조리하거나 제조하여 판매하는 시설로 바닥면적의 합계가 $300m^2$ 이상인 것은 제2종 근린생활시설로 본다.

10 중요도 ★★★
건축법상 건축물의 용도에 대한 설명으로 적절한 것은?

① 다중주택은 1개 동의 주택으로 쓰이는 바닥면적의 합계가 $660m^2$ 이하여야 한다.
② 바닥면적 합계가 $1,000m^2$ 미만인 공연장은 제2종 근린생활시설로 본다.
③ 국가 또는 지방자치단체의 청사와 외국공관의 건축물로서 제1종 근린생활시설에 해당하지 아니하는 시설은 업무시설 중 일반업무시설에 해당한다.
④ 바닥면적 합계가 $1,000m^2$ 미만인 자동차영업소는 제1종 근린생활시설에 해당한다.

11 중요도 ★★★
토지의 특성에 대한 설명을 적절하게 연결한 것은?

(가) : 토지는 인간이 사용하여도 소모되지 않는다.
(나) : 물리적으로 완전히 동일한 토지는 존재할 수 없다.
(다) : 토지의 가장 큰 물리적인 특성을 나타내며 지리적 위치가 고정되어 있다.

	가	나	다
①	부동성	부증성	영속성
②	영속성	부동성	부증성
③	영속성	개별성	부동성
④	부동성	영속성	개별성

1과목
재무설계 개론

2과목
재무설계사 직업윤리

3과목
은퇴설계

4과목
부동산설계

5과목
상속설계

해커스 **AFPK** 핵심문제집 모듈1

12 중요도 ★★

㉑ p.25 ㉢ p.179

토지의 자연적 특성 중 부동성에 대한 설명으로 가장 적절하지 **않은** 것은?

① 부동산과 동산을 구별하는 근거가 된다.
② 감가상각 적용이 배제된다.
③ 부동산 활동 중 입지설정이 가장 중요하다는 근거가 된다.
④ 견본거래 또는 진열하여 거래하기 어렵기 때문에 부동산중개업이 제도화되는 근거가 된다.

13 중요도 ★★★

㉑ p.25 ~ 26 ㉢ p.179

토지의 특성에 대한 설명으로 가장 적절하지 **않은** 것은?

① 부증성은 토지의 희소성을 지속시키며, 토지이용을 집약화시킨다.
② 개별성은 부동산 활동 및 시장을 국지화시킨다.
③ 토지의 개별성으로 인해 일물일가의 법칙 적용이 배제된다.
④ 합병·분할의 가능성, 사회적·경제적 위치의 가변성은 토지의 인문적 특성에 해당한다.

정답 및 해설

09 ③ 제2종 근린생활시설 → 제1종 근린생활시설

10 ① ② 1,000m² → 500m²
③ 일반업무시설 → 공공업무시설
④ 제1종 근린생활시설 → 제2종 근린생활시설

11 ③ 가. 영속성
나. 개별성
다. 부동성

12 ② 영속성에 대한 설명이다.

13 ② 개별성 → 부동성

01 중요도 ★★★ ㉮ p.33 ㉯ p.180

부동산 수요(량)의 변화에 대한 (가)와 (나)에 들어갈 내용으로 가장 적절한 것은?

> 가격만의 요인 변화로 수요량이 수요곡선상에서 변화하는 것을 (가)라고 하며, 가격 이외의 다른 요인이 변화함에 따른 수요곡선 자체의 이동으로 말미암아 전과 동일한 가격수준에서 수요량이 변화하는 것을 (나)라고 한다.

	가	나
①	수요량의 변화	수요의 변화
②	수요의 변화	수요량의 변화
③	수요량의 변화	수요량의 변화
④	수요의 변화	수요의 변화

02 중요도 ★★★ ㉮ p.33 ㉯ p.181

부동산 수요(정상재)의 증가요인으로 모두 묶인 것은?

> 가. 인구 감소
> 나. 금리인하
> 다. 소득수준 향상
> 라. 부동산 관련 조세의 세율 인상
> 마. 공·사법상의 규제 완화
> 바. 대체재 가격 하락

① 가, 라, 바　　　　　　　　② 나, 다, 라
③ 나, 다, 마　　　　　　　　④ 라, 마, 바

03 중요도 ★★

부동산 수요에 관한 설명으로 가장 적절하지 **않은** 것은?

① 부동산은 다른 재화에 비해 고가성이 있어 자금을 마련하는 데 장기간의 시간이 소요된다.
② 일반 재화의 수요에 비해 수요자가 검토해야 할 사항과 구매 절차가 전문적이고 복잡하다.
③ 부동산 수요는 가변성으로 인해 차별화된 수요 유형을 가진다.
④ 부동산 수요는 부동성으로 인해 시장이 국지화되어 수요의 이동이 자유롭지 못하다.

04 중요도 ★★★

다음 빈칸에 들어갈 내용이 가장 적절하게 연결된 것은?

- 부동산 가격이 상승하면 일반적으로 그 부동산에 대한 수요는 감소하고 가격이 하락하면 수요는 증가하는 것을 (가)이라 한다.
- 공급곡선상에서 임대료만의 요인변화로 인해 공급량이 공급곡선상에서 이동하는 것을 (나)라고 한다.
- 정부에서 정하는 가격규제의 한도가 시장에서 성립되는 균형가격보다 (다) 경우에는 시장에서 형성되는 가격과 공급량에 영향을 미치지 않는다.

	가	나	다
①	수요의 법칙	공급의 변화	높 은
②	수요의 법칙	공급량의 변화	높 은
③	수요의 법칙	공급량의 변화	낮 은
④	공급의 법칙	공급의 변화	낮 은

정답 및 해설

01 ① 가. 수요량의 변화
나. 수요의 변화

02 ③ '나, 다, 마'는 부동산 수요의 증가요인이다.
'가, 라, 바'는 부동산 수요의 감소요인이다.

03 ③ 가변성 → 개별성

04 ② 가. 수요의 법칙
나. 공급량의 변화
다. 높은

1과목 재무설계 개론

2과목 재무설계사 직업윤리

3과목 은퇴설계

4과목 부동산설계

5과목 상속설계

해커스 **AFPK** 핵심문제집 모듈1

⑦ p.35 ~ 36   ⑧ p.182

05 중요도 ★★★

부동산 공급의 증가요인으로 가장 적절하지 **않은** 것은?

① 기술수준의 향상
② 이용 가능한 건축물의 저량 증가
③ 규제완화를 통한 나지 및 공지의 이용가능성 증대
④ 건축자재비 하락

⑦ p.36   ⑧ p.182

06 중요도 ★★★

부동산 공급의 특징으로 가장 적절하지 **않은** 것은?

① 토지는 비생산성으로 인해 물리적으로 한정되어 있고, 고정성으로 인해 이동이 불가하다.
② 지표상에 이용 가능한 토지가 제한되어 그 위에 건물이 공급되면 일정 기간 동안은 그 지역에 재공급이 불가능하다.
③ 부동산 공급은 상대적으로 짧은 생산 주기를 가지고 있다.
④ 토지의 공급부족을 해결하기 위해 토지의 이용을 효율화하고 경제적 활용도를 높임으로써 토지의 공급량을 증대시킬 수 있다.

⑦ p.38 ~ 40   ⑧ p.184

07 중요도 ★★★

다음 중 부동산 가격규제의 영향에 대한 설명으로 가장 적절한 것은?

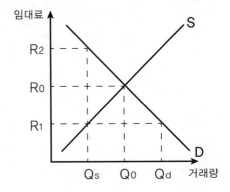

① 정부가 R_1로 임대료 상한을 제한한다면, 초과공급이 발생하게 된다.
② 정부가 R_1로 임대료 상한을 제한한다면, 암시장이 형성될 수 있다.
③ 정부가 R_1로 임대료 상한을 제한한다면, 거래량은 Q_d가 된다.
④ 정부가 R_2로 임대료 상한을 제한한다면, 임대료와 균형거래량은 모두 하락하게 된다.

08

중요도 ★★★

주택시장의 정부 개입에 대한 설명으로 가장 적절하지 **않은** 것은?

① 효율성 측면에서 정부의 개입은 주택시장에서 발생할 수 있는 시장의 실패를 보완하고 적정한 자원배분을 달성하는 데 기여한다.

② 형평성 측면에서 주택정책은 사회적 약자에게 어느 정도의 주거안정을 보장해주는 기능을 수행한다.

③ 정부는 시장이 과열되거나 가계부채의 증가속도가 빠를 때 담보인정비율(LTV), 총부채원리금상환비율(DSR) 요건을 강화하는 등의 가격규제를 통해 주택의 수요를 줄인다.

④ 정부의 거래규제는 아파트 분양권 등의 전매를 제한하는 등 거래 자체를 막아버리는 방법이 있다.

1과목
재무설계 개론

2과목
재무설계사 직업윤리

3과목
은퇴설계

4과목
부동산설계

5과목
상속설계

해커스 **AFPK** 핵심문제집 모듈1

정답 및 해설

05 ② 증가 → 감소

06 ③ 짧은 → 긴

07 ② 정부의 규제로 임대료 인상이 불가능해지면서 초과수요상태가 지속되어 더 높은 가격을 지불할 능력이 있는 임차인들로 인해 암시장이 형성될 수 있다.
　① 정부가 R_1로 임대료 상한을 제한한다면, 공급이 감소하고 수요가 증가하여 $(Q_d - Q_s)$만큼 초과수요가 발생한다.
　③ 정부가 R_1로 임대료 상한을 제한한다면, 공급량이 Q_0에서 Q_s로 감소하므로 거래량도 마찬가지로 Q_s로 줄어든다.
　④ 정부가 R_2로 임대료 상한을 제한한다면, 가격 상한이 시장에서 성립되는 균형가격(Q_0)보다 높기 때문에 시장에서 형성되는 가격과 거래량에는 전혀 영향을 미치지 않는다.

08 ③ 가격규제 → 대출규제

⑦ p.43 ~ 44 ⑧ p.185 ~ 186

09 중요도 ★★★
다음 그래프를 통해 알 수 있는 주택 보유세에 대한 적절한 설명으로 모두 묶인 것은?

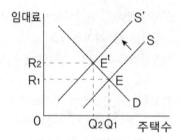

가. 위 그래프는 자가주택시장에서 주택 보유세의 경제적 효과를 나타낸 것이다.
나. 주택 보유세가 부과되면, 임대주택 소유자의 세후 임대 소득이 증가한다.
다. 주택 보유세가 부과되면, 균형임대료는 증가하고 균형거래량은 감소한다.

① 나
② 다
③ 나, 다
④ 가, 나, 다

10 중요도 ★★★
⑦ p.45 ⑧ p.186
다음 중 분양가상한제의 효과에 대한 적절한 설명으로 모두 묶인 것은?

가. 정부가 분양가상한제를 시행하게 되면, 분양시장에는 초과수요가 발생한다.
나. 분양가상한제는 신규주택 공급을 감소시키는 결과를 초래할 수 있다.
다. 분양가상한제는 장기적으로 주택가격을 하락시키는 요인이 된다.
라. 분양가상한제로 인해 신규주택의 품질 저하가 나타날 수 있으며, 소수의 수분양자만이 커다란 시세차익(프리미엄)을 누리게 된다.

① 가, 나
② 가, 라
③ 가, 나, 라
④ 가, 나, 다, 라

11 중요도 ★★ ⑦ p.46 ~ 47 ⑧ p.187

부동산 경기변동에 대한 설명으로 가장 적절하지 **않은** 것은?

① 경기후퇴기의 경우 공급이 수요를 초과하여 부동산가격은 약보합세를 형성한다.
② 호황기에서 과거의 사례가격은 새로운 거래가격의 상한선이 된다.
③ 불황기에는 거래량이 매우 줄어들어 공실률이 상승한다.
④ 부동산 경기는 일반 경기에 비해서 순환주기가 길고 불규칙적으로 나타난다.

12 중요도 ★★ ⑦ p.48 ⑧ p.187

다음 설명에 해당하는 부동산 경기변동의 국면으로 가장 적절한 것은?

> • 경기의 하향이 저점에서 다시 상승을 시작하는 국면이다.
> • 부동산 거래가 조금씩 활기를 띠기 시작하며, 낮아지는 금리를 적용하여 부동산 투자자들이 투자를 시작한다.

① 경기회복기 ② 호황기
③ 경기후퇴기 ④ 불황기

정답 및 해설

09 ② '다'는 적절한 설명이다.
　　가. 자가주택시장 → 임대주택시장
　　나. 증가한다. → 감소한다.

10 ③ '가, 나, 라'는 적절한 설명이다.
　　다. 하락 → 상승

11 ② 상한선 → 하한선

12 ① 경기회복기에 대한 설명이다.

01 중요도 ★★ ㉮ p.51 ~ 52 ㉯ p.188 ~ 189

부동산권리에 대한 설명으로 가장 적절하지 **않은** 것은?

① 권리는 공법상의 권리인 공권과 사법상의 권리인 사권으로 구별되며, 부동산권리는 사권
   상 부동산 재산권이라고 볼 수 있다.
② 재산권은 대표적으로 물권, 채권, 지적재산권으로 나눌 수 있으며, 이 중 물권과 채권은 배
   타적 권리이다.
③ 부동산물권 중 점유권과 유치권은 등기 없이 효력을 가진다.
④ 부동산권리의 대부분은 주로 물권과 채권에 관한 것이다.

02 중요도 ★★ ㉮ p.52 ~ 53 ㉯ p.188

부동산의 권리분석에 대한 설명으로 가장 적절하지 **않은** 것은?

① 부동산권리분석은 부동산에 관한 법률행위로 인한 권리 변동 및 상황을 명확히 인식하고
   분석·평가하는 활동을 말한다.
② 법률행위로 인한 부동산물권의 권리변동은 법률행위와 등기라는 요건을 갖추어야 한다.
③ 상속, 공용징수, 판결, 경매와 같은 부동산 물권변동은 등기 없이도 효력이 발생하며, 해
   당 부동산을 먼저 등기하지 않아도 처분이 가능하다.
④ 부동산의 수익성분석은 넓은 의미에서 권리분석에 포함된다.

03 중요도 ★★

다음 중 채권에 대한 설명으로 가장 적절하지 **않은** 것은?

① 특정인이 특정인에게 일정한 행위를 요구할 수 있는 권리이다.
② 채권자는 채무자에게 일정한 급부를 청구할 수 있으나, 이와 관계가 없는 제3자에게는 청구할 수 없다.
③ 계약자유의 원칙이 지배한다.
④ 채권은 상호 간에 시간적으로 먼저 성립한 채권이 우선한다.

04 중요도 ★★★

부동산의 물권과 채권에 대한 적절한 설명으로 모두 묶인 것은?

> 가. 용익물권이란 타인이 소유한 물건에 대하여 교환가치를 설정하는 것이다.
> 나. 소유권은 물건의 교환가치만 지배할 수 있는 권리이다.
> 다. 부동산물권은 채권에 우선하며 물권 상호 간에는 시간의 선후에 따른다.
> 라. 채권은 강행규정으로 계약자유의 원칙이 지배한다.
> 마. 물권은 상대권으로 배타성이 존재한다.

① 가
② 다
③ 가, 나, 마
④ 나, 다, 라

정답 및 해설

01 ② 물권은 배타성이 존재하지만, 채권은 배타성이 없다.

02 ③ 상속, 공용징수, 판결, 경매 등 법률행위에 의하지 않는 부동산 물권변동은 등기 없이도 일어나지만, 해당 부동산을 먼저 등기하지 아니한다면 처분할 수 없다.

03 ④ 채권은 상호 간 평등하다.

04 ② '다'는 적절한 설명이다.
  가. 교환가치 → 사용가치
  나. 소유권은 물건의 사용가치와 교환가치 모두 지배할 수 있는 권리이다.
  라. 강행규정 → 임의규정
  마. 상대권 → 절대권

05

중요도 ★★
㉮ p.55 ~ 60 ㉯ p.190

물권의 종류에 대한 적절한 설명으로 모두 묶인 것은?

> 가. 물권은 소유권과 본권으로 분류할 수 있다.
> 나. 수목을 소유하기 위해 지상권을 설정할 수 있다.
> 다. 질권은 동산에 설정할 수 있으나, 부동산에는 설정할 수 없다.
> 라. 전세권은 지상권과 같이 자유로이 양도 또는 임대할 수 있으며 전전세도 가능하다.
> 마. 저당권은 물건 자체를 인도받아 점유하지 않고, 등기사항전부증명서에 기재하여 관념적
>   으로만 지배하는 권리이다.

① 가, 마
② 다, 라, 마
③ 나, 다, 라, 마
④ 가, 나, 다, 라, 마

06

중요도 ★★★
㉮ p.57 ~ 59 ㉯ p.190

물권의 종류에 대한 설명으로 가장 적절하지 **않은** 것은?

① 지상권은 설정기간의 최장기 제한은 없으나 최단기의 제한은 있다.
② 유치권은 법률의 규정에 의하여 당연히 성립하는 법정담보물권으로 등기를 요하지 않는다.
③ 소유권에 전세권, 임차권 등의 용익물권 및 채권이 설정되면 그 한도에서 소유권자의 사용·수익은 제한된다.
④ 담보물권은 채권의 담보를 위하여 목적 물건이 가지는 사용가치의 지배를 목적으로 하는 물권이다.

07 법인이 아닌 사단의 사원들이 A건물을 함께 공동소유하고 있다. 다음 중 적절한 설명으로만 모두 묶인 것은?

> 가. A건물을 처분하고자 하는 경우 사원총회의 결의를 거쳐야 한다.
> 나. A건물에 대한 지분을 처분하기 위해서는 공동소유자 전원의 동의가 필요하다.
> 다. A건물의 공동소유 형태는 단체주의적 성격이 강하다.

① 가
② 가, 나
③ 가, 다
④ 나, 다

08 공동소유의 유형에 대한 설명으로 가장 적절하지 **않은** 것은?

① 공유는 공동소유자 사이에 인적 결합 관계가 없기 때문에 각자 자유롭게 지분을 처리할 수 있다.
② 합유와 공유 모두 목적물의 처분, 변경 시에는 전원의 동의가 있어야 한다.
③ 총유는 공동소유자에 대한 지분이 인정되지 않는다.
④ 단체주의 성격이 강한 공동소유의 유형은 총유, 공유, 합유 순으로 나타난다.

1과목 재무설계 개론

2과목 재무설계사 직업윤리

3과목 은퇴설계

4과목 부동산설계

5과목 상속설계

해커스 AFPK 핵심문제집 모듈1

정답 및 해설

05 ③ '나, 다, 라, 마'는 적절한 설명이다.
    가. 물권은 점유권과 본권으로 나뉘고, 본권은 소유권과 제한물권으로 나뉜다.

06 ④ 사용가치 → 교환가치

07 ③ A건물의 공동소유 형태는 총유로, '가, 다'는 적절한 설명이다.
    나. 합유에 대한 설명으로, 총유는 공동소유자에 대한 지분이 인정되지 않는다.

08 ④ 단체주의 성격이 강한 공동소유의 유형으로는 총유, 합유, 공유의 순이다.

09

중요도 ★★

㉮ p.55 ㉯ p.190

용익물권에 해당하는 것으로만 모두 묶인 것은?

① 지상권, 저당권, 질권
② 전세권, 유치권, 지역권
③ 지상권, 지역권, 전세권
④ 저당권, 유치권, 질권

10

중요도 ★★

㉮ p.57 ~ 58 ㉯ p.190

다음 중 지상권에 대한 설명으로 가장 적절하지 **않은** 것은?

① 지상권은 타인의 토지에 건물, 기타 공작물이나 수목을 소유하기 위하여 그 토지를 사용하는 권리이다.
② 지상권자가 토지를 사용할 권리가 있기 때문에 토지소유자는 토지를 사용할 수 없다.
③ 구분지상권은 일정한 범위에만 효력이 미치므로 효력이 미치는 일정한 범위를 반드시 등기해야 한다.
④ 우리 민법은 구분지상권을 인정하고 있지 않다.

11

중요도 ★★

㉮ p.58 ㉯ p.190

용익물권과 담보물권의 성격을 동시에 지니는 제한물권으로 가장 적절한 것은?

① 지상권
② 저당권
③ 유치권
④ 전세권

12 중요도 ★★

담보물권에 대한 설명으로 가장 적절하지 **않은** 것은?

① 담보물권에는 유치권, 질권, 저당권이 있다.
② 유치권이 성립하기 위해서는 타인이 소유한 물건이나 유가증권에 대하여 적법하게 점유해야 하며 채권과 목적물 사이에 견련관계가 있어야 한다.
③ 부동산에는 유치권, 질권, 저당권 모두 설정할 수 있다.
④ 저당권은 유치권, 질권과 달리 물건 자체를 인도받아 점유하는 것은 아니다.

13 중요도 ★★

근저당권에 대한 설명으로 가장 적절하지 **않은** 것은?

① 담보할 채무의 최고액만을 정하고 채무의 확정을 장래에 보류하여 설정하는 것이다.
② 은행이나 도매상 등 계속적인 거래관계가 이루어지는 경우 근저당권을 활용한다.
③ 채권의 변제를 받기 위해 저당권자는 저당물의 경매를 청구할 수 있으며, 우선변제권이 없는 일반 채권자에 대해 우선하는 효력이 있다.
④ 채무가 확정되기 전에 채무액이 전부 변제된다면 근저당권은 소멸한다.

정답 및 해설

09 ③ '지상권, 지역권, 전세권'은 용익물권이다.
'저당권, 유치권, 질권'은 담보물권이다.

10 ④ 구분지상권이란 토지의 지하 또는 지상의 공간을 상하의 범위를 정해 사용하는 지상권으로, 우리 민법은 구분지상권을 인정하고 있다.

11 ④ 전세권은 용익물권과 담보물권의 성질을 동시에 지닌다.

12 ③ 부동산에는 질권을 설정할 수 없다.

13 ④ 채무가 확정될 때까지 채무의 소멸 또는 이전은 근저당권에 영향을 미치지 않으므로, 채무가 확정되기 전에 채무액이 전부 변제되더라도 근저당권은 소멸하지 않는다.

14 중요도 ★★★ ㉮ p.61 ㉯ p.192

관습법상 법정지상권에 대한 적절한 설명으로 모두 묶인 것은?

> 가. 동일 소유자의 소유에 속하는 토지와 건물 중 어느 하나가 매매·증여 등으로 각각 소유자를 달리하게 된 경우 건물을 철거한다는 별도의 특약이 있더라도 건물의 소유자는 관습법상의 법정지상권을 취득한다.
> 나. 관습법상 법정지상권이 성립하기 위해서는 토지와 건물이 동일인의 소유에 속하고 있어야 한다.
> 다. 관습법상 법정지상권은 등기를 요하지 아니하지만, 처분을 위해서는 미리 등기하여야 한다.

① 가   ② 나
③ 가, 다   ④ 나, 다

15 중요도 ★★★ ㉮ p.61 ~ 62 ㉯ p.192

분묘기지권에 대한 설명으로 가장 적절하지 **않은** 것은?

① 토지소유자의 승낙 없이 분묘를 설치하고 20년간 평온·공연하게 분묘를 점유한 때에도 분묘기지권 취득이 가능하다.
② 평장이나 암장, 가묘에 대해서는 분묘기지권이 인정되지 않는다.
③ 장사 등에 관한 법률에 따라 토지소유자의 승낙 없이 2001년 1월 13일 이후에 설치된 분묘에 대해서는 분묘기지권이 인정되지 않는다.
④ 최근 대법원 판례에 따르면, 분묘기지권을 시효로 취득한 경우 분묘기지권자는 토지소유자가 지료를 청구하더라도 별도로 지료를 지급할 필요가 없다.

16 중요도 ★★ ㉮ p.63 ~ 64 ㉯ p.193

부동산물권의 효력에 대한 설명으로 가장 적절하지 **않은** 것은?

① 종류를 달리하는 물권은 동일물 위에 동시에 성립할 수 있다.
② 소유권과 제한물권이 동시에 존재하게 되면 소유권이 제한물권보다 우선한다.
③ 물권과 채권이 병존하는 경우에는 그 성립 시기의 선후에 관계없이 물권은 채권에 원칙적으로 우선한다.
④ 채권인 부동산임차권이 등기되거나 주택임차인의 전입일자와 확정일자가 물권보다 앞서는 경우에는 채권이 물권에 우선한다.

17 중요도 ★★★

사례를 통해 알 수 있는 사실로 가장 적절하지 **않은** 것은?

> A씨는 아파트를 소유하고 있으며, B씨와 10년 간 전세 계약을 체결하였다. 이후 A씨는 본인의 부채 상환을 위해 은행에 대출을 신청하여 저당권을 설정하였다.

① 제한물권 간의 효력은 물권 상호 간에 시간적으로 먼저 성립한 물권이 나중의 물권보다 우선한다.

② A씨가 저당권을 실행하면, B씨는 경락자인 A씨에게 전세금을 요구할 수 있다.

③ 저당권이 전세권보다 먼저 설정되었을 경우, A씨의 저당권이 실행되면 B씨의 전세권은 소멸한다.

④ 저당권이 전세권보다 먼저 설정되었을 경우, 경락대금이 저당권 금액을 초과할지라도 B씨는 전세권을 보전받을 수 없다.

1과목 재무설계 개론

2과목 재무설계사 직업윤리

3과목 은퇴설계

4과목 부동산설계

5과목 상속설계

해커스 **AFPK** 핵심문제집 모듈1

정답 및 해설

14 ④ '나, 다'는 적절한 설명이다.
　　가. 특약이 있더라도 → 특약이 없는 한

15 ④ 최근 대법원 판례에 따라 분묘기지권을 시효로 취득한 경우 분묘기지권자는 토지소유자가 지료를 청구하면 그 청구한 날로부터의 지료를 지급해야 한다.

16 ② 제한물권이 소유권보다 우선한다.

17 ④ 저당권이 전세권보다 먼저 설정되었을 경우, 경락대금이 저당권 금액을 초과할 경우에만 그 차액을 전세권으로 보전받을 수 있다.

18

㉯ p.65 ~ 66　㉰ p.193

중요도 ★★★

부동산물권의 변동에 대한 설명으로 가장 적절한 것은?

① 법률의 규정에 의한 물권변동은 당사자의 의사와는 무관하게 주로 법률규정이나 판결에 의해 일어난다.
② 법률규정에 의한 물권변동이 일어나는 경우에는 취득시효, 소멸시효, 혼동, 상속, 매매 등이 있다.
③ 부동산의 공시방법은 점유를 이용한다.
④ 일반적으로 동산과 부동산의 물권변동에서는 공신의 원칙이 인정되지 않는다.

19

㉯ p.66 ~ 67　㉰ p.194

중요도 ★★

부동산등기제도에 대한 설명으로 가장 적절한 것은?

① 구분건물은 토지와 건물이 별도로 독립된 등기의 대상이 된다.
② 부동산등기는 모든 부동산 물권변동에 있어서 처분을 위한 요건이다.
③ 등기대상이 되는 권리에는 점유권, 특수지역권, 분묘기지권 등이 포함된다.
④ 대항력 있는 주택 및 상가의 임차권, 법정지상권, 지역권 등은 등기사항에 표시되지 않으므로 권리분석에서 주의를 요한다.

20 중요도 ★★

등기한 권리의 순위에 대한 설명으로 가장 적절하지 **않은** 것은?

① 동구(갑구와 갑구 또는 을구와 을구)에서의 순위는 접수번호에 의하고, 별구(갑구와 을구)에서는 순위번호에 의한다.

② 별구(갑구와 을구)에서 각 구별로 동일한 순위번호가 존재할 수 있으므로 우선접수일자에 의한다.

③ 부기등기의 순위는 주등기의 순위에 의하며, 부기등기 간 순위는 부기등기 전후에 따른다.

④ 가등기를 한 후 가등기에 관한 본등기가 있는 경우에는 가등기의 순위가 인정된다.

21 중요도 ★★

부동산등기의 효력에 해당하지 **않는** 것은?

① 추정적 효력

② 순위확정적 효력

③ 대항적 효력

④ 공신력

정답 및 해설

18 ① ② 매매는 법률행위로 인한 물권변동으로서 등기를 요한다.
　　　③ 점유 → 등기
　　　④ 동산의 물권변동의 경우 공신의 원칙이 인정되지만, 부동산의 물권변동에서는 공신의 원칙이 인정되지 않는다.

19 ② ① 구분건물은 건물과 토지 일체를 등기의 대상으로 한다.
　　　③ 점유권, 유치권, 특수지역권, 분묘기지권 등은 등기대상이 되지 않는다.
　　　④ 지역권은 등기대상이다.

20 ① 접수번호 ↔ 순위번호

21 ④ 현행 등기제도에는 공신력이 인정되지 않는다.

22

중요도 ★★★

㉮ p.68 ㉯ p.194

부동산등기 관련 용어에 대한 설명으로 가장 적절하게 연결된 것은?

> 가. 금전채권이나 금전채권으로 바꿀 수 있는 청구권을 위해 소송을 제기하고 강제집행을 실행하고자 할 때, 소송기간 동안 재산을 도피·은닉하지 못하도록 묶어두는 보전수단을 말한다.
>
> 나. 다툼이 있는 부동산을 현재 상태로 보전하기 위해 법원에 임시로 보관한 것으로, 청구권을 가지는 채권자가 장차 집행보전을 위해 현재의 상태대로 현상을 고정·유지할 필요가 있을 때 채무자의 재산은닉·양도 등의 처분을 금지시키고, 그 보관에 필요한 조치를 해두는 보전처분을 말한다.
>
> 다. 부동산 매도인이 매매계약과 동시에 매수인에게 금전을 차용하면서 매도인 소유의 부동산을 이전한 후 그 영수한 대금 및 매수인이 부담한 매매비용을 반환하고 그 목적물을 다시 매도인에게 이전하는 것을 말한다.

	가	나	다
①	가처분	가압류	환 매
②	압 류	가처분	가압류
③	가처분	가압류	가처분
④	가압류	가처분	환 매

23

중요도 ★★

㉮ p.68 ㉯ p.194

부동산등기 관련 용어에 대한 설명으로 가장 적절하지 않은 것은?

① 압류는 승소 판결문이 있는 상태이므로 집행권원이 존재한다.

② 가압류의 경우 채권자의 일방적 주장으로 성립하여 선의의 피해자가 발생할 수 있기 때문에 법원은 채권자에게 공탁금 담보를 명한다.

③ 환매기간을 정한 때에는 1회 이내 연장이 가능하며, 환매기간을 정하지 아니한 때는 5년으로 한다.

④ 가처분은 채무자의 재산은닉·양도 등의 처분을 금지시키고 그 보관에 필요한 조치를 해두는 보전처분을 말한다.

24 지목의 구분기준상 '도로'에 해당하지 **않는** 것은?

① 고속도로 안의 휴게소 부지
② 2필지 이상에 진입하는 통로로 이용되는 토지
③ 아파트·공장 등 단일용도의 일정한 단지 안에 설치된 통로
④ 일반 공중의 교통운수를 위해 보행 또는 차량운행에 필요한 일정한 설비 또는 형태를 갖추어 이용되는 토지

25 지목의 구분기준상 '잡종지'에 해당하는 것으로만 모두 묶인 것은?

> 가. 변전소, 공신소, 수신소 및 송유시설 등의 부지
> 나. 원상회복을 조건으로 돌을 캐내는 곳으로 허가된 토지
> 다. 공항시설 및 항만시설 부지
> 라. 도축장, 쓰레기처리장 및 오물처리장 등의 부지

① 가
② 가, 나
③ 가, 다, 라
④ 가, 나, 다, 라

정답 및 해설

22 ④ 가. 가압류
　　　 나. 가처분
　　　 다. 환매

23 ③ 환매기간을 정한 때에는 이를 다시 연장하지 못한다.

24 ③ 아파트·공장 등 단일용도의 일정한 단지 안에 설치된 통로는 '도로'에서 제외한다.

25 ③ '가, 다, 라'는 잡종지에 해당한다.
　　　 나. 원상회복을 조건으로 돌을 캐내는 곳으로 허가된 토지는 잡종지에서 제외한다.

⑦ p.70 ~ 72   ⑧ p.195 ~ 196

26

중요도 ★

지목의 구분기준에 대한 설명으로 가장 적절한 것은?

① 물을 상시적으로 직접 이용하여 벼·연·미나리·왕골 등의 식물을 주로 재배하는 토지는 '전'이다.
② 과수원 내 주거용 건축물 부지는 '대'로 한다.
③ 자연의 유수가 있거나 있을 것으로 예상되는 소규모 수로부지는 '하천'으로 한다.
④ 택지조성공사가 준공된 토지는 '잡종지'로 한다.

⑦ p.72   ⑧ p.195 ~ 196

27

중요도 ★★

지목을 지적도 및 임야도에 등록할 때의 유의사항으로 가장 적절하지 **않은** 것은?

① 원칙적으로 지목을 지적도 및 임야도에 등록하는 때에는 지목의 부호로 표기해야 하며, 지목의 부호는 지목의 첫 글자로 한다.
② 중복되는 표기일 경우, 두 번째 글자가 지목을 적절하게 표기할 수 있으므로 예외적으로 두 번째 글자로 한다.
③ 공장용지는 '장'으로, 유원지는 '유'로 표기한다.
④ 하천은 '천'으로, 주차장은 '차'로 표기한다.

⑦ p.73   ⑧ p.196

28

중요도 ★★★

필지와 획지에 대한 설명으로 가장 적절하지 **않은** 것은?

① 필지는 경제적·부동산학적인 단위 개념인 데 반해 획지는 법률상의 단위이다.
② 모든 토지는 하나의 필지를 중심으로 지적공부에 등록하도록 되어 있다.
③ 획지는 인위적·자연적·행정적 조건에 의해 다른 토지와 구별되나 가격 수준이 비슷한 단위 토지이다.
④ 하나의 필지에는 하나의 지번과 지목이 부여된다.

1과목 재무설계 개론

2과목 재무설계사 직업윤리

3과목 은퇴설계

4과목 부동산설계

5과목 상속설계

해커스 **AFPK** 핵심문제집 모듈1

29 중요도 ★★★ ㉑ p.73 ~ 75 ㉒ p.197

등기사항전부증명서에 대한 설명으로 가장 적절하지 **않은** 것은?

① 표제부에는 면적·층수·소재지·지목·구조 등이 표시된다.

② 갑구에는 소유권이전등기, 가등기, 가압류등기, 가처분등기 등이 기재된다.

③ 을구에는 근저당권, 전세권 등 소유권 이외의 권리가 표시된다.

④ 등기사항전부증명서의 열람은 누구나 가능하나, 발급은 이해관계인에 한하여 가능하다.

30 중요도 ★★★ ㉑ p.73 ~ 75 ㉒ p.197

등기사항전부증명서에 대한 적절한 설명으로 모두 묶인 것은?

> 가. 등기사항전부증명서는 토지등기부와 건물등기부로 구분되며 각각 표제부, 갑구, 을구로
> 구성된다.
> 나. 토지등기사항전부증명서의 표제부는 표시번호, 접수연월일, 소재지번, 지목, 면적, 등기원
> 인으로 구성된다.
> 다. 갑구의 순위번호란에서는 소유자들의 이력을 확인할 수 있으며, 가장 하단에 위치한 자
> 가 현재 소유자이다.
> 라. 을구에 기재된 '근저당권의 채권최고액'에는 채무자가 현재 부담한 채무만을 기록한다.

① 가, 나

② 가, 나, 다

③ 가, 나, 라

④ 가, 나, 다, 라

정답 및 해설

26 ② ① 전 → 답
　　 ③ 하천 → 구거
　　 ④ 잡종지 → 대

27 ③ 유원지의 경우 유지와 중복되어 두 번째 글자인 '원'으로 표기한다.

28 ① 필지 ↔ 획지

29 ④ 등기사항전부증명서는 누구나 등기의 열람 및 발급이 가능하다.

30 ② '가, 나, 다'는 적절한 설명이다.
　　 라. 을구에 기재된 '근저당권의 채권최고액'에는 현재 부담한 채무 및 앞으로 부담할 이자 등의 최대한도의 채무를
　　　　표시한다.

31

⑦ p.76 ⑧ p.197

중요도 ★★★

등기사항전부증명서의 권리순위에 대한 설명으로 가장 적절하지 **않은** 것은?

① 주등기에 따른 부기등기가 가능하다.
② 부기등기에 대한 부기등기는 불가능하다.
③ 부기등기의 순위는 주등기의 순위에 따른다.
④ 등기사항전부증명서에는 등기한 순서대로 순위 번호가 매겨지며, 같은 구에서는 그 순위 번호에 따라 등기의 순위가 가려진다.

32

⑦ p.82 ⑧ p.197 ~ 198

중요도 ★★★

건축물대장과 등기사항전부증명서상 소유자, 면적, 지목이 다음과 같을 경우 가장 적절한 것은?

공 부	소유자	면 적	지 목
건축물대장	김정우	500m²	대
등기사항전부증명서	이영호	550m²	전

① 토지의 지목은 '전'으로 확인한다.
② 토지의 면적은 500m²로 확인한다.
③ 토지의 소유자는 김정우로 확인한다.
④ 면적은 건축물대장을 기준으로, 지목은 등기사항전부증명서를 기준으로 한다.

33

⑦ p.74 ~ 75, p.79, p.84 ⑧ p.197 ~ 198

중요도 ★★

부동산 공부에서 확인할 수 있는 내용에 대한 설명으로 가장 적절하지 **않은** 것은?

① 등기사항전부증명서에서는 소유자, 근저당권 설정 여부를 확인할 수 있다.
② 토지 및 임야대장에서는 토지의 소재지, 면적, 지목, 개별공시지가를 확인할 수 있다.
③ 집합건축물대장의 전유부분에는 계단, 기계실, 승강기, 지하주차장 등이 있다.
④ 토지이용계획은 해당 토지의 용도지역 및 행위제한에 관한 내용이 기재되어 있다.

34

중요도 ★★

부동산 공부에 대한 설명으로 가장 적절하지 **않은** 것은?

① 등기사항전부증명서의 갑구에는 소유권과 관련된 내용이 기재된다.
② 건축물대장에는 건물의 면적, 구조, 용도, 신축일, 소유권변동사항 등을 기재한다.
③ 집합건물의 등기사항전부증명서상 표제부, 갑구, 을구의 기재사항은 일반건물과 동일하다.
④ 근저당권의 채권최고액이란 채무자가 현재 부담한 채무 및 앞으로 부담할 이자 등의 최대한도의 채무를 말한다.

35

중요도 ★★★

부동산 공부의 내용과 종류가 가장 적절하게 연결된 것은?

가. 토지의 지번 앞에 '산'을 표기한다.
나. 토지의 행정구역과 지번, 지목 등이 수록되어 있어 토지의 위치 및 형상을 파악할 수 있다.
다. 조세의 부과징수를 위해 건축물의 현황과 소유자에 대한 사항을 등록한 장부이다.
라. 토지의 용도지역 및 행위 제한에 관한 내용이 기재된 서류로 누구나 열람이 가능하다.

	가	나	다	라
①	지적도	토지이용계획	건축물대장	임야대장
②	지적도	임야대장	토지이용계획	건축물대장
③	임야대장	지적도	건축물대장	토지이용계획
④	임야대장	토지이용계획	건축물대장	지적도

정답 및 해설

31 ② 불가능하다. → 각각 수개씩 가능하다.

32 ② 부동산의 현황표시(면적, 지목 등)는 건축물대장이 우선시 되고, 권리사항(소유권 정보 등)은 등기사항전부증명서가 우선시 된다.

33 ③ 계단, 기계실, 승강기, 지하주차장 등은 공용부분에 해당한다. 전유부분은 구분소유자가 사용·수익권을 독점하는 부분으로 구분소유권의 목적인 건물 부분을 말한다.

34 ③ 등기사항전부증명서(집합건물)에 표시된 내용을 보면 갑구와 을구는 등기사항전부증명서(일반)와 같으나, 표제부의 경우 1동의 건물의 표시, 대지권의 목적인 토지의 표시, 전유부분의 건물의 표시, 대지권의 표시로 나누어 기재된다.

35 ③ 가. 임야대장
    나. 지적도
    다. 건축물대장
    라. 토지이용계획

36 중요도 ★★★   ㉮ p.86~87 ㉯ p.199

다음에서 제시된 경매의 종류에 대한 설명으로 가장 적절한 것은?

> A는 친구 B에게 개인적으로 차용증을 쓰고 돈을 빌렸으나 이를 갚지 못하였다. B는 A에게 소송을 제기하였고 법원에 승소 판결을 받은 B가 집행권원을 토대로 경매를 진행하였다.

① 저당권, 전세권, 담보가등기 등 담보물권을 가진 채권자가 담보권행사에 의해 경매가 진행되는 것을 말한다.
② 채권 발생 당시에는 해당 물건의 경매에 대한 예정이 없었으나 채권자가 판결을 통해 채무자의 재산을 압류하여 경매를 진행하는 것을 말한다.
③ 낙찰자의 대금 미납으로 인하여 종전 가격으로 다시 실시하는 경매를 말한다.
④ 집행관이 법원의 입찰 명령에 의해 실시하며, 입찰기일에 입찰장소에서 각 매수신청인이 서면으로 매수가격을 신청하여 그 중 최고가격을 신청한 사람을 매수인으로 결정한다.

37 중요도 ★★   ㉮ p.87~88 ㉯ p.199

경매 관련 용어에 대한 설명으로 가장 적절하지 **않은** 것은?

① 임의경매란 저당권, 전세권 등 담보물권을 가진 채권자가 담보권행사에 의해 경매가 진행되는 것을 말한다.
② 유찰은 매각신청이 없어 경매가 이루어지지 않는 것을 말한다.
③ 이해관계인에는 전세권자, 질권자, 법정지상권자, 공유자 등이 포함된다.
④ 낙찰허가취소로 다시 실시하는 경매를 재경매라고 한다.

38 중요도 ★★   ㉮ p.87~89 ㉯ p.199

경매에 대한 설명으로 가장 적절한 것은?

① 유찰은 낙찰자가 없었기 때문에 재경매로 구분할 수 있다.
② 재경매가 된 경우 법원은 특별매각조건으로 매수신청보증금을 최저매각가격에 10%로 정한다.
③ 매수의 신고가 있은 후에는 경매신청을 취하할 수 없다.
④ 경매대금 배당 시 집행비용이 가장 높은 배당순위를 가진다.

1과목
재무설계 개론

2과목
재무설계사 직업윤리

3과목
은퇴설계

4과목
부동산설계

5과목
상속설계

해커스 **AFPK** 핵심문제집 모듈1

39 중요도 ★★
경매절차에 대한 설명으로 가장 적절하지 **않은** 것은?

㉮ p.90 ~ 94 ㉯ p.200 ~ 201

① 경매신청은 대상부동산 소재지 관할법원에 해야 한다.
② 집행법원은 경매개시에 따른 압류의 효력이 생긴 때부터 1주일 내에 절차에 필요한 기간을 감안하여 배당요구종기를 정하여 이를 공고해야 한다.
③ 최초의 매각기일은 공고일로부터 14일 이상의 간격을 두고 하게 된다.
④ 입찰보증금은 입찰가격의 1/10 이상을 제출한다.

40 중요도 ★★★
법원경매절차를 가장 적절한 순서대로 나열한 것은?

㉮ p.89 ~ 95 ㉯ p.200 ~ 201

[경매신청 및 경매개시 결정]
가. 매각의 실시
나. 배당요구종기 결정 및 공고
다. 매각대금의 납부
라. 매각준비
마. 매각허부결정 및 즉시항고
바. 매각기일 및 매각결정기일의 지정·공고·통지
[배당절차]

① 나 – 라 – 마 – 바 – 가 – 다
② 나 – 라 – 바 – 가 – 마 – 다
③ 라 – 바 – 가 – 마 – 나 – 다
④ 라 – 나 – 바 – 가 – 다 – 마

정답 및 해설

36 ② 제시된 사례는 강제경매에 해당한다.
① 임의경매에 관한 설명이다.
③ 재경매에 관한 설명이다.
④ 입찰에 대한 설명이다.

37 ④ 재경매는 낙찰자의 대금미납으로 인하여 종전 가격으로 다시 실시하는 경매를 말한다.

38 ④ ① 재경매 → 신경매
② 10% → 20 ~ 30%
③ 매수의 신고가 있은 후에도 경매신청을 취하할 수 있다.

39 ④ 입찰보증금은 최저매각가격의 1/10 이상을 제출한다.

40 ② '나 – 라 – 바 – 가 – 마 – 다'의 순이다.

41

㉮ p.92 ㉯ p.200

중요도 ★★

배당요구종기까지 반드시 배당요구를 해야 하는 채권자로 가장 적절하지 **않은** 것은?

① 집행력이 없는 판결문 정본을 가진 채권자
② 민법, 상법, 기타 법률에 의하여 우선변제청구권이 있는 채권자
③ 첫 경매개시결정기입등기 후에 가압류한 채권자
④ 국세 등의 교부청구권자

42

㉮ p.93 ㉯ p.201

중요도 ★★★

다음 빈칸에 들어갈 말이 가장 적절한 순서대로 나열된 것은?

• (가)은 경매법정에서 최고가매수인을 선정하는 날이며, (나)은 (가)에 최고가매수신고인으로 선정된 사람에게 매각허가 또는 불허가를 결정하여 신고하는 날이다.
• 즉시항고 이해관계인이 매각허가 또는 불허가결정에 의해 손해를 볼 경우 (나)로부터 (다) 이내에 원심법원에 항고장을 제출하면 된다.

	가	나	다
①	매각기일	매각결정기일	7일
②	매각결정기일	대금납부기일	14일
③	매각확정기일	매각기일	7일
④	매각결정기일	매각기일	14일

43

㉮ p.94 ㉯ p.201

중요도 ★★

경매절차 중 매각의 실시에 대한 설명으로 가장 적절하지 **않은** 것은?

① 현재 법원에서 실시하고 있는 통상의 매각 방법은 기일입찰이다.
② 기일입찰표에는 사건번호, 입찰자의 이름과 주소, 물건번호, 입찰가격 등을 기재한다.
③ 미성년자 등 행위능력이 없는 사람은 법정대리인에 의해서만 입찰에 참가할 수 있다.
④ 농지를 취득하기 위해서는 입찰 시에 농지법에서 정한 농지취득자격증명을 첨부해야 한다.

44

중요도 ★★★

공매부동산에 대한 설명과 종류가 가장 적절하게 연결된 것은?

> 가. 일시적 1세대 2주택자와 비사업용으로 전환 예정인 토지 소유자가 양도소득세의 비과세 또는 중과 제외 혜택을 받기 위하여 매각 위임한 자산
> 나. 국가의 부담, 기부채납이나 법령 또는 조약에 따라 국가 소유로 된 재산
> 다. 세무서나 지방자치단체 등이 세금 체납자의 재산을 압류하여 한국자산관리공사에 매각을 의뢰한 재산
> 라. 금융회사 등으로부터 인수한 부실채권의 담보물건을 경매절차에서 한국자산관리공사가 취득한 재산

	가	나	다	라
①	압류재산	수탁재산	국유재산	유입자산
②	유입자산	압류재산	국유재산	수탁재산
③	수탁재산	국유재산	압류재산	유입자산
④	수탁재산	국유재산	유입자산	압류재산

1과목 재무설계 개론

2과목 재무설계사 직업윤리

3과목 은퇴설계

4과목 부동산설계

5과목 상속설계

해커스 AFPK 핵심문제집 모듈1

정답 및 해설

41 ① 없는 → 있는

42 ① 가. 매각기일
　　　 나. 매각결정기일
　　　 다. 7일

43 ④ 농지취득을 위해서는 농지법에서 정한 농지취득자격증명이 필요하나, 그 증명은 매각결정기일까지만 보완하면 되므로 입찰 시에 첨부할 필요는 없다.

44 ③ 가. 수탁재산
　　　 나. 국유재산
　　　 다. 압류재산
　　　 라. 유입자산

45

중요도 ★★★   ㉮ p.96 ~ 97   ㉣ p.202

공매부동산에 대한 적절한 설명으로 모두 묶인 것은?

> 가. 유입자산은 이미 법원의 경매과정에서 모든 권리가 말소되었기 때문에 권리의 하자가 없다.
> 나. 수탁재산의 소유자는 금융기관 또는 공기업이다.
> 다. 압류재산 소유자는 체납자이며, 명도책임은 매도인이 진다.
> 라. 경매와 달리 공매에는 인도명령이라는 제도가 있기 때문에 명도소송을 할 필요가 없다.
> 마. 국유 일반재산은 국유재산 중 행정재산을 제외한 모든 재산으로 대부 및 매각이 가능한 재산이다.

① 가, 나, 다   ② 가, 나, 라

③ 가, 나, 마   ④ 나, 다, 마

46

중요도 ★★★   ㉮ p.97 ~ 98   ㉣ p.202

경매와 공매를 비교한 것으로 가장 적절하지 **않은** 것은?

	구 분	경 매	공 매
①	입찰방법	관할 법원을 통한 현장입찰	온라인 입찰(온비드)
②	인도명령	있 음	없음(명도소송)
③	보증금액	최저매각가격의 10%	본인의 입찰가격의 10%
④	매각방법	기간입찰 방식	기일입찰 방식

정답 및 해설

45 ③ '가, 나, 마'는 적절한 설명이다.
    다. 매도인 → 매수인
    라. 경매와 달리 공매는 인도명령 제도가 없기 때문에 점유자와 합의가 되지 않는다면 명도소송을 통해야 한다.

46 ④ 경매는 기일입찰 방식, 공매는 기간입찰 방식을 통해 매각이 진행된다.

01 중요도 ★ ㉮ p.101 ~ 102 ㉯ p.203

청약과 승낙에 대한 설명으로 가장 적절하지 **않은** 것은?

① 청약이란 일정한 내용의 계약을 체결하려고 신청하는 의사표시로서, 정찰을 붙인 상품의 진열, 자동판매기의 설치 등이 해당한다.

② 청약은 원칙적으로 상대방에게 도달할 때 효력이 발생하며, 일단 청약이 효력을 발생한 때에는 청약자가 임의로 청약을 철회하지 못한다.

③ 청약자와 청약의 상대방은 불특정 다수인이 아닌 특정인이어야 한다.

④ 승낙은 청약의 내용과 일치해야 하며, 만약 승낙자가 청약에 조건을 붙이거나 변경을 가하여 승낙을 할 때에는 청약에 대한 거절과 함께 새로운 청약을 한 것으로 본다.

02 중요도 ★ ㉮ p.103 ~ 104 ㉯ p.203 ~ 204

계약의 해제와 해지를 비교한 설명으로 가장 적절하지 **않은** 것은?

① 해제와 해지는 원칙적으로 철회가 불가하며, 손해배상청구가 가능하다.

② 해제는 일시적 계약관계에서 인정되나, 해지는 계속적 계약관계에서 인정된다.

③ 법정해제권은 당사자의 약정이 있는 경우 발생한다.

④ 해제는 소급효 및 원상회복의무가 발생하나, 해지는 장래효가 발생하고 원상회복의무는 부담하지 않으나 청산의무를 부담한다.

정답 및 해설

01 ③ 청약자는 계약의 일방 당사자로서 특정인이어야 하나, 청약의 상대방은 특정인이 아니더라도 상관없으며, 자동 판매의 설치처럼 불특정 다수인에 대한 것도 유효하다.

02 ③ 법정해제권 → 약정해제권

03

중요도 ★★

다음 중 빈칸에 들어갈 말로 가장 적절한 것은?

> • 매매계약 체결 후 계약금을 받았으나 중도금 미지급 등의 이유로 매도인은 매수인과 계약을 (가)할 수 있다.
> • 핸드폰 약정기간이 지나 통신사와 계약을 (나)하였다.
> • 2년 정기예금이 만기가 되어 (다)하였다.

	가	나	다
①	해 지	해 제	해 제
②	해 지	해 제	해 지
③	해 제	해 지	해 지
④	해 제	해 지	해 제

04

중요도 ★

계약금에 대한 설명으로 가장 적절하지 **않은** 것은?

① 계약금은 계약을 체결할 때 일방 당사자가 상대방에게 교부하는 금전 및 기타의 유가물을 말한다.
② 계약금은 당사자 사이에 다른 약정이 없는 한 위약금의 성질을 갖는 것으로 추정한다.
③ 매매계약 후에도 계약금 계약을 체결할 수 있다.
④ 계약금의 지급이 없어도 매매계약은 유효하게 성립한다.

05

중요도 ★★★

부동산의 매매에 대한 설명으로 가장 적절하지 **않은** 것은?

① 매매계약에 관한 비용은 당사자 사이에 별도의 특약이 없으면 일반적으로 양 당사자가 균분하여 부담한다.
② 매매계약이 있은 후에도 인도하지 아니한 목적물로부터 생긴 과실은 매수인에게 속한다.
③ 매수인은 계약에 의한 목적물을 인도받음과 동시에 대금지급의무를 갖는다.
④ 매수인이 매수한 권리의 전부나 일부를 잃을 염려가 있을 때 매수인은 그 위험의 한도에서 대금 전부나 일부의 지급을 거절할 수 있다.

06

중요도 ★★

부동산의 매매계약 시 유의사항으로 가장 적절하지 **않은** 것은?

① 매도인이 소유권을 갖고 있지 않을 경우 매도인이 거래대상물건의 소유권을 확실히 취득하여 매매할 수 있는지 확인해야 한다.
② 매매계약서를 작성함으로써 거래가 완성된 것이라고 볼 수 있다.
③ 부동산 매매계약서는 해당 부동산의 특징과 거래당사자의 편의에 맞춰 자유롭게 작성할 수 있다.
④ 대리인이 매도인이나 매수인으로부터 대리권을 받지 아니하고 법률행위를 하는 경우 그 법률행위는 원칙적으로 무효이다.

07

중요도 ★★★

다음 중 빈칸에 들어갈 숫자로 가장 적절한 것은?

> A씨는 주식투자를 위해 추가대출을 받고자 한다. A씨는 이미 은행에서 부동산을 담보로 1억원을 대출받은 상태이며, 담보 부동산의 시장가치는 5억원이고, 담보인정비율(LTV)은 시장가치 기준 40%이다. 따라서 A씨는 은행으로부터 최대 ( )억원 담보대출이 가능하다.

① 1
② 1.5
③ 2
④ 2.5

정답 및 해설

03 ③ 가. 해제
　　나. 해지
　　다. 해지

04 ② 위약금 → 해약금

05 ② 매수인 → 매도인

06 ② 매매계약서를 작성하였다 하더라도 법률적으로 완전한 소유권이 변동되어야 거래가 완성된 것이라고 할 수 있다.

07 ① 담보인정비율(LTV) = 대출금액/담보가치 × 100
　　　　　　 40% = 대출금액/5억원 × 100
　∴ 최대담보대출 금액 = 2억원 − 1억원(이미 대출받은 금액) = 1억원

08

⑦ p.109 ⑨ p.205

중요도 ★★★

주택담보대출 이용 시 대출한도 결정 방법과 그 설명이 가장 적절하게 연결된 것은?

| 가. LTV |
| 나. DTI |
| 다. DSR |

A. 대출자의 소득 대비 모든 부채에 대한 원리금 상환액 부담 정도를 나타내는 비율
B. 주택의 담보가치 대비 대출금액의 비율
C. '(해당 주택담보대출 원리금 상환액 + 기타 부채의 이자상환액)/연소득'으로 산출

	가	나	다
①	A	B	C
②	B	A	C
③	B	C	A
④	C	B	A

09

⑦ p.112 ~ 113 ⑨ p.207

중요도 ★★

다음 중 임차인의 권리로 가장 적절하지 **않은** 것은?

① 차임증감청구권
② 상환청구권
③ 부속물매수청구권
④ 차임지급청구권

10　중요도 ★★

임차인의 권리와 의무에 대한 설명으로 가장 적절하지 **않은** 것은?

① 임차인은 임대인의 승낙 없이 임차물을 타인에게 사용·수익하게 할 수 없다.

② 임대인의 동의 없이 부착시킨 물건에 대해서 부속물매수청구권이 인정된다.

③ 동산, 건물이나 대지에 대한 차임은 매월 말에, 기타 토지에 대한 차임은 매년 말에 지급하여야 한다.

④ 건물·수목 기타 지상시설이 현존하는 경우 계약의 갱신을 청구할 수 있고, 임대인이 이를 거절하면 임차인은 임대인에게 상당한 가액으로 매수할 것을 청구할 수 있다.

11　중요도 ★★★

주택임대차보호법에 대한 설명으로 가장 적절한 것은?

① 주택임대차보호법은 임대 주택의 일부가 주거 외의 목적으로 사용되는 경우에는 적용되지 않는다.

② 임대차는 그 등기가 없는 경우에도 임차인이 주택의 인도와 주민등록을 마친 때에는 그 당일부터 제3자에 대해 효력이 생긴다.

③ 임차권등기명령의 집행에 따른 임차권등기가 끝난 주택을 그 이후에 임차한 임차인은 우선변제 받을 권리가 없다.

④ 임대차 기간이 끝난 경우에 임차인이 아직 보증금을 반환받지 않았더라도 임대차 관계는 종료된 것으로 본다.

정답 및 해설

08 ③ A. DSR(총부채원리금상환비율)
　　 B. LTV(담보인정비율)
　　 C. DTI(총부채상환비율)

09 ④ 차임지급청구권은 임대인의 권리에 해당하며, 임차인은 차임지급의무가 있다.

10 ② 임차인이 임대인의 동의를 얻어 이에 부속한 물건이 있는 때에는 임대차 종료 시 임대인에 대하여 그 부속물의 매수를 청구할 수 있다.

11 ③ ① 적용되지 않는다. → 적용된다.
　　 ② 그 당일부터 → 그 다음 날부터
　　 ④ 임대차 기간이 끝난 경우에도 임차인이 보증금을 반환받을 때까지는 임대차 관계가 존속되는 것으로 본다.

12 주택임대차보호법에 대한 적절한 설명으로 모두 묶인 것은?

> 가. 차임 등의 증액청구는 약정차임 등의 5%의 금액을 초과하지 못한다.
> 나. 임차인이 2기 이상 차임을 연체하거나 그 밖의 임차인으로서의 의무를 현저히 위반한 경우 묵시적 갱신이 인정되지 않는다.
> 다. 임대차기간을 2년 미만으로 정한 임대차에 대해 임차인은 2년 미만으로 정한 기간의 유효함을 주장할 수 있다.
> 라. 임차인의 계약갱신요구권은 횟수의 제한 없이 행사할 수 있으며, 갱신되는 임대차의 존속기간은 2년으로 본다.

① 가, 다
③ 가, 다, 라

② 가, 나, 다
④ 가, 나, 다, 라

13 주택임대차보호법에 대한 설명으로 가장 적절하지 **않은** 것은?

① 임차인이 주택의 인도와 주민등록을 마친 때에는 그 익일부터 제3자에 대하여 효력이 생긴다.
② 보증금의 증액 청구는 임대차계약 또는 약정한 차임이나 보증금의 증액이 있은 후 2년 이내에는 하지 못한다.
③ 임차인이 확정일자가 늦어 선순위로 변제를 받지 못하는 경우에는 보증금 중 일정액을 다른 담보물권자보다 우선하여 변제받을 권리가 있다.
④ 대항력과 임대차계약증서상의 확정일자를 갖춘 임차인은 민사집행법에 따른 경매 또는 국세징수법에 따른 공매 시 임차주택의 환가대금에서 후순위권리자나 그 밖의 채권자보다 우선하여 보증금을 변제받을 수 있다.

14 중요도 ★★

㉮ p.116 ㉯ p.208 ～ 209

주택임대차보호법에 따라 임대인이 임차인의 계약갱신요구를 거절할 수 있는 사유로만 모두 묶인 것은?

가. 임차인이 1기의 차임액에 해당하는 금액에 이르도록 차임을 연체한 경우

나. 임차인이 임대인의 동의하에 목적 주택의 전부 또는 일부를 전대한 경우

다. 임차인이 거짓이나 그 밖의 부정한 방법으로 임차한 경우

라. 서로 합의하여 임대인이 임차인에게 상당한 보상을 제공한 경우

마. 임차인이 임차한 주택의 전부 또는 일부를 고의나 중대한 과실로 파손한 경우

---

① 가, 나
② 다, 라, 마
③ 가, 다, 라, 마
④ 가, 나, 다, 라, 마

1과목 재무설계 개론

2과목 재무설계사 직업윤리

3과목 은퇴설계

4과목 부동산설계

5과목 상속설계

해커스 **AFPK** 핵심문제집 모듈1

정답 및 해설

12 ② '가, 나, 다'는 적절한 설명이다.
라. 임차인의 계약갱신요구권은 1회에 한하여 행사할 수 있으며, 갱신되는 임대차의 존속기간은 2년으로 본다.

13 ② 2년 → 1년

14 ② '다, 라, 마'는 적절한 설명이다.
가. 1기 → 2기
나. 동의하에 → 동의 없이

15 중요도 ★★★ ㉮ p.115 ~ 116, p.119 ㉰ p.208 ~ 209

A는 B 소유의 주택에 대하여 임대차계약을 체결(보증금 3억원)하였다. A는 임대차계약을 체결한 다음 즉시 대항요건을 갖추고 확정일자를 받아 거주 중이다. 다음의 설명 중 가장 적절한 것은?

① 임대차기간을 1년 미만으로 약정한 경우 임대차 기간은 2년으로 보기 때문에 A는 약정한 기간(1년 미만)의 유효함을 주장할 수 없다.

② 존속기간을 약정하지 않은 경우, B는 A에게 언제든지 계약해지의 통고를 할 수 있다.

③ A는 임대차가 끝나기 전에 해당 주택의 소재지를 관할하는 법원에 임차권등기명령을 신청할 수 있다.

④ B가 경제사정의 변동으로 인해 A에게 차임의 증액을 요구할 경우 1,500만원을 초과하여 요구할 수 없다.

16 중요도 ★★★ ㉮ p.116 ~ 117 ㉰ p.208 ~ 209

다음 사례를 읽고 알 수 있는 사실로 가장 적절하지 **않은** 것은?

임차인 A는 현재 자녀교육을 위해 전세 2억원에 거주하고 있다. 계약기간이 3개월 남은 시점에 주변 시세를 알아보니 전세보증금 시세가 4억원에 형성되어 있다. 자녀가 다른 학교로 전학을 원하지 않아 다시 2년 간 재계약을 원하고 있는데, 임대인 B는 재계약 시 1억원을 올려주지 않으면 다른 임차인 C와 계약한다고 한다.

① 임차인 A는 임대인 B에게 계약갱신요구권을 행사할 수 있다.

② 임차인 A가 2기의 차임액에 해당하는 금액을 연체한 사실이 있는 경우, 임대인 B는 A의 계약갱신요구를 거절할 수 있다.

③ 임대인 B의 증액 청구는 약정한 차임이나 보증금의 1/10의 금액을 초과하지 못한다.

④ 임대인 B가 임대차 기간이 끝나기 6개월 전부터 2개월 전까지의 기간에 임차인 A에게 갱신 거절의 통지를 하지 아니한 경우에는 그 기간이 끝난 때에 임대차와 동일한 조건으로 다시 임대차한 것으로 본다.

17 중요도 ★★

상가건물임대차보호법에 대한 설명으로 가장 적절하지 **않은** 것은?

① 묵시적 갱신기간 내 임차인은 언제든 임대인에게 계약해지를 통고할 수 있고 임대인이 통고를 받은 날부터 3개월이 경과하면 효력이 발생한다.

② 임대차는 그 등기가 없는 경우에도 임차인이 건물의 인도와 사업자등록을 신청하면 그 다음 날부터 제3자에 대해 효력이 발생한다.

③ 보증금 외에 월차임이 있는 경우에는 차임액은 부가세를 포함한 월차임액에 100을 곱한 금액을 보증금으로 환산하여 적용범위를 정한다.

④ 임차인의 차임연체액이 3기 차임액에 달하는 경우라도 임대인은 임차인의 계약갱신요구를 거절할 수 없다.

18 중요도 ★★★

주택임대차보호법과 상가건물임대차보호법에 대한 설명으로 가장 적절하지 **않은** 것은?

① 최단존속기간은 주택임대차보호법의 경우 2년, 상가건물임대차보호법의 경우 1년이다.

② 주택임대차보호법은 일시 사용을 제외한 모든 주택의 임대차에 적용되나, 상가건물임대차보호법은 사업자등록을 한 일정 보증금액 이하의 상가건물의 임대차에만 적용된다.

③ 임차인의 보증금 중 일정액이 주택가액의 1/2을 초과하는 경우에는 보증금 전액에 대해 최우선변제권이 인정된다.

④ 상가건물임대차보호법상 임차인의 계약갱신요구권은 최초의 임대차 기간을 포함한 전체 임대차 기간이 10년을 초과하지 않는 범위 내에서만 행사할 수 있다.

정답 및 해설

15 ④ ① 임차인(A)은 2년 미만으로 정한 기간의 유효함을 주장할 수 있다.

② 임대인(B)은 주임법상의 최단기간의 적용을 받으므로 2년 내에는 해지할 수 없다. 단, 임차인(A)은 언제든지 계약해지의 통고를 할 수 있다.

③ 임대차가 종료된 후 보증금을 반환받지 못한 임차인(A)이 임차권등기명령을 신청할 수 있으므로, 임대차 존속 중에는 임차권등기명령을 할 수 없다.

16 ③ 1/10 → 1/20

17 ④ 임차인의 차임연체액이 3기 차임액에 달하는 때에는 임대인은 계약을 해지할 수 있다.

18 ③ 임차인의 보증금 중 일정액이 주택가액의 1/2을 초과하는 경우에는 주택가액의 1/2에 해당하는 금액에 한하여 최우선변제권이 인정된다.

1과목 재무설계 개론

2과목 재무설계사 직업윤리

3과목 은퇴설계

4과목 부동산설계

5과목 상속설계

해커스 AFPK 핵심문제집 모듈1

㉮ p.127   ⑧ p.210 ~ 211

19 중요도 ★★
다음 사례를 읽고 알 수 있는 사실로 가장 적절하지 **않은** 것은?

> 임차인 A는 커피숍을 경영하고 있는 중이다. 계약 기간 만료일이 다가오자 이 커피숍을 운영하고 싶어하는 새로운 임차인 B씨에게 권리금 6천만원에 양도하기로 하는 권리금 계약을 체결하였다. 그런데 임대인 C는 새로운 임차인 B에게 임차목적물을 재건축할 예정이므로 임대차 기간을 2년으로 한정하고 재건축 진행 시 바로 목적물을 인도해야 하며, 재건축 완료 후 우선 임차권을 보장해 줄 수 없다고 하였다. 이에 새로운 임차인 B는 임대차 계약의 체결을 포기하였고, 임차인 A는 권리금 6천만원도 받을 수 없게 되었다.

① 임차인 A는 임대인 C를 상대로 권리금 회수 방해에 따른 손해배상을 청구할 수 있다.
② 임차인 A는 임대차가 종료한 날부터 3년 이내 임대인에게 손해배상을 청구하지 않으면 그 권리는 시효의 완성으로 소멸한다.
③ 손해배상액은 신규 임차인 B가 임차인 A에게 지급하기로 한 권리금과 임대차 종료 당시의 권리금 중 높은 금액을 넘지 못한다.
④ 임대인 C가 신규 임차인 B에게 직접 권리금을 요구하는 행위도 권리금 회수 방해에 해당한다.

㉮ p.140   ⑧ p.213

20 중요도 ★★
주택청약종합저축에 대한 설명으로 가장 적절한 것은?

① 19세 이상이면 누구나 가입이 가능하다.
② 월 납입금은 2만원 이상 10만원 이하이다.
③ 기존의 청약저축에 청약예금, 청약부금 기능을 모두 묶어 놓은 입주자저축이다.
④ 대상주택은 85m² 이하 민영주택이다.

21 중요도 ★

국민주택과 민영주택에 대한 설명으로 가장 적절하지 **않은** 것은?

① 국민주택이란 국가, 지방자치단체, LH 및 지방공사가 건설하는 주거전용면적 85m^2 이하의 주택을 말한다.

② 민영주택은 국민주택을 제외한 주택을 말하며, 청약 가능 통장에는 주택청약종합저축과 청약저축이 있다.

③ 청약과열지역에서 국민주택 청약 1순위가 되기 위해서는 청약통장 가입 후 2년이 경과하여야 한다.

④ 수도권지역에서 민영주택 청약 1순위가 되기 위해서는 청약통장 가입 후 1년이 경과하여야 한다.

22 중요도 ★

특별공급에 대한 설명으로 가장 적절하지 **않은** 것은?

① 정책적 배려가 필요한 사회계층 중 무주택자의 주택마련을 지원하기 위하여 일반공급과 청약경쟁 없이 주택을 분양 받을 수 있도록 하는 제도이다.

② 신혼부부는 입주자모집공고일 현재 혼인기간이 7년 이내인 경우만 가능하고, 혼인신고일부터 입주자모집공고일 현재까지 무주택자이어야 한다.

③ 다자녀가구는 입주자모집공고일 현재 미성년인 자녀 3명 이상을 둔 자가 대상이며 태아와 입양자녀는 제외된다.

④ 장애인, 철거민, 국가유공자 등은 청약통장 없이 신청이 가능하다.

정답 및 해설

19 ③ 높은 → 낮은

20 ③ ① 가입자격의 제한이 없다.
　　② 10만원 → 50만원
　　④ 대상주택은 모든 주택이다.

21 ② 청약저축 → 청약예금 및 청약부금

22 ③ 제외 → 포함

1과목 재무설계 개론

2과목 재무설계사 직업윤리

3과목 은퇴설계

4과목 부동산설계

5과목 상속설계

해커스 **AFPK** 핵심문제집 모듈1

23

㉮ p.151 ㉴ p.215

중요도 ★★★

부동산 중개의뢰계약의 유형에 대한 설명으로 가장 적절하지 **않은** 것은?

① 일반중개계약은 우리나라에서 전형적으로 행해지고 있는 계약의 형태이다.
② 일반중개계약의 경우 개업공인중개사 입장에서는 먼저 계약을 체결하는 경우에만 보수청구권이 발생하므로 적극적인 중개 활동을 하게 된다.
③ 전속중개계약을 체결한 개업공인중개사일지라도 부동산 거래를 성사시켜야만 약정한 중개보수를 받을 수 있다.
④ 전속중개계약을 체결한 때에는 3년 동안 계약서를 보존하여야 한다.

24

㉮ p.154 ~ 155 ㉴ p.215

중요도 ★

중개보수에 대한 설명으로 가장 적절하지 **않은** 것은?

① 개업공인중개사의 고의 또는 과실로 인하여 중개 의뢰인 간의 거래행위가 무효, 취소 또는 해제된 경우 중개 업무에 관하여 보수를 받을 수 없다.
② 중개에 대한 보수는 중개 의뢰인 쌍방으로부터 각각 받게 된다.
③ 중개보조원은 공인중개사에 소속되어 중개 업무와 관련된 단순한 업무를 보조하는 자를 말한다.
④ 중개보조원은 일정 시간의 교육 이수뿐만 아니라 공인중개사 자격증을 갖춘 자여야 한다.

정답 및 해설

23 ② 일반중개계약의 경우 개업공인중개사 입장에서는 먼저 계약을 체결하는 경우에만 보수청구권이 발생하므로 적극적인 중개 활동을 하지 않는 경향이 있다.

24 ④ 중개보조원은 일정 시간 교육 이수 외에 특별한 자격요건이 없는 사람이다.

01

중요도 ★ ㉑ p.160 ~ 161 ㉮ p.216

국토계획법에 대한 설명으로 가장 적절하지 **않은** 것은?

① 국가계획은 중앙행정기관이 법률에 따라 수립하거나 국가의 정책 목적을 달성하기 위해 만드는 계획으로, 도시·군의 기본계획이나 관리계획과 관련된 사항을 포함한다.
② 도시·군 관리계획이란 특별시·광역시·특별자치시·특별자치도·시 또는 군의 관할구역에 대해 기본적인 공간구조와 장기발전 방향을 제시하는 종합계획을 말한다.
③ 용도지역·용도지구의 지정 또는 변경에 관한 계획은 도시·군 관리계획에 포함된다.
④ 광역도시계획은 광역계획권의 장기발전 방향을 제시한다.

02

중요도 ★★ ㉑ p.161 ~ 162, p.164 ~ 165 ㉮ p.217 ~ 218

용도지역, 용도지구, 용도구역에 대한 설명으로 가장 적절하지 **않은** 것은?

① 하나의 토지에 둘 이상의 용도지역을 중복지정하는 것이 가능하다.
② 용도지역의 주거지역은 전용주거지역, 일반주거지역, 준주거지역으로 나뉜다.
③ 용도지구는 용도지역의 기능을 증진시키고 미관·경관·안전 등을 도모하기 위하여 도시·군 관리계획으로 결정하는 지역을 말한다.
④ 용도구역은 시가지의 무질서한 확산방지, 계획적이고 단계적인 토지이용의 도모를 위하여 도시·군 관리계획으로 결정하는 지역이다.

정답 및 해설

01 ② 도시·군 관리계획 → 도시·군 기본계획

02 ① 가능하다. → 불가능하다.

03 중요도 ★★

용도지역에 대한 적절한 설명으로만 모두 묶인 것은?

> 가. 도시지역은 주거지역, 상업지역, 공업지역, 녹지지역으로 구분된다.
> 나. 관리지역은 보전관리지역과 생산관리지역으로 구분된다.
> 다. 농업, 임업, 어업생산 등을 위하여 관리가 필요하나, 주변의 용도지역과의 관계 등을 고려할 때 농림지역으로 지정하여 관리하기가 곤란한 지역은 보전관리지역으로 지정한다.
> 라. 농림지역은 도시지역에 속하지 아니하는 농지법에 의한 농업진흥지역 또는 산지관리법에 의한 보전산지 등으로서 농림업의 진흥과 산림의 보전을 위하여 필요한 지역을 말한다.

① 가, 나
② 가, 라
③ 가, 나, 다
④ 가, 나, 다, 라

04 중요도 ★

용도지역에 대한 설명으로 가장 적절한 것은?

① 제1종 전용주거지역 : 저층주택 중심으로 편리한 주거환경을 조성하는 지역
② 제3종 일반주거지역 : 공동주택 중심의 양호한 주거환경을 보호하기 위하여 필요한 지역
③ 일반공업지역 : 경공업 그 밖의 공업을 수용하되, 주거·상업·업무기능의 보완이 필요한 지역
④ 보전녹지지역 : 도시의 자연환경·경관·산림 및 녹지공간을 보전할 필요가 있는 지역

05 중요도 ★

용도지역에 대한 설명으로 가장 적절한 것은?

① 생산관리지역은 주로 농업적 생산을 위하여 개발을 유보할 필요가 있는 지역을 말한다.
② 제2종 일반주거지역은 중·고층 주택을 중심으로 편리한 주거환경을 조성하기 위한 지역을 말한다.
③ 계획관리지역은 도시지역으로의 편입이 예상되는 지역 또는 자연환경을 고려하여 제한적으로 이용·개발을 하려는 지역으로서 계획적·체계적인 관리가 필요한 지역을 말한다.
④ 준주거지역은 상업·업무기능을 위주로 이를 지원하는 일부 주거기능을 보완하기 위하여 필요한 지역을 말한다.

06

다음 중 빈칸에 들어갈 알맞은 말로 가장 적절한 것은?

- (가) : 도심·부도심의 상업기능 및 업무기능의 확충을 위하여 필요한 지역
- (나) : 주로 농업적 생산을 위하여 개발을 유보할 필요가 있는 지역
- (다) : 경공업 그 밖의 공업을 수용하되, 주거·상업 및 업무기능의 보완이 필요한 지역

	가	나	다
①	일반상업지역	보전녹지지역	준공업지역
②	근린상업지역	자연녹지지역	일반공업지역
③	중심상업지역	보전녹지지역	일반공업지역
④	중심상업지역	생산녹지지역	준공업지역

1과목 재무설계 개론

2과목 재무설계사 직업윤리

3과목 은퇴설계

4과목 부동산설계

5과목 상속설계

해커스 AFPK 핵심문제집 모듈1

정답 및 해설

03 ② '가, 라'는 적절한 설명이다.
　나. 관리지역은 계획관리지역, 생산관리지역, 보전관리지역으로 구분된다.
　다. 보전관리지역 → 생산관리지역

04 ④ ① 제1종 전용주거지역 → 제1종 일반주거지역
　② 제3종 일반주거지역 → 제2종 전용주거지역
　③ 일반공업지역 → 준공업지역

05 ③ ① 생산관리지역 → 생산녹지지역
　② 제2종 일반주거지역 → 제3종 일반주거지역
　④ 상업·업무기능 ↔ 주거기능

06 ④ 가. 중심상업지역
　나. 생산녹지지역
　다. 준공업지역

07 중요도 ★

㉑ p.164 ~ 165 ㉨ p.218

용도지구의 종류에 대한 설명으로 가장 적절하지 **않은** 것은?

① 방화지구는 화재의 위험을 예방하기 위해 필요한 지구이다.
② 방재지구는 풍수해, 산사태, 지반의 붕괴, 그 밖의 재해를 예방하기 위해 필요한 지구를 말한다.
③ 경관지구는 국가유산, 중요시설물 및 문화적·생태적으로 보존가치가 큰 지역의 보호와 보존을 위해 필요한 지구이다.
④ 개발진흥지구는 주거·상업·공업·유통물류·관광기능 등을 집중적으로 개발·정비하기 위한 지구를 말한다.

08 중요도 ★★

㉑ p.165 ~ 166 ㉨ p.218

용도구역에 대한 적절한 설명으로만 모두 묶인 것은?

> 가. 토지의 이용 및 건축물의 용도, 건폐율, 용적률, 높이 등에 대한 용도지역 및 용도지구의 제한을 강화하거나 완화하여 따로 정함으로써 토지 이용의 종합적 조정·관리 등을 위하여 도시·군 관리계획으로 결정하는 지역을 말한다.
> 나. 수산자원보호구역은 수산자원의 보호·육성을 위하여 필요한 공유수면이나 그에 인접된 토지를 말한다.
> 다. 시가화조정구역은 도시의 무질서한 확산을 방지하기 위해 도시의 개발을 제한할 필요가 있거나 국방부 장관의 요청이 있는 경우 보안상 도시의 개발을 제한한다.
> 라. 입지규제최소구역은 도시지역에서 복합적인 토지 이용을 증진시켜 도시 정비를 촉진하고 지역 거점을 육성할 필요가 있다고 인정되는 지역에 지정된다.

① 가, 나
② 가, 다
③ 가, 나, 라
④ 나, 다, 라

09

㉮ p.166 ㉯ p.218

중요도 ★

용도구역 중 입지규제최소구역으로만 모두 묶인 것은?

> 가. 도심·부도심 또는 생활권의 중심지역
> 나. 세 개 이상의 노선이 교차하는 대중교통 결절지로부터 1km 이내에 위치한 지역
> 다. 노후·불량건축물이 밀집한 주거지역 또는 공업지역으로 정비가 시급한 지역

① 가
② 가, 나
③ 가, 다
④ 가, 나, 다

10

㉮ p.167, p.169 ㉯ p.219

중요도 ★★

용도지역의 건폐율을 규제하는 목적으로 가장 적절하지 **않은** 것은?

① 주거·상업·공업·녹지지역의 면적배분
② 일조·채광·통풍 등 위생적인 환경조성
③ 대지 안에 최소한의 공지확보
④ 화재 기타의 재해 시에 연소의 차단이나 소화·피난 등에 필요한 공간확보

정답 및 해설

07 ③ 경관지구 → 보호지구

08 ③ '가, 나, 라'는 적절한 설명이다.
다. 시가화조정구역 → 개발제한구역

09 ④ '가, 나, 다' 모두 입지규제최소구역에 해당한다.

10 ① '주거·상업·공업·녹지지역의 면적배분'은 건축물의 높이 및 층 규모를 규제함으로써 효율적인 도시·군 계획이 되도록 하는 용적률의 규제 목적에 해당한다.

1과목 재무설계 개론
2과목 재무설계사 직업윤리
3과목 은퇴설계
4과목 부동산설계
5과목 상속설계
해커스 AFPK 핵심문제집 모듈1

11

⑦ p.167 ~ 169 ⑧ p.219

중요도 ★★

건폐율과 용적률에 대한 적절한 설명으로 모두 묶인 것은?

> 가. 건폐율은 대지면적에 대한 건축면적의 비율이다.
> 나. 용적률은 대지면적에 대한 건축물의 연면적의 비율을 말한다.
> 다. 용도지역별 건폐율과 용적률의 최대한도는 모두 100%로 동일하다.
> 라. 용적률은 대지 안에 최소한의 공지를 확보하고 건축물의 과밀화를 방지하기 위한 목적이 있다.

① 가, 나 ② 다, 라
③ 가, 나, 라 ④ 가, 나, 다, 라

12

⑦ p.168 ⑧ p.219

중요도 ★★

건축면적이 $60m^2$이고 건폐율이 50%일 때, 대지면적으로 가장 적절한 것은?

① $100m^2$ ② $120m^2$
③ $180m^2$ ④ $300m^2$

13

⑦ p.169 ~ 170 ⑧ p.219

중요도 ★★

도시지역 중 용적률의 최대한도가 큰 순서대로 나열된 것은?

> 가. 상업지역
> 나. 녹지지역
> 다. 주거지역
> 라. 공업지역

① 가 – 다 – 라 – 나
② 가 – 라 – 다 – 나
③ 다 – 가 – 나 – 라
④ 다 – 라 – 가 – 나

14 중요도 ★★★

대지면적이 1,000m²이며, 용적률이 300%이고, 건폐율을 60%로 건축할 때, 최대층수로 가장 적절한 것은? (단, 각 층의 바닥면적은 모두 동일함)

① 2층
② 3층
③ 5층
④ 6층

15 중요도 ★★

건축허가 및 제한에 대한 설명으로 가장 적절하지 **않은** 것은?

① 건축허가는 일반적 혹은 상대적 금지를 특정한 경우 금지된 건축행위를 해제하여 적법하게 건축물을 건축할 수 있도록 해주는 행정기관의 처분 및 절차를 의미한다.
② 허가권자는 허가를 받은 날로부터 2년 이내에 공사에 착수하지 않을 경우 그 허가를 취소해야 하며, 이유를 불문하고 공사의 착수 기간을 연장할 수 없다.
③ 연면적 200m² 미만이고, 3층 미만인 건축물의 대수선은 특별자치시장·특별자치도지사 또는 시장·군수·구청장에게 신고하면 건축허가를 받은 것으로 본다.
④ 건축신고를 한 자가 신고일로부터 1년 이내에 공사에 착수하지 않은 경우 그 신고의 효력은 없어진다.

정답 및 해설

11 ① '가, 나'는 적절한 설명이다.
다. 건폐율과 용적률은 대통령이 정하는 기준에 따라 특별시·광역시·특별자치시·특별자치도·시 또는 군의 도시·군계획 조례가 정하는 비율을 초과하여서는 안 되며, 각각의 최대한도는 세분된 용도지역별로 다르다.
라. 용적률 → 건폐율

12 ② 건폐율 = 건축면적/대지면적 × 100
50% = 60m²/대지면적 × 100
∴ 대지면적 = 120m²

13 ① '가 – 다 – 라 – 나'의 순이다.
가. 상업지역 : 1,500% 이하
나. 녹지지역 : 100% 이하
다. 주거지역 : 500% 이하
라. 공업지역 : 400% 이하

14 ③ • 건폐율 = 건축면적/대지면적 × 100
60% = 건축면적/1,000m² × 100, 건축면적 = 600m²
• 용적률 = 건축물의 연면적/대지면적 × 100
300% = 건축물의 연면적/1,000m² × 100, 건축물의 연면적 = 3,000m²
∴ 최대층수 = 3,000m²/600m² = 5층

15 ② 정당한 사유가 있다고 인정되는 경우에는 1년의 범위에서 공사의 착수 기간을 연장할 수 있다.

1과목 재무설계 개론
2과목 재무설계사 직업윤리
3과목 은퇴설계
4과목 부동산설계
5과목 상속설계
해커스 AFPK 핵심문제집 모듈1

16 중요도 ★★

다음 중 도지사의 사전승인을 받아야 하는 건축물로만 모두 묶인 것은?

가. 25층 높이의 고층 아파트
나. 연면적 합계가 9만m²인 20층 높이의 다중이용건축물
다. 바닥면적의 합계가 80m² 이내의 증축하는 건축물
라. 연면적 합계가 12만m²인 대형 백화점

---

① 가

② 가, 나

③ 나, 다

④ 가, 라

17 중요도 ★★

건축허가 및 신고에 대한 설명으로 가장 적절하지 **않은** 것은?

① 건축허가를 받은 날로부터 2년 이내에 공사에 착수하지 않을 경우 허가권자는 그 허가를 취소하여야 한다.

② 허가를 받은 날로부터 착공기간 이내에 공사에 착수하였으나 공사 완료가 불가능하다고 인정되는 경우 허가권자는 그 허가를 취소해야 한다.

③ 건축물의 용도변경 시 하위시설군에서 상위시설군으로의 용도변경은 신고하는 것으로 충분하다.

④ 건축신고를 한 자가 신고일로부터 1년 이내에 공사에 착수하지 않은 경우, 건축주의 요청에 따라 허가권자가 정당한 사유가 있다고 인정하면 1년의 범위에서 착수기한을 연장할 수 있다.

1과목 재무설계 개론

2과목 재무설계사 직업윤리

3과목 은퇴설계

4과목 부동산설계

5과목 상속설계

해커스 AFPK 핵심문제집 모듈1

18 중요도 ★★★ 〈⑦ p.176 ⑧ p.222〉

재개발사업의 절차를 가장 적절한 순서대로 나열한 것은?

[정비계획 수립 및 정비구역 지정]
[추진위원회 승인]
가. 사업시행계획인가
나. 시공사 선정
다. 조합설립인가
라. 이주 및 철거
마. 관리처분계획인가
[착공]
[준공인가 및 입주]
[이전고시 및 청산]

① 가 – 나 – 다 – 라 – 마
② 다 – 가 – 나 – 마 – 라
③ 다 – 나 – 가 – 마 – 라
④ 다 – 나 – 가 – 라 – 마

19 중요도 ★★ 〈⑦ p.177 ~ 179 ⑧ p.222 ~ 223〉

재개발사업의 절차에 대한 설명으로 가장 적절하지 **않은** 것은?

① 기본계획 수립권자는 기본계획을 수립하거나 변경하는 경우 14일 이상 주민에게 공람해야 한다.
② 기본계획을 수립 또는 변경한 때에는 이를 해당 지방자치단체의 공보에 고시하고 일반인들이 열람할 수 있도록 하여야 한다.
③ 주택의 구조 안전상 사용금지가 필요하다고 정비계획의 입안권자가 인정하는 건축물은 안전진단 대상에 해당한다.
④ 재개발사업의 추진위원회가 조합을 설립하기 위해서는 토지 등 소유자의 3/4 이상 및 토지 면적의 1/2 이상의 토지소유자의 동의를 받아야 한다.

정답 및 해설

16 ④ '가, 라'는 도지사의 사전승인을 받아야 하는 건축물이다.
나. 연면적 합계가 9만m²인 20층 높이의 다중이용건축물은 특별자치시장·특별자치도지사·시장·군수의 허가를 받아야 한다.
다. 바닥면적의 합계가 80m² 이내의 증축하는 건축물은 신고함으로써 건축허가를 받는 것으로 본다.

17 ③ 하위시설군에서 상위시설군으로의 용도변경은 관할 관청의 허가를 받아야 가능하다.

18 ③ '다 – 나 – 가 – 마 – 라'의 순이다.

19 ③ 해당한다. → 해당하지 않는다.

20 중요도 ★★　　　　　　　　　　　　　　　　　　　　　㉑ p.182　⑧ p.222～223

재건축과 재개발에 대한 설명으로 가장 적절하지 **않은** 것은?

① 재개발과 재건축 모두 도시 및 주거환경정비법에 근거한다.
② 재개발을 위한 조합설립의 경우 토지소유자의 3/4, 토지면적의 1/2 이상의 동의가 필요하다.
③ 재건축은 세입자 대책이 있지만, 재개발은 세입자 대책이 존재하지 않는다.
④ 재건축의 조합원은 건물 및 부속토지를 모두 소유한 자여야 한다.

21 중요도 ★★★　　　　　　　　　　　　　　　　　　　　㉑ p.182　⑧ p.222

재건축과 재개발을 비교한 내용으로 가장 적절하지 **않은** 것은?

	구 분	재건축	재개발
①	사업범위	정비기반시설이 양호하나 노후·불량 건축물에 해당하는 공동주택 주거환경 개선	정비기반시설이 열악한 노후·불량 건축물 주거환경 개선, 상업·공업지역 등에서 도시의 기능회복
②	조합원 자격	건물 및 부속토지를 모두 소유	토지·건축물소유자 또는 지상권자
③	안전진단	실시함	실시하지 않음
④	개발부담금	없 음	부과(초과이익환수법)

22 중요도 ★★　　　　　　　　　　　　　　　　　　　　㉑ p.182～184　⑧ p.224

재개발·재건축 사업성분석을 위한 기본용어에 대한 적절한 설명으로 모두 묶인 것은?

> 가. 재개발·재건축에서 감정평가액은 보상의 기준과 조합원의 공식적 자산 금액으로 사용된다.
> 나. 공시지가는 토지에 대해 국토부장관이 가격을 조사·산정하여 공시하는 가격을 말한다.
> 다. 총사업비는 공사비와 기타 사업비로 구성된다.
> 라. 종전자산평가액은 조합원 분양, 일반분양, 상가, 임대 주택 등 모든 사업이 완료된 후 사업장이 가지게 된 전체 자산의 총액을 평가하는 것을 말한다.
> 마. 비례율이 100%보다 작으면 사업성이 좋은 것으로 판단한다.

① 가, 나　　　　　　　　　　② 가, 나, 다
③ 가, 나, 마　　　　　　　　④ 가, 나, 다, 라, 마

23

다음 자료를 바탕으로 알 수 있는 사실로 가장 적절하지 **않은** 것은?

이성민씨는 재개발·재건축 예정지 A주택을 2억원에 매수하였다.
- A주택의 감정평가액 : 1억
- A주택의 종전자산평가액 : 125억
- A주택의 총사업비 : 50억
- A주택의 종후자산평가액 : 250억

---

① 재개발·재건축사업 분석에서 프리미엄은 분양가격과 매도가격의 차이 또는 감정평가금액과 매도가격 차이를 의미한다.
② A주택의 사업성은 좋은 것으로 판단할 수 있다.
③ A주택의 권리가액은 1.6억원이다.
④ 조합원 분양가를 3억원으로 결정했다면, 조합원 분담금은 1.2억원이다.

1과목 재무설계 개론

2과목 재무설계사 직업윤리

3과목 은퇴설계

4과목 부동산설계

5과목 상속설계

해커스 APPK 핵심문제집 모듈1

정답 및 해설

20 ③ 재건축 ↔ 재개발

21 ④ 재건축은 초과이익환수법에 따라 개발부담금을 부과하지만, 재개발은 부과하지 않는다.

22 ② '가, 나, 다'는 적절한 설명이다.
라. 종전자산평가액 → 종후자산평가액
마. 작으면 → 크면

23 ④ ② 비례율 = {(종후자산평가액 − 총사업비)/종전자산평가액} × 100
비례율 = {(250억 − 50억)/125억} × 100 = 160%
∴ 비례율이 100%보다 크므로 A주택의 사업성은 좋은 것으로 판단할 수 있다.
③ 권리가액 = 감정평가액 × 비례율 = 1억 × 160% = 1.6억
④ 조합원 분담금 = 조합원 분양가 − 권리가액 = 3억 − 1.6억 = 1.4억

01 중요도 ★★ ㉮ p.188 ~ 189 ㉯ p.225 ~ 226

아파트에 대한 설명으로 가장 적절하지 **않은** 것은?

① 타 주택보다 거래량이 많고 환금성이 우수하다.
② 아파트는 관리주체가 수도, 전기, 공조, 미화 등의 다양한 서비스를 제공한다.
③ 연결된 세대의 층간 소음에 취약하고 보안시설이 적어 삶의 질이 크게 저하된다.
④ 타주거용 상품들과 비교했을 때 높은 가격대를 형성하여 일반적인 급여소득자가 접근하기에 진입장벽이 높다.

02 중요도 ★★ ㉮ p.191 ~ 192 ㉯ p.225 ~ 226

다세대 및 연립주택에 대한 적절한 설명으로 모두 묶인 것은?

가. 아파트에 비해 가격이 저렴하다.
나. 건물의 내·외부가 관리되지 않아 건물의 물리적인 감가가 빠른 편이다.
다. 아파트에 비해 기본적인 인프라가 부족한 편이다.
라. 기본적으로 아파트에 비해 가격상승폭이 높고 재건축 가능성이 높다.
마. 아파트에 비해 적은 금액으로 투자할 수 있으며, 상대적으로 임대수익률이 높다.

① 가, 나
② 가, 나, 다
③ 가, 나, 다, 라
④ 가, 나, 다, 마

03

㉮ p.193 ~ 194   ㉯ p.226

중요도 ★

오피스텔에 대한 설명으로 가장 적절하지 않은 것은?

① 오피스텔은 세대별로 투자할 수 있어 초기 자본이 적게 들어가는 장점이 있다.
② 우리나라 1인 가구 비율이 증가함에 따라 직장인들의 선호도가 증가하고 있다.
③ 도심의 오피스텔은 택지지구의 오피스텔보다 공실 위험도 높고 매도가 어려울 수 있다.
④ 오피스텔은 시간이 지날수록 물리적·경제적 감가상각이 커지게 되어 아파트와 같은 시세차익을 기대하기는 어렵다.

04

㉮ p.197 ~ 198   ㉯ p.227

중요도 ★★

상가의 분류에 대한 설명으로 가장 적절하지 않은 것은?

① 근린생활시설은 주로 주거지역 인근에 입지하므로 상권은 거주지 배후이다.
② 전문상가는 운영 시장권 범위가 광역적이고 다양한 업종이 가능하고 취급상품 공급을 받기 쉽다는 장점이 있다.
③ 아파트 단지 상가는 배후인구가 안정적이고, 전문상가에 비해 가격이 저렴하다는 장점이 있다.
④ 전문상가의 경우 활성화되어도 상가 성장에 한계가 있고, 상가 운영 업종이 제한적이라는 단점이 있다.

정답 및 해설

01 ③ 아파트는 보안시설이 많아 여성과 아이들에게 가장 안전한 주거공간으로 인식된다.

02 ④ '가, 나, 다, 마'는 적절한 설명이다.
라. 기본적으로 다세대 및 연립주택은 아파트에 비해 가격상승폭이 낮고 재건축 가능성이 낮다.

03 ③ 도심 ↔ 택지지구

04 ④ 전문상가 → 아파트 단지 상가

1과목 재무설계 개론

2과목 재무설계사 직업윤리

3과목 은퇴설계

4과목 부동산설계

5과목 상속설계

해커스 AFPK 핵심문제집 모듈1

⑦ p.197 ⑧ p.227

05
중요도 ★★
아파트 단지 상가에 대한 적절한 설명으로 모두 묶인 것은?

> 가. 아파트 단지 상가의 경우 최소 500세대 이상은 되어야 한다.
> 나. 아파트 단지 입주 초기에는 낮은 임대료를 받을 수 있으나 2년 정도 지난 이후부터 점차
>   임대료가 높아지는 경우가 대부분이다.
> 다. 동일 상가에 업종이 중복되지 않아야 한다.
> 라. 상권이 형성되는 시간이 상대적으로 짧다.

① 가, 나
② 가, 다
③ 나, 라
④ 나, 다, 라

06
중요도 ★★
⑦ p.197 ~ 198 ⑧ p.227
주주형 상가에 대한 설명으로 가장 적절하지 **않은** 것은?

① 한 채의 대형 건물에 유사한 품목의 상점이 밀집된 형태의 상가를 의미한다.
② 소형 상가에 분산투자하는 것보다 높은 영업이익이 발생할 가능성이 크다.
③ 상가경영이 부실해질 경우 투자지분 매각이 어렵다.
④ 소액으로도 투자가 가능하며 장사에 경험이 없어도 된다.

07

중요도 ★

상권의 분류에 대한 설명으로 가장 적절하지 **않은** 것은?

① 상권을 범위의 개념으로 분류하면 지역상권, 지구상권, 개별점포상권으로 나눌 수 있다.
② 중형 상권은 일 최소 10만명 이상 통행량이 있는 역이나 터미널 등의 상업과 업무 기능이 잘 발달된 지역을 말한다.
③ 개별점포상권은 지역 상권과 지구 상권을 모두 포함한다.
④ 매출 의존도에 따라 1차, 2차, 3차 상권 등으로 구분한다.

08

중요도 ★

다음 빈칸에 들어갈 숫자가 가장 적절한 순서대로 나열된 것은?

구 분	1차 상권	2차 상권	3차 상권
개별 점포	점포 매출 또는 고객 수의 (가)% 정도 이상을 점유하는 고객의 거주 범위	1차 상권 외곽지역으로 매출 또는 고객 수의 (나)% 정도 이상을 점유하는 고객의 거주 범위	2차 상권 외곽지역으로 매출 또는 고객 수의 (다)% 정도 이상을 점유하는 고객의 거주 범위

	가	나	다
①	70	50	30
②	60	30	10
③	60	30	5
④	50	20	10

정답 및 해설

05 ② '가, 다'는 적절한 설명이다.
　　나. 아파트단지 입주 초기에는 높은 임대료를 받을 수 있으나 2년 정도 지난 이후부터 점차 임대료가 낮아지는 경우가 대부분이다.
　　라. 짧다. → 길다.

06 ① 전문(테마)상가에 대한 설명이다.

07 ② 중형 → 대형

08 ③ 가. 60%
　　나. 30%
　　다. 5%

09 중요도 ★★

상권분석 및 투자수익성 분석에 대한 설명으로 가장 적절하지 **않은** 것은?

① 상권분석에서의 상권이란 상가의 세력이 미치는 곳으로 고객을 점포로 유인하여 끌어들일 수 있는 지리적, 공간적 영역이다.

② 권리금은 상가를 매입하거나 임차할 때 관행적으로 발생되며, 현행법상 상가권리금에 관한 법 규정이 존재한다.

③ 상가건물의 위치에 따른 영업상의 이점 등은 상권과 입지를 말하며, 역세권이나 유동인구가 많은 곳일수록 영업권리금이 높다.

④ 건물 임대 시 임대료 뿐만 아니라 임대보증금에 대해서도 간주임대료 소득세가 부과되므로, 실질 수입액 산정 시 건물 소유자에게 부과되는 소득세를 고려해야 한다.

10 중요도 ★

공장용(제조업용) 건물에 대한 설명으로 가장 적절하지 **않은** 것은?

① 산업용 부동산에 속하며, 중공업 위주의 대규모 중제조업시설과 소규모 경제조업시설로 구분할 수 있다.

② 중제조업시설은 적절한 원자재 공급원, 숙련된 노동력에 대한 접근성이 필수적이며, 소유자의 요구에 특별히 맞춰져 있다.

③ 경제조업시설은 보통 개별입지에 자리잡고 있으며, 일부는 산업단지 내 소규모로 입점하거나 지식산업센터에 입점하는 경우도 있다.

④ 공장용 건물은 낮은 이용률로 인해 다른 산업용 부동산에 비해 불안정한 현금흐름을 보인다.

11 중요도 ★

지식산업센터에 대한 설명으로 가장 적절하지 **않은** 것은?

① 동일 건축물에 제조업, 지식산업 및 정보통신산업을 영위하는 자와 자원시설이 복합적으로 입주할 수 있는 다층형 집합건축물을 말한다.
② 지식산업센터를 신축하거나 증축하여 설립한 자로부터 최초로 분양받은 입주자는 35%의 취득세를 감면받을 수 있다.
③ 대도시 부근 입지로 인력수급이 원활하여 물류비용을 최소화할 수 있다.
④ 유사업종 군집으로 인해 업종 간 시너지효과를 기대할 수 있다.

12 중요도 ★★

업무용 부동산의 사업타당성 분석에 대한 설명으로 가장 적절하지 **않은** 것은?

① 업무용 부동산은 건축법상 공공업무시설과 일반업무시설로 나뉜다.
② 기업들이 사무실을 결정할 때 가장 핵심적인 요소는 업무효율성과 편의성이다.
③ CBD(Central Business District)의 경우 IT 관련 업체와 벤처기업이 대거 위치하여 대기업과 중소업체 본사가 주를 이룬다.
④ 업무용 부동산의 사업타당성 분석 시 유효총수익을 정확하게 산출하는 것이 중요하다.

정답 및 해설

09 ③ 영업권리금 → 바닥권리금

10 ④ 공장용 건물은 높은 이용률로 인해 다른 산업용 부동산에 비해 안정적인 현금흐름을 보인다.

11 ② 35% → 50%

12 ③ CBD(Central Business District) → GBD(Gangnam Business District)

13 중요도 ★★ ㉮ p.205 ㉾ p.230

생활형 숙박시설에 대한 적절한 설명으로만 모두 묶인 것은?

> 가. 호텔과 주거용 오피스텔의 장점을 결합한 숙박시설로써 주택법의 적용을 받는 숙박시설이다.
> 나. 생활형 숙박시설은 주택 수에 산정되지 않는다.
> 다. 주거지역이 아닌 지역에서도 건설이 가능하므로 비교적 우월한 자연입지조건을 갖춘다.
> 라. 숙박업 신고를 하지 않으면 3년 이하의 징역 또는 1천만원 이하의 벌금에 처한다.
> 마. 분양보증보험에 가입할 의무가 없기 때문에 공사 기간 중 시행사가 부도가 나더라도 수분양자가 납부한 계약금 및 중도금을 회수하지 못할 수 있다.

① 가, 나
② 나, 다
③ 나, 다, 마
④ 가, 다, 라, 마

14 중요도 ★★ ㉮ p.206 ㉾ p.230

토지 투자 시 토지이용계획확인서에서 주의해야 할 내용으로 가장 적절하지 **않은** 것은?

① 지목이 '대'인 토지
② 지목이 '임'인 토지
③ 수질보전특별대책지역인 토지
④ 보전산지인 토지

15 중요도 ★★ ㉮ p.209 ~ 210 ㉾ p.231

리츠(REITs)에 대한 설명으로 가장 적절하지 **않은** 것은?

① 리츠는 다수의 투자자들로부터 투자자금을 모아 부동산 및 부동산 관련 유가증권을 투자 및 운영하고 그 수익을 투자자에게 돌려주는 부동산 간접투자기구인 주식회사의 한 형태이다.
② 기업구조조정 부동산투자회사는 서류상의 회사로 기업의 구조조정용 부동산을 투자 대상으로 함으로써 자산유동화를 통한 기업의 구조조정을 지원하는 데 초점을 맞추고 있다.
③ 위탁관리 부동산투자회사는 직원을 고용하거나 상근인 임원을 두고, 운용자금의 보관은 외부 자산보관기관에 위탁한다.
④ 기업구조조정 부동산투자회사는 자산에 대한 투자 및 운용업무를 자산관리회사에 위탁해야 한다.

16

중요도 ★★★

리츠(REITs)에 대한 특징으로만 모두 묶인 것은?

> 가. 리츠의 도입으로 부동산 산업의 투명성이 제고되었으며, 전문적이고 체계적인 시스템이 구축되었다.
> 나. 소액투자자들도 산업용, 업무용 부동산으로 구성된 리츠에 간접투자가 가능하다.
> 다. 리츠는 자본시장법에 의해 설립된 부동산투자회사이다.
> 라. 자기관리 부동산투자회사의 최저자본금은 50억원이다.

① 가, 나
② 가, 라
③ 나, 다
④ 다, 라

1과목 재무설계 개론

2과목 재무설계사 직업윤리

3과목 은퇴설계

4과목 부동산설계

5과목 상속설계

해커스 AFPK 핵심문제집 모듈1

정답 및 해설

13 ③ '나, 다, 마'는 적절한 설명이다.
  가. 주택법 → 건축법
  라. 3년 → 1년

14 ① 지목이 '대'인 토지는 주의해야 할 내용에 해당하지 않는다.

15 ③ 위탁관리 부동산투자회사는 직원을 고용하거나 상근인 임원을 두지 않는다.

16 ① '가, 나'는 적절한 설명이다.
  다. 자본시장법 → 부동산투자회사법
  라. 50억 → 70억

㉮ p.215 ㉯ p.232

17 중요도 ★★
부동산펀드 유형과 관련 설명이 가장 적절하게 연결된 것은?

| 가. 개발형 | 나. 재간접형 |
| 다. PF대출형 | 라. 대출형 |

A. 부동산개발사업에 펀드가 대주단으로 참여하여 대출기간 중 이자를 수취하다가 대출만기 시 분양 또는 매각자금 등으로 대출원금을 상환 받는 형태
B. 펀드 기간 중 이자수익을 수취하고 대출채권 만기 시 원금상환을 받는 구조
C. 국내 또는 해외의 타운용사의 부동산펀드를 편입하는 형태
D. 펀드가 직접 시행사가 되거나 시행사의 지분을 보유하는 형태

① 가 - C, 나 - D, 다 - A, 라 - B
② 가 - C, 나 - D, 다 - B, 라 - A
③ 가 - D, 나 - C, 다 - A, 라 - B
④ 가 - D, 나 - C, 다 - B, 라 - A

18

중요도 ★★

부동산펀드 자금모집 방식과 관련 설명이 가장 적절하게 연결된 것은?

가. 홈페이지 등을 통해 정기적으로 또는 수시로 공시해야 한다.
나. 자산운용사나 위탁판매사가 비공개로 모집한다.
다. 자산이 500억원을 초과할 경우 외부회계 감사를 받아야 한다.
라. 직접 부동산에 투자함으로써 발생하는 위험에서 벗어나 안정적으로 투자할 수 있다.

	공 모	사 모
①	가, 나	다, 라
②	가, 다	나, 라
③	가, 라	나, 다
④	나, 다	가, 라

1과목 재무설계 개론

2과목 재무설계사 직업윤리

3과목 은퇴설계

4과목 부동산설계

5과목 상속설계

해커스 AFPK 핵심문제집 모듈1

정답 및 해설

17 ③ A. PF대출형
B. 대출형
C. 재간접형
D. 개발형

18 ③ '가, 라'는 공모에 대한 설명이다.
'나, 다'는 사모에 대한 설명이다.

◆ 5과목 최신 출제 경향 ◆

- 상속설계는 민법에 해당하는 2 ~ 3장과 상속세 및 증여세법에 해당하는 4장에서 대부분의 문제가 출제됩니다.

- 상속설계는 다른 과목에 비해 **사례 및 계산문제의 출제비중이 높아**, 이에 대한 대비가 필요합니다. 따라서 〈해커스 AFPK 핵심문제집〉에 수록한 사례 및 계산문제는 반드시 풀어보시기 바랍니다.

- 상속설계는 내용의 특성상 **암기보다는 이해를 중심으로 학습하는 것이 중요**합니다. 기본서를 최대한 정독하여 이해되지 않는 부분이 없도록 학습하고, 기본서 내의 사례는 시험에서 유사한 문제로 출제될 수 있으므로 꼭 풀어보시는 것을 추천합니다.

5과목
상속설계

총 25문항

"문제풀이와 이론학습을 동시에 할 수 있도록 각 문제의 관련 이론 기본서(한국FPSB 발간) 및 〈해커스 AFPK 핵심요약집〉* 페이지를 표기하였습니다."

* 〈해커스 AFPK 핵심요약집〉은 해커스금융 AFPK 합격지원반, 수강료 환급반, 벼락치기 패키지, 핵심요약 강의 수강생에게 제공됩니다.

01 중요도 ★   ㉮ p.7 ~ 8 ㉯ p.238
상속과 상속권에 대한 설명으로 가장 적절하지 **않은** 것은?

① 상속이란 사람이 사망한 경우에 그가 생전에 가지던 재산상의 권리·의무가 법률상 당연히 일정한 범위의 혈족과 배우자에게 포괄적으로 승계되는 것을 의미한다.
② 상속에서 혈족의 범위와 순위는 민법에서 정해지며, 배우자의 범위는 법률상 배우자와 사실혼 관계를 포함한다.
③ 상속권이란 상속개시 전에는 상속인이 가지는 기대권이고, 상속개시 후에는 상속의 효과를 받을 수 있는 포괄적 지위로서의 권리를 말한다.
④ 상속권이 침해된 경우 상속회복청구권이 발생하고, 상속인이 상속재산과 부채 등을 고려하여 상속권을 포기하거나 한정승인을 할 수 있다.

02 중요도 ★   ㉮ p.8 ~ 9 ㉯ p.238
상속설계에 대한 설명으로 가장 적절하지 **않은** 것은?

① 피상속인 사망 후 상속재산을 적절히 배분하여 분쟁이 없도록 하는 역할을 한다.
② 피상속인의 사후 재산관리나 보존, 효과적인 분배를 위하여 상속설계가 필요하다.
③ 피상속인의 상속계획은 유동적이고 가변적이도록 하여 상속인들과 이해관계자들이 상속설계 내용과 별개로 재무설계를 준비할 수 있게 한다.
④ 상속설계 중 가업승계설계는 피상속인이 생전에 운영하던 사업체가 피상속인의 사망으로 단절되는 것을 막고 상속인이 이를 무리 없이 승계받도록 한다.

03
중요도 ★

상속설계를 위한 법률지식에 대한 설명으로 적절한 것으로 모두 묶인 것은?

> 가. 재무설계사는 상속설계를 위해 민법의 친족편과 상속편에 대한 이해가 필수적이다.
> 나. 상속과 가업승계의 대책마련과 올바른 실행을 위해서는 관련 법제도의 이해만 있으면 충분하다.
> 다. 상속 시 거액의 상속세가 예상되어 절세를 위한 적절한 자산이전계획을 세우는 것은 편법이므로 주의한다.
> 라. 고객의 재산정보를 수집하여 미래 상속세를 예측해 볼 수 있다.
> 마. 추정상속재산의 개념이나 상속개시 전 10년 이내 상속인에게 사전증여한 재산의 합산규정 등을 포함한 상증법에 대한 이해가 필수적이다.

① 가, 나, 라
② 가, 라, 마
③ 나, 다, 라
④ 나, 라, 마

04
중요도 ★

상속설계의 기본목표에 대한 설명으로 적절하지 **않은** 것은?

① 상속설계의 초점이 절세에 맞춰지는 경향이 있기 때문에 합법적인 상속증여설계를 해야 한다.
② 세금 측면 외에 가족을 배려하고 사회공헌을 실현하기 위한 상속설계도 필요하다.
③ 상속설계는 고객의 사후 상속재산의 분배나 상속인을 결정하는 것으로 한정된다.
④ 거액의 세금이 나오는 경우가 많기 때문에 납세재원을 마련할 계획을 세워야 한다.

정답 및 해설

01 ② 배우자의 범위는 법률상 배우자에 한한다.

02 ③ 피상속인의 상속계획이 명확하고 예측 가능하도록 할 필요가 있다. 상속인들과 이해관계자들이 피상속인의 상속설계 내용에 영향을 받으므로 이들의 재무설계를 충실히 준비할 수 있도록 배려가 필요하다.

03 ② '가, 라, 마'는 적절한 설명이다.
　나. 상속과 가업승계의 대책마련과 올바른 실행을 위해서는 관련 법제도뿐만 아니라 시대적 흐름과 실무 관행에 대한 정확한 이해가 필요하다.
　다. 상속 시 거액의 상속세가 예상되는 상황이라면 절세를 위한 적절한 자산이전계획이 필수적이다.

04 ③ 상속설계는 사후의 재산분배뿐만 아니라 생전에 어떻게 재산을 분배할 것인지에 대한 내용도 포함한다.

1과목 재무설계 개론
2과목 재무설계사 직업윤리
3과목 은퇴설계
4과목 부동산설계
5과목 상속설계
해커스 AFPK 핵심문제집 모듈1

05 상속설계에서 재무설계사의 역할과 책임에 대한 설명으로 적절하지 **않은** 것은?

중요도 ★

① 재무설계사는 상속설계에서 재산을 물려줄 고객과 더불어 그의 상속인과 가족, 사업체 임직원 등 이해관계자를 폭넓게 고려해야 한다.

② 재무설계사는 다른 전문가들의 자문이 필요 없을 정도로 모든 지식과 자격을 갖추고 있어야 한다.

③ 재무설계사는 상속과 관련한 금융상품을 소개하고 판매한 경우에 상품에 대한 설명의무 등을 제대로 이행하지 않아서 발생하는 고객의 손해에 대해 책임을 질 수 있다.

④ 고객의 니즈를 파악한 후 구체적인 대안제시가 필요한 시점에서는 관련 전문가를 통해 정확한 고객 납세정보 분석과 절세전략을 위한 대안제시, 세금신고를 진행한다.

정답 및 해설

05 ② 재무설계사가 모든 지식과 자격을 갖추고 있는 것은 아니기 때문에 전문가들과의 제휴와 자문이 필요하다.

01

⑦ p.17 ~ 18 ⑧ p.241

중요도 ★★

상속의 개시에 대한 설명으로 가장 적절하지 **않은** 것은?

① 상속은 자연인이 사망한 때 또는 법인이 소멸하여 청산한 때 개시된다.
② 상속개시 시기는 상속인의 자격, 범위, 순위를 결정하고 상속의 효력발생 기준시기가 되므로 법적으로 중요하다.
③ 자연사망의 경우 전통적으로 심장 또는 폐의 기능이 회복 불가능한 상태가 되어 불가역적으로 정지된 때를 사망 시라고 본다.
④ 수해, 화재나 그 밖의 재난으로 사망한 경우 이를 조사한 관공서가 지체 없이 사망지의 시·읍·면의 장에게 통보하여 사망을 추정하는 제도를 인정사망이라고 한다.

02

⑦ p.18 ~ 20 ⑧ p.241

중요도 ★★

다음 사례에 대한 설명으로 가장 적절하지 **않은** 것은?

> A에게는 배우자 B와 미혼인 자식 D가 있고, 배우자 B에게는 홀로 사는 어머니 C와 형 X, 동생 Y가 있다. A와 B가 C를 찾아가 같이 잠을 자던 중 A, B, C 모두 가스누출로 인해 사망하였다.

① 사망자 상호 간 사망의 시기를 정확히 알 수 없으면 동시에 사망한 것으로 추정된다.
② B와 C의 동시사망이 추정되는 경우 상호 간 대습상속이 인정된다.
③ C의 사망에 따른 상속인은 X, Y 그리고 B의 대습상속인인 D가 된다.
④ B와 C의 동시사망이 추정되는 경우 B는 C의 상속인이 된다.

정답 및 해설

01 ① 상속은 자연인이 사망한 경우에만 개시되고, 법인이 소멸한 경우에는 해산, 청산의 단계 등을 거쳐 법인격이 소멸한다.

02 ④ 동시사망이 추정되는 2인 이상 상호 간에는 상속권이 인정되지 않는다.

1과목
재무설계 개론

2과목
재무설계사 직업윤리

3과목
은퇴설계

4과목
부동산설계

5과목
상속설계

해커스 **AFPK** 핵심문제집 모듈1

㉮ p.21 ⑧ p.242

03 실종선고에 대한 설명 중 빈칸에 들어갈 말이 적절하게 연결된 것은?

중요도 ★★

> • 보통실종의 실종기간은 부재자가 마지막으로 발견된 때로부터 (가)이다.
> • 특별실종의 실종기간은 부재자가 전쟁, 침몰한 선박, 추락하는 항공기, 기타 사망의 원인이
>   될 위난을 당하고 그 위난이 종료한 후 (나)이다.

	가	나
①	5년	1년
②	5년	2년
③	10년	1년
④	10년	2년

㉮ p.21 ⑧ p.242

04 상속개시 기준과 관련하여 들어갈 단어로 적절하게 연결된 것은?

중요도 ★★

> 상속은 (가)의 주소지를 기준으로 하여 개시한다. (가)의 주소를 알 수 없거나 국내에 있는
> 거소도 알 수 없으면 (나)를 기준으로 한다.

	가	나
①	상속인	해외 거소
②	상속인	사망지
③	피상속인	해외 거소
④	피상속인	사망지

12과목
재무설계 개론

2과목
재무설계사 직업윤리

3과목
은퇴설계

4과목
부동산설계

5과목
상속설계

해커스 **AFPK** 핵심문제집 모듈1

05

중요도 ★★★ ㉮ p.22 ㉯ p.243

상속인의 자격에 대한 설명으로 적절하지 **않은** 것은?

① 권리능력이 있는 자연인만이 상속인이 되므로 법인은 상속인이 될 수 없다.
② 권리능력이 있는 외국인은 상속인이 될 수 있다.
③ 태아가 살아서 태어나면 권리능력 취득효과가 상속개시 시까지 소급하여 생긴다.
④ 임신 중의 태아는 상속인이 될 수 없다.

06

중요도 ★★★ ㉮ p.23 ㉯ p.243

상속인 결격사유로 적절하지 **않은** 것은?

① 상속에 유리하다는 인식 없이 고의로 직계존속, 피상속인과 그 배우자에게 상해를 가하여 사망에 이르게 하였다.
② 고의성 없이 직계존속, 피상속인과 그 배우자 또는 상속의 선순위나 동순위에 있는 자를 살해하였다.
③ 사기 또는 강박으로 피상속인의 상속에 관한 유언 또는 유언의 철회를 방해하였다.
④ 피상속인의 상속에 관한 유언서를 위조, 변조, 파기 또는 은닉하였다.

정답 및 해설

03 ① 가. 5년
　　　 나. 1년

04 ④ 가. 피상속인
　　　 나. 사망지

05 ④ 태아는 원칙적으로 권리능력이 없지만 상속인이 될 수 있다.

06 ② 고의성이 없었다면 직계존속, 피상속인과 그 배우자 또는 상속의 선순위나 동순위에 있는 자를 살해했어도 상속인 결격사유에 해당하지 않는다.

　　　[참고] 살해나 상해치사로 인한 상속결격의 경우 상속에 유리할 것이라는 인식 여부와 무관하게 고의성이 있다면 상속결격사유에 해당한다.

07

㉮ p.22, p.24 ㉰ p.243

중요도 ★★★

다음 사례에 대한 설명으로 가장 적절하지 **않은** 것은?

> 고령의 A에게는 배우자 B와 자녀 C, D가 있다. 자녀 C는 K와 결혼하여 슬하에 자녀가 없고, 자녀 D는 미성년자로 미혼이다. A는 전문가의 도움을 받아 배우자 B에게 2억원, 자녀 C에게 1억원, 자녀 D에게 7억원을 주며, 자녀 C를 유언집행자로 지정한다는 내용의 자필유언장을 작성했다. 자녀 C는 A가 사망하자 본인의 몫 외에 다른 상속인의 몫도 상속받기 위해 유언장을 몰래 파기했다.

① 배우자 B는 A의 재산을 상속받을 수 있다.
② C의 행동은 상속결격사유에 해당한다.
③ C가 상속결격자가 되면 K는 대습상속을 받을 수 없게 된다.
④ C에게 개시된 1억원의 상속은 소급하여 무효로 된다.

08

㉮ p.24 ㉰ p.244

중요도 ★★

포괄적 유증에 대한 설명으로 가장 적절하지 **않은** 것은?

① 상속재산을 전부 또는 그에 대한 비율로 포괄적으로 증여하는 의사표시를 말한다.
② 포괄유증을 받는 자는 상속재산에 관하여 상속인과 동일한 권리의무가 있다.
③ 포괄적 수증자는 수증분의 비율에 따라 피상속인의 적극재산 및 소극재산을 포괄적으로 승계한다.
④ 포괄적 수증자는 상속채무를 변제할 의무를 부담하지 않고 법정상속인만 상속채무를 진다.

09

㉮ p.25 ㉰ p.244

중요도 ★★★

상속인에 대한 설명으로 가장 적절하지 **않은** 것은?

① 상속은 혈족상속이 원칙이며 배우자는 혈족과 같이 상속이 인정된다.
② 배우자는 피상속인과의 관계에 따라 상속순위가 정해진다.
③ 동순위의 혈족상속인은 공동으로 상속한다.
④ 촌수가 다르면 최선순위 혈족이 선순위 상속인이 된다.

⑦ p.26　⑧ p.244

10 중요도 ★★

다음 중 상속인에 해당하지 **않는** 자는?

① 피상속인의 배우자
② 피상속인의 형제
③ 피상속인의 직계존속
④ 피상속인의 4촌 이내의 인척

⑦ p.26, p.28　⑧ p.244 ~ 245

11 중요도 ★★★

상속인에 대한 설명으로 가장 적절하지 **않은** 것은?

① 상속인의 순위는 피상속인의 직계비속, 직계존속, 형제자매, 4촌 이내의 방계혈족의 순서이다.
② 일반양자는 양부모와 친부모 양쪽 모두에 대하여 1순위 상속인이 된다.
③ 계모자 관계에서 계모가 사망하면 계모자 관계의 자녀는 상속권을 가진다.
④ 피상속인의 직계비속이 없으면, 배우자는 피상속인의 직계존속과 같은 상속순위가 된다.

정답 및 해설

07 ③ 상속결격은 대습상속이 인정되는 요건이므로 결격자의 직계비속이나 배우자는 대습상속을 받을 수 있다.

08 ④ 포괄적 수증자도 수증분의 비율에 따라 상속채무를 변제할 의무를 부담하고 법정상속인은 그 부분에 대하여 상속채무를 면하게 된다.

09 ② 배우자는 언제나 1순위 상속인이 된다. 피상속인과의 관계에 따라 상속순위가 정해지는 것은 혈족이다.

10 ④ 4촌 이내의 방계혈족이 법정상속인에 해당한다.

11 ③ 상속권을 가진다. → 상속권이 없다.

　　참고　계모자 관계는 법정혈족관계가 없고 인척관계만 인정되기 때문에 혈족관계가 인정되기 위해서는 별도의 입양절차를 거쳐야 한다.

12 중요도 ★★★
일반양자와 친양자의 비교로 적절하지 **않은** 것은?

	구 분	일반양자	친양자
①	상속순위	양부모와 친부모 양쪽 모두에 대한 직계비속으로 1순위 상속인	양부모에 대하여 직계비속, 친부모에 대하여 상속권 소멸
②	양자의 성·본	친생부모의 성과 본을 유지	양친의 성과 본으로 변경
③	친생부모와의 관계	종 료	유 지
④	효력의 발생시기	입양한 때	재판이 확정된 때

13 중요도 ★★
다음 중 상속순위별 상속인에 대한 설명으로 가장 적절하지 **않은** 것은?

① 1순위 상속인 : 혼인 외의 출생자도 직계비속은 1순위 상속인이 된다.
② 2순위 상속인 : 피상속인의 직계존속으로 대습상속 및 유류분권이 인정된다.
③ 3순위 상속인 : 피상속인의 형제자매로 부계와 모계를 모두 포함한다.
④ 4순위 상속인 : 4촌 이내의 방계혈족이 여러 명인 경우 최근친자가 선순위로 된다.

14 중요도 ★★★
상속이 올바르게 이루어진 경우로 모두 묶인 것은?

> 가. 혼인신고를 하지 않은 피상속인의 배우자가 유산을 상속받았다.
> 나. 직계존속, 직계비속, 배우자, 형제자매가 없는 피상속인의 재산을 피상속인의 삼촌이 상속받았다.
> 다. 어릴 적 양부모에게 친양자로 입양된 자가 친부(親父)인 피상속인에게 재산을 상속받았다.
> 라. 피상속인의 사망으로 임신 중인 배우자와 그 태아는 공동상속인이 되었다. (단, 태아는 정상적으로 출생하였다.)
> 마. 계모가 사망하여 자식이 계모의 재산을 상속받았다.

① 가, 나
② 나, 라
③ 다, 라
④ 다, 마

1과목
재무설계 개론

2과목
재무설계사 직업윤리

3과목
은퇴설계

4과목
부동산설계

5과목
상속설계

해커스 **APRK** 핵심문제집 모듈1

15 중요도 ★★

다음에서 설명하는 것으로 적절한 것은?

⑦ p.30 ⑧ p.246

> 상속이 개시되기 전에 상속인이 될 직계비속 또는 형제자매가 사망하거나 상속결격된 경우에
> 그의 직계비속과 배우자가 사망 또는 상속결격된 자의 순위를 갈음하여 상속한다.

① 유언상속　　　　　　　　② 법정상속

③ 대습상속　　　　　　　　④ 특별상속

16 중요도 ★★★

대습상속에 대한 설명으로 가장 적절하지 **않은** 것은?

⑦ p.30 ~ 31 ⑧ p.246 ~ 247

① 대습상속인은 피대습자의 직계비속이나 직계존속 혹은 배우자여야 한다.

② 상속인이 될 피상속인의 형제자매가 상속개시 전 사망한 경우 그 형제자매의 직계비속은
　대습상속할 수 있다.

③ 피대습자가 상속을 포기하는 경우 피대습자의 배우자와 직계비속은 대습상속인이 되지 않는다.

④ 조부 A, 부 B, 자녀 C 그리고 C의 배우자 D가 있고, B, C, A 순서로 사망한 경우 D는
　A의 상속재산을 상속받을 수 있다.

정답 및 해설

12 ③ 일반양자는 친생부모와의 관계는 친권 이외는 유지되나 친양자의 경우 친생부모와의 관계가 종료된다.

13 ② 직계존속의 경우 유류분권은 인정되나 대습상속이 인정되지 않는다.

14 ② '나, 라'는 올바른 법정상속에 해당한다.
　　가. 혼인신고를 하지 않은 배우자는 상속권이 없다.
　　다. 친양자는 친부모의 법정상속인이 되지 못한다.
　　마. 계모자 관계에는 법정혈족관계가 없어 법정상속이 이루어지지 않는다.

15 ③ 대습상속에 대한 설명이다.

16 ① 피대습자의 직계존속은 대습상속인이 될 수 없다.

17

중요도 ★

상속인의 부존재에 대한 설명으로 가장 적절하지 **않은** 것은?

㉮ p. 32 ~ 33 ㉭ p.247

① 상속인의 존재 여부가 분명하지 않은 때에 가정법원은 피상속인의 친족 등의 청구에 의하여 상속재산관리인을 선임하고 이를 공고한다.
② 상속재산관리인 선임 공고 후 상속인의 존부를 알 수 없다면 관리인은 일반상속채권자와 유증받은 자에게 채권 또는 수증을 신고할 것을 공고해야 한다.
③ 특별연고자는 상속재산의 일부는 분여받을 수 있으나 전부를 분여받을 수는 없다.
④ 일반상속채권자와 유증받은 자에게 채권신고를 최고하는 기간이 경과했고, 그 권리를 주장할 수 있는 공고기간이 지났는데도 상속인이 나타나지 않으면 상속인의 부존재가 확정된다.

18

중요도 ★★

상속의 효과에 대한 설명으로 가장 적절하지 **않은** 것은?

㉮ p.33 ~ 34 ㉭ p.248

① 재산상속이 개시되면 상속인은 피상속인의 재산에 관한 포괄적인 권리·의무를 승계한다.
② 피상속인이 사망하기 전에 상속인이 상속포기의 의사표시를 하면 승계되지 않는다.
③ 한정승인제도를 통해 상속인으로 하여금 그의 의사에 따라 상속의 효과를 귀속시키거나 거절할 수 있는 자유를 주고 있다.
④ 상속등기 등 별도의 이전 방법 없이도 상속재산은 당연히 상속인 또는 유증받는 자에게 이전된다.

19

중요도 ★★

공동상속재산에 대한 설명으로 가장 적절하지 **않은** 것은?

㉮ p.34 ~ 35 ㉭ p.248

① 공동상속인은 각자의 상속분에 따라 피상속인의 권리·의무를 승계한다.
② 상속인이 여러 명인 경우 상속재산을 분할할 때까지 상속재산은 공동상속인의 '공유'이다.
③ 공동상속인 5명이 같은 비율로 공유하고 있는 공동상속재산 A를 임대하려고 할 때, 공동상속인 전원의 동의가 필요하다.
④ 공동상속인은 개개의 상속재산에 대하여 각자의 상속분을 단독으로 처분할 수 있다.

상속재산에 해당하지 **않는** 재산으로 모두 묶인 것은?

> 가. 위자료청구권
> 나. 손해배상청구권
> 다. 저작권
> 라. 생명보험 수익자가 상속인으로 지정된 생명보험금청구권
> 마. 위임계약의 당사자 지위
> 바. 인격권

① 가, 나, 다, 라
② 가, 다, 라, 바
③ 가, 라, 마, 바
④ 다, 라, 마, 바

1과목
재무설계 개론

2과목
재무설계사 직업윤리

3과목
은퇴설계

4과목
부동산설계

5과목
상속설계

해커스 **AFPK** 핵심문제집 모듈1

17 ③ 특별연고자는 상속재산의 전부 또는 일부를 분여받을 수 있다.

18 ② 상속은 상속인이 상속사실 등을 알지 못하더라도 당연히 승계되므로, 피상속인의 사망 전 상속인이 상속포기의 의사표시를 하더라도 법적으로 효력이 없다.

19 ③ 임대는 공동상속재산의 관리행위에 해당하며 공유지분 과반수의 동의로 정한다. 따라서 공동상속인 5명이 같은 비율로 공유하고 있는 공동상속재산 A를 임대하려면, 공동상속인 3명 이상의 동의가 필요하다.

20 ③ '가, 라, 마, 바'는 상속재산에 해당하지 않는다.
　　가. 위자료청구권은 일신전속적 권리로 상속재산이 아니다.
　　라. 생명보험 수익자가 상속인으로 지정된 보험금청구권은 상속인의 고유재산이다.
　　마. 위임계약의 당사자 지위는 일신전속적 권리로 상속되지 않는다.
　　바. 인격권은 비재산권으로 상속의 대상이 아니다.

㉮ p.37 ㉯ p.249

21 중요도 ★★★

채권·채무의 상속에 대한 설명으로 가장 적절한 것은?

① 가분채권, 가분채무는 상속재산분할의 대상이 되는 것이 원칙이다.
② 예금채권의 경우 초과특별수익자가 존재한다면 상속재산분할의 대상이 되지 않는다.
③ 금전채무가 공동상속 되었다면 따로 상속재산분할의 대상이 되지 않는다.
④ 상속채무의 공동상속인 중 1인이 법정상속분을 초과하여 채무를 부담하기로 하는 약정으로 채권자에게 대항할 수 있다.

㉮ p.39 ~ 41

22 중요도 ★

다음 중 안심상속 원스톱서비스에 대한 설명으로 적절하지 **않은** 것은?

① 한 번의 통합신청으로 피상속인의 금융기관 채권과 채무, 연금, 미납세금, 자동차 등의 재산을 확인할 수 있는 서비스이다.
② 제1순위 상속인이 없는 경우에 제2순위 상속인이 신청 가능하다.
③ 신청서와 신청인의 신분증, 가족관계증명서를 제출해야 한다.
④ 조회결과는 신청 시 방문했던 구청이나 주민센터에서의 방문수령을 통해서만 확인할 수 있다.

㉮ p.43 ㉯ p.250

23 중요도 ★★★

피상속인의 상속인이 직계존속 1인, 직계비속 1인, 배우자로 구성되어 있을 경우 각 상속인의 법정상속분으로 적절한 것은?

	직계존속	직계비속	배우자
①	0	1/2	1/2
②	0	2/5	3/5
③	2/7	2/7	3/7
④	1/3	1/3	1/3

24 중요도 ★★★

상속인의 상속분에 대한 설명으로 가장 적절하지 **않은** 것은?

① 배우자의 상속분은 다른 공동상속인의 상속분에 5할을 가산한다.
② 대습상속인의 상속분은 사망 또는 상속결격된 피대습상속인의 상속분을 따르고, 만일 대습자가 여러 명이라면 대습상속인들은 균등상속한다.
③ 공동상속인 중 특별수익자는 그 수증재산이 자기의 상속분에 미달한 부분을 한도로 상속분을 가진다.
④ 상속재산 및 특별수익재산 가액의 평가는 상속개시 당시의 시가로 하고, 그 중 현금의 평가액은 당시 소비자물가지수를 참작하여 산정한다.

25 중요도 ★★★

다음 사례에서 사망한 장녀의 외동딸 D의 상속분은 얼마인가?

> 갑은 63억원의 상속재산을 두고 사망하였다. 유족으로는 배우자 A, 장남 B, 먼저 사망한 장녀의 남편 C, 장녀의 외동딸 D가 있다.

① 0원
② 560,000천원
③ 720,000천원
④ 900,000천원

1과목 재무설계 개론

2과목 재무설계사 직업윤리

3과목 은퇴설계

4과목 부동산설계

5과목 상속설계

해커스 **AFPK** 핵심문제집 모듈1

정답 및 해설

21 ③ ① 가분채권, 가분채무는 상속재산분할의 대상이 되지 않는 것이 원칙이다.
  ② 가분채권인 예금채권은 원칙적으로 상속재산분할의 대상이 되지 않지만, 초과특별수익자의 존재, 기여분의 존재 등 공동상속인 간 법정상속분 이외에 고려할 사항들이 있으면 상속재산분할의 대상이 된다.
  ④ 금전채무가 공동상속된 경우 이는 상속재산분할의 대상이 되지 않으므로 공동상속인 간 채무부담분에 대한 약정으로는 채권자에게 대항할 수 없고 채권자의 승낙이 필요하다.

22 ④ 조회결과는 신청인이 신청 시 선택한 방식(우편, 문자, 방문수령 등)에 따라 조회결과를 확인할 수 있다.

23 ② 1순위 상속인인 직계비속이 있으므로, 직계존속은 상속받을 수 없다. 또한, 배우자는 직계비속의 상속분에 5할을 가산한다.

24 ② 피대습상속인의 대습자가 여러 명인 경우, 대습상속인들의 상속분은 법정상속분에 따른다.

25 ③ • 상속인은 배우자 A, 장남 B, 장녀(장녀의 남편 C, 장녀의 외동딸 D가 대습상속)가 있으며, 사위 C, 장녀의 외동딸 D는 장녀의 상속분을 상속비율에 의해 대습상속 받는다.
  • 사망 전 장녀의 상속분 = 63억원 × 2/7 = 1,800,000천원
  ∴ D의 상속분 = 1,800,000천원 × 2/5 = 720,000천원

26

중요도 ★★★

특별수익에 대한 설명으로 가장 적절하지 **않은** 것은?

① 민법은 특별수익자의 수증재산이 자기의 상속분에 달하지 못한 부분의 한도에서 상속분이 있다고 규정한다.
② 공동상속인 중에 피상속인으로부터 재산의 증여 또는 유증을 받은 자를 특별수익자라 한다.
③ 특별수익자는 특별수익으로 받은 재산을 다른 상속인에게 반환할 의무가 없지만 유류분을 침해하는 경우에는 유류분반환청구의 대상이 될 수 있다.
④ 특별수익재산 가액의 평가는 특별수익자가 증여받은 시점의 시가로 한다.

27

중요도 ★★★

A는 부인 B와 자녀 C, D, E가 있다. A는 사망 전 시가 6억원의 토지를 B에게 증여하였고, C에게 결혼자금으로 3억원 상당의 예금을 증여하였다. A의 사망 당시 상속재산이 9억원인 경우 자녀 C가 받을 수 있는 구체적 상속분은 얼마인가?

① 0원   ② 1억원
③ 2억원   ④ 4억원

28

중요도 ★★★

다음 중 특별수익에 해당하지 **않는** 것은?

① 상속을 승인한 공동상속인이 피상속인으로부터 생전에 증여를 받았다.
② 피대습인이 생전에 피상속인으로부터 받은 특별수익을 대습상속인이 상속받았다.
③ 기여에 대한 대가 등의 특별한 사정 없이 공동상속인이 유증을 받았다.
④ 상속결격사유가 발생한 이후 상속결격자가 피상속인에게서 직접 증여를 받았다.

29 중요도 ★★★

기여분에 대한 설명으로 가장 적절하지 **않은** 것은?

① 기여분 제도는 공동상속인 중 피상속인의 부양, 재산의 유지 및 증가에 특별히 기여한 자를 인정하는 제도이다.
② '특별한 부양'이란 부부간의 1차적 부양의무, 부모와 자녀 간의 2차적 부양의무를 넘어서는 정도를 말한다.
③ 포괄수유자가 피상속인의 재산의 유지 또는 증가에 기여했다면, 기여분을 청구할 수 있다.
④ 기여분은 상속이 개시된 때의 피상속인 재산가액에서 유증의 가액을 공제한 액을 넘지 못한다.

30 중요도 ★★★

다음 사례를 토대로 장남의 구체적 상속분을 계산한 것으로 적절한 것은?

> • 피상속인의 상속재산은 12억원이다.
> • 상속인으로 장남, 차남, 장녀가 있다.
> • 상속인들의 협의로 장남에게 3억원의 기여분을 인정하였다.

① 3억원
② 4억원
③ 5억원
④ 6억원

정답 및 해설

26 ④ 특별수익자가 증여받은 시점 → 상속개시 시점

27 ② 구체적 상속분 = (상속재산 + 특별수익) × 상속분 − 특별수익 + 기여분
  • 상속재산 + 특별수익 = 9억원 + 6억원 + 3억원 = 18억원
  ∴ C의 구체적 상속분 = 18억원 × 2/9 − 3억원 + 0원 = 1억원

28 ④ 상속결격사유가 발생한 이후에 상속결격자가 피상속인에게서 직접 증여를 받은 경우 그 수익은 상속인의 지위에서 받은 것이 아니어서 특별수익에 해당하지 않는다.

29 ③ '상속인'만이 기여분을 주장할 수 있으며 포괄수유자는 상속인이 아니다.

30 ④ 장남의 상속분 = 상속재산 × 법정상속비율 + 기여분
  • 상속재산 = 12억원 − 3억원 = 9억원
  ∴ 장남의 상속분 = 9억원 × 1/3 + 3억원 = 6억원

1과목 재무설계 개론
2과목 재무설계사 직업윤리
3과목 은퇴설계
4과목 부동산설계
5과목 상속설계
해커스 **AFPK** 핵심문제집 모듈1

㉮ p.50 ㉯ p.251

31

중요도 ★★★

사망한 A의 유족으로 배우자 B와 자녀 C, D가 있다. A는 사망 직전에 C에게 1억원을 증여하였고, 사망 당시 상속재산은 6억원이었을 때, 다음 설명 중 가장 적절한 것은?

① B는 3억원을, C와 D는 각각 1.5억원을 상속받는다.
② 생전 A의 내연녀 X가 상당한 기간 A를 특별히 부양했다면 X는 기여분을 주장할 수 있다.
③ B에게 기여분이 3.5억원이 있다면, B는 5억원을 상속받는다.
④ B에게 기여분이 3.5억원이 있다면, C는 1억원을 상속받는다.

32

중요도 ★★★

㉮ p.49 ~ 50 ㉯ p.251

다음 사례에 대한 설명으로 가장 적절하지 **않은** 것은?

> A는 사망 당시 10억원의 상속재산을 남기고 사망하였다. A의 유족으로 장남 B, 차남 C, 장녀 D가 있다. 장남 B는 A의 사업 확장과 재산 증가에 특별히 기여를 했다고 인정을 받고 있다.

① 장남 B의 기여분을 1억원으로 협의한 경우, 장남 B의 구체적 상속분은 4억원이다.
② A가 사회복지단체에 5억원을 유증했을 경우, B의 기여분이 6억원으로 유증과 중복된다면 기여분을 우선시한다.
③ 장남 B의 기여분에 대해 공동상속인들 간에 협의가 되지 않을 경우, 가정법원은 장남 B의 기여분을 산정할 수 있다.
④ 장녀 D가 결혼 후에도 홀로 A를 오랜 기간 모시면서 각종 치료비를 선납하고 간호했다면, 피상속인을 특별히 부양한 것으로 볼 수 있다.

33 중요도 ★★★   ㉮ p.50 ~ 51 ㉯ p.252

기여분과 유류분 청구와의 관계에 대한 설명으로 가장 적절하지 **않은** 것은?

① 기여분제도는 상속재산분할의 전제 문제로서의 성격을 가지므로 유류분과는 서로 관계가 없다.
② 기여분이 공동상속인간의 협의나 가정법원의 심판으로 결정되지 않았다면 유류분반환청구소송에서 기여분을 주장할 수 없다.
③ 기여분이 결정되었다고 하더라도 유류분을 산정함에 있어 기여분을 공제할 수 없다.
④ 기여분으로 인해 유류분에 부족이 생기면 기여분에 대한 반환청구를 할 수 있다.

34 중요도 ★★★   ㉮ p.51 ㉯ p.252

다음 중 상속분의 양도와 양수에 대한 설명으로 적절하지 **않은** 것은?

① 상속분을 양도한 상속인은 상속인의 지위는 유지하고, 상속분을 양도받은 제3자는 재산상의 권리의무만 발생한다.
② 공동상속인이 상속분을 자유롭게 양도할 수 있는 기간은 상속개시 시부터 상속재산의 분할 완료 시까지이다.
③ 상속분이 제3자에게 양도된 경우 다른 공동상속인은 그 가액과 양도비용을 상환하고 다시 양수할 수 있다.
④ 양수권은 상속분이 양도된 사실을 안 날로부터 3월, 그 사실이 있은 날로부터 1년 내에 행사하여야 한다.

정답 및 해설

31 ③ B의 구체적 상속분 = [(상속재산의 가액 – 기여분) × 각 상속인의 법정상속비율] + 기여자인 경우 기여분
    = [(7억원 – 3.5억원) × 3/7] + 3.5억원 = 5억원
  ① B : 3억원(= 7억원 × 3/7)
    C : 1억원(= 7억원 × 2/7 –1억원)
    D : 2억원(= 7억원 × 2/7)
  ② X는 공동상속인이 아니므로 기여분을 주장할 수 없다.
  ④ C의 구체적 상속분 = [(7억원 – 3.5억원) × 2/7] – 1억원 = 0원

32 ② 기여분은 상속이 개시된 때의 피상속인의 재산가액에서 유증금액을 공제한 금액을 넘지 못한다. 즉 기여분보다 유증이 우선된다.

33 ④ 기여분은 유류분과 서로 관계가 없으므로, 기여분으로 유류분에 부족이 생겼다고 하여 기여분에 대한 반환을 청구할 수 없다.

34 ① 상속분의 양도는 곧 상속인 지위의 양도이므로 상속분을 양도한 상속인은 상속인의 지위에서 제외되며, 상속분을 양도받은 제3자는 양도한 상속인을 갈음하여 상속인으로서의 권리의무가 발생하게 된다.

35 중요도 ★★★

⑦ p.52, p.54 ⑫ p.253

상속재산의 분할방법에 대한 설명으로 가장 적절한 것은?

① 피상속인은 유언으로 상속개시일로부터 5년을 넘지 않는 기간 내에서 상속재산의 분할을 금지할 수 있다.
② 협의에 의한 분할은 공동상속인 과반수의 동의를 얻어야 한다.
③ 피상속인이 유언으로 분할금지를 지정하더라도, 공동상속인 전원의 동의가 있다면 언제든지 상속재산을 분할할 수 있다.
④ 공동상속인들의 협의에 의하여 재산을 분할할 경우, 상속재산의 분배비율은 각자의 법정상속분에 따라야 한다.

36 중요도 ★★

⑦ p.52 ~ 53 ⑫ p.253 ~ 254

협의분할의 당사자에 대한 설명으로 가장 적절하지 **않은** 것은?

① 상속을 포기한 사람이 분할협의에 참여하였지만 그 협의의 내용이 나머지 상속인들 사이의 상속재산분할 협의에 영향을 미치지 않는다면 그 협의는 유효하다.
② 공동상속인 중 소재불명자가 있는 경우 그를 위한 부재자재산관리인을 선임하여 분할협의에 참가할 수 있다.
③ 피후견인 또는 미성년자가 여러 명인 경우 이들을 대표하는 한 명의 특별대리인을 선임하여 분할협의에 참가할 수 있다.
④ 상속개시 후 상속재산분할 전까지 상속분 전체를 양수받은 자는 상속인의 지위를 승계한 것이 되므로 분할협의의 당사자가 된다.

37 중요도 ★★★

상속재산의 분할에 대한 설명으로 가장 적절하지 **않은** 것은?

① 상속재산분할협의는 그 방법과 시기에 제한이 없다.
② 사전증여나 유증은 상속재산분할의 대상이 되지 않는다.
③ 가분채무에 대한 상속인 간 분할협의는 채권자가 동의할 때 비로소 효력이 생긴다.
④ 가분채권은 초과특별수익자가 있어도 상속재산분할의 대상으로 삼을 수 없다.

38 중요도 ★★★

상속재산 분할의 효과에 대한 설명으로 가장 적절하지 **않은** 것은?

① 상속재산의 분할은 상속이 개시된 때에 소급하여 분할의 효력이 인정된다.
② 공동상속인 간 협의분할에 의하여 공동상속인 중 1인이 고유의 상속분을 초과하는 재산을 취득하면 다른 공동상속인으로부터 증여받은 것으로 본다.
③ 채무초과 상태에 있는 채무자인 상속인이 본인의 상속분을 포기하여 채권자에 대한 사해행위를 하면 채권자는 상속재산분할협의 일부를 취소할 수 있다.
④ 채무자인 상속인이 법적 절차를 통해 가정법원에 상속포기를 하면 채권자를 해하는 결과가 발생하더라도 채권자취소권의 대상이 되지 않는다.

정답 및 해설

35 ① ② 과반수 → 전원
③ 유언에 의한 분할의 지정이 없어야 공동상속인은 협의에 의해 언제든지 상속재산을 분할할 수 있다.
④ 협의에 의한 상속재산의 분할은 상속재산의 분배비율과 방법에 있어 제한이 없다.

36 ③ 피후견인 또는 미성년자가 여러 명인 경우 피후견인 또는 미성년자 각자마다 특별대리인을 선임해야 한다.

37 ④ 가분채권은 초과특별수익자가 있거나 기여분권리자가 있는 등의 사유가 있다면 상속재산분할의 대상으로 삼을 수 있다.

38 ② 공동상속인 간 협의분할에 의하여 공동상속인 중 1인이 고유의 상속분을 초과하는 재산을 취득하게 되었더라도 이는 상속개시 당시에 피상속인으로부터 승계받은 것으로 보아야 하고 다른 공동상속인으로부터 증여받은 것으로 볼 수 없다.

1과목 재무설계 개론

2과목 재무설계사 직업윤리

3과목 은퇴설계

4과목 부동산설계

5과목 상속설계

해커스 **AFPK** 핵심문제집 모듈1

㉮ p.56 ~ 57 ㉯ p.254

39 중요도 ★★★

다음 정보를 고려할 때, 빈칸에 들어갈 말로 적절한 것은?

> 사망한 A에게는 금전 5억원과 8억원 상당의 부동산이 있다. A에게는 배우자 B와 자녀 C, D가 있는데, B에게 유언으로 부동산을 유증하고 막내 D에게 생전에 2억원을 증여했다. A의 사망 후 A를 장기간 부양한 C의 기여분을 1억원으로 합의했다. 이때, 분할대상 상속재산은 (가)이고, C의 구체적 상속분은 (나)이다.

	가	나
①	13억원	4억원
②	14억원	4억원
③	13억원	5억원
④	14억원	5억원

40 중요도 ★★

㉮ p.57 ~ 58 ㉯ p.255

상속회복청구권에 대한 설명으로 가장 적절하지 **않은** 것은?

① 참칭상속인에 의해 상속권이 침해되었을 때 그 회복을 청구할 수 있는 권리이다.
② 상속부동산의 소유권이전등기를 마친 후 상속재산협의분할이 무효라는 이유로 공동상속인이 그 등기의 말소를 구하는 경우 상속회복청구에 해당한다.
③ 상속회복청구권자는 상속권의 침해행위가 있은 날로부터 3년 또는 그 침해를 안 날로부터 10년 이내에 상속회복청구의 소를 제기해야 한다.
④ 판례에 의하면 혼인 외의 자가 인지청구를 했을 때 상속회복청구권 소멸의 기간은 인지심판이 확정된 날로부터 기산한다.

41 중요도 ★

㉮ p.58

재산의 분리에 대한 설명으로 가장 적절하지 **않은** 것은?

① 상속채권자나 유증받은 자 등은 상속개시 후에 상속재산과 상속인 고유재산을 분리시키도록 가정법원에 청구할 수 있다.
② 재산분리 처분이 있으면 피상속인에 대한 상속인의 재산상 권리의무는 혼동에 의해 소멸한다.
③ 민법상 채권과 채무가 동일한 주체에 귀속하는 때 채권은 소멸하는 것이 원칙이지만 채권이 제3자의 권리의 목적인 때에는 소멸하지 않는다.
④ 상속재산의 소유권은 상속인에게 있지만 상속채무가 있다면 그 권리의무는 소멸하지 않는다.

42 중요도 ★★★

상속의 승인과 포기에 대한 설명으로 가장 적절하지 **않은** 것은?

① 피상속인이 사망하면 상속은 상속인의 의사와 무관하게 발생하지만 상속인은 법정 기간 내에 상속을 승인, 포기하거나 한정승인을 선택할 수 있다.
② 상속인이 상속개시가 있음을 안 날로부터 3개월 이내에 별도로 상속포기 또는 한정승인을 선택하지 않으면 단순승인을 한 것으로 본다.
③ 상속포기 또는 한정승인은 상속개시 전 일정 기간 동안에만 가능하다.
④ 상속인이 한정승인이나 상속포기를 하고 나면 고려기간 내에도 이를 취소하지 못한다.

43 중요도 ★★★

상속의 단순승인에 대한 설명으로 가장 적절하지 **않은** 것은?

① 단순승인을 하면 피상속인의 채무가 무제한적으로 승계된다.
② 단순승인 이후라도 일정 요건하에 특별한정승인은 가능하다.
③ 단순승인의 고려기간은 3개월로 이해관계인 또는 검사의 청구에 의하여 가정법원이 연장할 수 있다.
④ 아무런 의사표시를 하지 않은 채로 고려기간이 경과하면 상속을 포기한 것으로 본다.

정답 및 해설

39 ④ 가. 14억원
　　분할대상 상속재산 = 피상속인의 사망 당시 상속재산 + 특별수익 합계 − 기여분 합계
　　　　　　　　　　 = 5억원 + (8억원 + 2억원) − 1억원 = 14억원

　　나. 5억원
　　C의 구체적 상속분 = (14억원 × 2/7) + 1억원 = 5억원

40 ③ 상속회복청구권자는 상속권의 침해를 안 날로부터 3년 또는 상속권 침해행위가 있은 날로부터 10년 이내에 상속회복청구의 소를 제기해야 한다.

41 ② 재산분리 처분이 있으면 상속재산과 상속인의 고유재산이 분리되어 피상속인에 대한 상속인의 재산상 권리와 의무가 소멸하지 않는다.

42 ③ 상속 포기 또는 한정승인은 상속이 개시된 후 일정 기간 내에만 가능하고 상속개시 전에 이루어진 상속포기약정은 일정한 절차와 방식에 따르지 아니한 것으로 보아 그 효력이 없다.

43 ④ 아무런 의사표시를 하지 않은 채로 고려기간이 경과하면 단순승인한 것으로 본다.

44 중요도 ★★★　　　　　　　　　　　　　　　　　　　　⑦ p.60 ~ 61　⑧ p.256

법정단순승인에 해당하는 경우로 적절하지 **않은** 것은?

① 상속인이 한정승인 후에 장례비용을 재산목록에 기입하지 않았다.
② 상속인이 다른 공동재산상속인과 협의하여 상속재산을 분할하였다.
③ 상속인이 한정승인 또는 상속포기 가능 기간 내에 한정승인 또는 포기를 하지 않았다.
④ 상속인이 피상속인의 채권을 추심하여 변제받았다.

45 중요도 ★★　　　　　　　　　　　　　　　　　　　　　⑦ p.61　⑧ p.256

다음에서 설명하는 것으로 적절한 것은?

> 상속인이 상속으로 인하여 취득할 재산의 한도에서 피상속인의 채무와 유증을 변제할 조건
> 으로 상속으로 승인하는 것을 말한다.

① 단순승인　　　　　　　　　② 포괄승인
③ 한정승인　　　　　　　　　④ 변제승인

46 중요도 ★★★　　　　　　　　　　　　　　　　　　　　⑦ p.61 ~ 62　⑧ p.256

한정승인에 대한 설명으로 가장 적절하지 **않은** 것은?

① 한정승인의 효력은 가정법원이 한정승인의 신고를 수리하고 한정승인 심판을 고지하면,
　상속인이 그 심판을 고지받음으로써 발생한다.
② 한정승인을 한 상속인은 상속재산의 한도에서만 피상속인의 채무와 유증을 변제한다.
③ 한정승인한 상속인은 고유재산에 대하는 것과 동일한 주의로 상속재산의 관리를 계속해
　야 한다.
④ 한정승인신고서에 첨부하는 상속재산목록에 실수로 상속재산을 누락하면 단순승인을 한 것
　으로 간주한다.

47 중요도 ★★★

특별한정승인에 대한 적절한 설명으로 모두 묶인 것은? (단, 상속은 2022년 12월 13일 이후에 개시되었다.)

> 가. 상속채무가 상속재산을 초과하는 사실을 모르고 단순승인한 경우에 그 사실을 안 날부터 3개월 내에 상속재산 목록을 첨부하여 한정승인 신고를 할 수 있다.
> 나. 미성년자인 상속인이 상속재산을 초과하는 상속채무를 단순승인한 경우 성년이 되어 상속채무 초과 사실을 인지 후 3개월 내에 한정승인 할 수 있다.
> 다. 미성년자의 법정대리인이 단순승인했다면 미성년자인 상속인은 이에 대항할 수 없다.
> 라. 만약 상속이 2022년 12월 13일 이전에 상속이 개시되었다면, 당시 상속인이 미성년자였더라도 미성년자의 특별한정승인을 할 수 없다.

① 가, 나
② 가, 라
③ 나, 다
④ 다, 라

1과목 재무설계 개론

2과목 재무설계사 직업윤리

3과목 은퇴설계

4과목 부동산설계

5과목 상속설계

해커스 **AFPK** 핵심문제집 모듈1

정답 및 해설

44 ① 상속재산을 은닉하여 상속채권자를 해할 의사로서 상속재산을 재산목록에 불기입하는 것은 법정단순승인 사유에 포함되는데, 장례비용 등을 불기입하는 것은 여기에 해당하지 않는다.

45 ③ 한정승인에 대한 설명이다.

46 ④ 실수로 → 고의로

47 ① '가, 나'는 적절한 설명이다.
   다. 미성년자 상속인의 법정대리인이 상속을 단순승인했더라도 이와 관계없이 미성년자인 상속인이 성년이 된 후 한정승인을 할 수 있다.
   라. 상속이 2022년 12월 13일 이전에 개시되었더라도, 미성년자인 상속인이 법 시행 당시 미성년자인 경우, 미성년자였던 상속인이 상속을 단순승인한 채로 성년이 된 후에 법이 시행되고 상속채무의 상속재산 초과사실을 알게 된 지 3개월 이내인 경우라면 미성년자의 특별한정승인을 할 수 있다.

48 상속포기에 대한 설명으로 가장 적절하지 **않은** 것은?

① 상속포기자는 상속이 개시된 때에 소급하여 처음부터 상속인이 아닌 자가 된다.
② 여러 명의 공동상속인 중 1인이 상속을 포기한 경우, 포기된 상속분은 상속포기자의 배우자나 직계비속에게 대습상속이 된다.
③ 상속포기는 단독의 의사표시이므로 조건부 포기나 일부 포기는 허용되지 않는다.
④ 피상속인의 배우자와 자녀들 중 자녀 전부가 상속을 포기하면 그들의 상속분은 배우자에게 귀속된다.

49 유언상속과 법정상속을 비교한 내용 중 적절하지 **않은** 것은?

	구 분	유언상속(포괄유증)	법정상속
①	적용순위	우선 적용	유언의 보충 적용
②	방 식	민법에서 정한 5가지 방식	단순승인, 상속포기, 한정승인
③	포 기	상속인과 같은 절차를 거쳐 포기 가능	법정 절차에 따라 상속포기 또는 한정승인
④	재산의 이전	피상속인 사망으로 당연상속	수유자가 청구권을 행사하여 이전

50 미성년자 후견에 대한 설명으로 적절하지 **않은** 것은?

① 미성년자에게 법률행위의 대리권과 재산관리권만 행사 불가능한 친권자가 있을 경우 후견인의 후견사무범위는 미성년자의 재산보호에 한정된다.
② 미성년후견은 친권자의 유언 또는 법원에 의한 선임으로 개시되며 미성년후견인의 수는 제한이 없다.
③ 미성년후견인은 선량한 관리자의 주의로써 후견사무를 처리해야 한다.
④ 미성년후견인의 권한 남용을 방지하기 위해 후견감독인을 둔다.

51

중요도 ★★★

㉿ p.69 ㉾ p.259

성년후견제도에 대한 설명이 적절하게 연결된 것은?

> 가. 성년후견
> 나. 한정후견
> 다. 특정후견
>
> A. 정신적 제약으로 사무를 처리할 능력이 지속적으로 결여된 성인에 대한 후견제도
> B. 정신적 제약으로 사무를 처리할 능력이 부족한 성인에 대한 후견제도
> C. 정신적 제약으로 일시적 후원 또는 특정한 사무에 관한 후원이 필요한 성인에 대한 후견 제도

① 가 – A, 나 – B, 다 – C   ② 가 – A, 나 – C, 다 – B

③ 가 – B, 나 – A, 다 – C   ④ 가 – C, 나 – B, 다 – A

52

중요도 ★★★

㉿ p.69 ~ 70 ㉾ p.260

유언대용신탁제도에 대한 설명으로 가장 적절하지 **않은** 것은?

① 신탁회사에 재산을 신탁하면서 생전의 수익자와 사후의 수익자를 서로 다르게 지정할 수 있다.
② 유언대용신탁의 경우 위탁자의 생전에는 위탁자 본인이 수익자가 된다.
③ 수탁자는 위탁자가 정해놓은 신탁계약 내용에 따라 사후수익자를 위하여 재산의 지급 등을 수행한다.
④ 생전에 자신의 재산을 유언대용신탁으로 사후수익자에게 지급하도록 정한 경우 이 신탁으로 상속인의 유류분을 침해할 수 있으므로 유류분반환청구 대상이 된다.

정답 및 해설

48 ② 상속포기자의 상속분은 대습상속되지 않고 다른 공동상속인에게 각각의 상속분에 따라 귀속된다.

49 ④ 법정상속과 포괄유증의 경우 재산의 이전은 피상속인 사망으로 당연 상속된다. 수유자가 청구권을 행사하여 이전하는 경우는 특정유증이다.

50 ② 미성년후견인은 1명만 둘 수 있다.

51 ① A. 성년후견
    B. 한정후견
    C. 특정후견

52 ④ 생전에 자신의 재산을 유언대용신탁으로 사후수익자에게 지급하도록 정했더라도 해당 신탁재산은 유류분반환청구의 대상이 될 수 없다.

01 중요도 ★★   ㉮ p.73 ~ 74   ㉲ p.261

유언에 대한 설명으로 가장 적절하지 **않은** 것은?

① 사후에 자신의 의사를 실현하고, 자신의 재산을 처분할 수 있는 권능을 부여한다.
② 유언은 법률행위의 자유와 사유재산제도를 기초로 하고 있다.
③ 유언은 반드시 법률에 규정한 방식에 의해야 하고, 이를 따르지 않으면 무효이다.
④ 유언으로 자기 유골의 처분을 지정했다면 제사주재자는 이를 행할 법적의무가 있다.

02 중요도 ★★   ㉮ p.74   ㉲ p.261

민법과 특별법에서 인정하는 법정유언사항으로 모두 묶인 것은?

가. 유언집행자 지정	나. 재단법인 설립을 위한 재산 출연
다. 유훈	라. 상속재산 분할금지
마. 유류분 청구금지	바. 신탁의 설정

① 가, 나, 다, 라
② 가, 나, 라, 바
③ 가, 나, 마, 바
④ 나, 라, 마, 바

03 중요도 ★★   ㉮ p.75   ㉲ p.261 ~ 263

다음 중 법에서 정한 유언방식에 해당하지 **않는** 것은?

① 자필증서유언
② 공정증서유언
③ 구두유언
④ 녹음유언

04
중요도 ★★★

자필증서에 의한 유언의 요건에 대한 설명으로 가장 적절한 것은?

① 유언장전문을 자필했다면 연월일은 기재하지 않아도 유언은 유효하다.
② 주소를 '○○동에서'라고 기재한 경우 유언은 무효이다.
③ 성명은 반드시 가족관계등록부 상의 성명에 의해야 한다.
④ 워드로 작성한 유언장은 비밀증서의 요건을 충족하더라도 무효이다.

05
중요도 ★★

공정증서에 의한 유언에 대한 적절한 설명으로 모두 묶인 것은?

> 가. 유언자는 증인 2인이 참여한 공증인의 면전에서 공정증서를 작성한다.
> 나. 유언의 취지를 필기할 때는 공증인이 작성하며 유언자의 면전에서 진행해야 한다.
> 다. 변조, 멸실, 분실의 우려가 없고 유언의 존재나 내용상 명확성이 확실히 보장된다.
> 라. 증인의 참여가 없어도 공증인의 인증을 받았다면 공정증서에 의한 유언으로 인정된다.

① 가, 나   ② 가, 다
③ 나, 다   ④ 다, 라

정답 및 해설

01 ④ 유언의 자유는 기본권에 해당하지만, 판례에 따르면 피상속인이 유언으로 자신의 유체·유골을 처분하거나 매장 장소를 지정한 경우에 제사주재자가 무조건 이에 구속되어야 하는 법률적 의무까지 부담한다고 볼 수는 없다.

02 ② '가, 나, 라, 바'는 법정유언사항에 해당한다.
다. 유훈은 민법과 특별법에서 인정하는 법정유언사항이 아니다.
마. 유류분제도는 유족들의 생활 안정을 위한 제도로, 유언으로 금지할 수 없다.

03 ③ 법에서 정한 유언방식은 자필증서, 녹음, 공정증서, 비밀증서 및 구수증서의 5종이다.

04 ② ① 연월일을 기재하지 않은 유언은 무효이다.
③ 성명은 유언자의 동일성만 특정된다면 아호, 예명, 이니셜 등이라도 무방하다.
④ 비밀증서의 요건을 충족했다면 워드로 작성한 유언장도 유효하다.

05 ② '가, 다'는 적절한 설명이다.
나. 반드시 공증인이 직접 할 필요는 없이 사무원 등이 이를 대신해도 무방하며 유언자의 면전에서 필기해야 할 필요도 없다.
라. 증인의 참여가 없는 유언은 공증인의 인증을 받았더라도 공정증서에 의한 유언으로 볼 수 없다.

1과목 재무설계 개론
2과목 재무설계사 직업윤리
3과목 은퇴설계
4과목 부동산설계
5과목 상속설계
해커스 AFPK 핵심문제집 모듈1

06 중요도 ★★★

비밀증서에 의한 유언에 대한 설명으로 가장 적절하지 **않은** 것은?

① 유언자는 필자의 성명을 기입한 증서를 엄봉날인하고 자기의 유언서임을 표시한다.
② 필자는 반드시 유언자여야 하지만 증서의 엄봉과 날인은 공증인이 해도 무방하다.
③ 엄봉한 비밀증서는 2인 이상의 증인에게 제출해야 한다.
④ 유언봉서는 표면에 기재된 날로부터 5일 내에 공증인 또는 법원서기에게 제출하여 확정일자인을 받아야 한다.

07 중요도 ★★★

구수증서에 의한 유언에 대한 설명으로 가장 적절한 것은?

① 자필증서, 녹음, 공정증서 및 비밀증서의 방식에 의한 유언이 가능한 경우에도 구수증서에 의한 유언이 가능하다.
② 증인이란 상속인, 유증 받은 자 등 유언에 의해 법적으로 영향을 받는 자를 말하고, 이해관계인이란 구수증서 유언 작성에 참여한 자를 말한다.
③ 분실, 위조, 변조, 은닉의 위험이 없는 가장 안전한 유언방식이다.
④ 증인 또는 이해관계인은 급박한 사유가 종료한 날로부터 7일 내에 법원에 검인을 신청해야 한다.

08 중요도 ★★

유언의 방식에 대한 설명으로 가장 적절하지 **않은** 것은?

① 유언장은 횟수의 제한 없이 수정할 수 있다.
② 자필증서에 의한 유언의 경우 오타임이 명백한 글자를 정정한 후 도장이나 손도장을 찍지 않더라도 유언이 유효하다.
③ 공정증서에 의한 유언의 경우 유언자가 반혼수상태였다고 하더라도 유언내용 취지를 직접 얘기했다면 유언은 유효하다.
④ 증인이 한 명만 참석한 자리에서 작성된 공정증서에 의한 유언은 무효이다.

09 중요도 ★★
증인결격자에 해당하는 자로 모두 묶인 것은?

> 가. 미성년자
> 나. 피성년후견인
> 다. 유언자의 상속인
> 라. 유언에 의해 불이익을 받을 사람
> 마. 유증을 받게 될 자의 방계혈족

① 가, 나, 다
② 가, 다, 마
③ 나, 다, 라
④ 다, 라, 마

10 중요도 ★★
유언의 검인에 대한 설명으로 적절하지 **않은** 것은?

① 공정증서 및 구수증서를 제외한 나머지 유언은 유언자 사망 후에 법원의 검인을 받는다.
② 검인절차를 밟지 않으면 모든 유언은 효력을 잃는다.
③ 유언자 사망 후 유언 내용의 변경 등을 방지하기 위해 실시한다.
④ 법원에서 유언증서의 형식, 기재내용, 서명형식 등을 조사하고 법원서류에 조사내용을 기재하는 절차를 거친다.

정답 및 해설

06 ② 필자는 유언자 외에 다른 사람이 될 수도 있지만, 증서의 엄봉과 날인은 모두 유언자가 해야 하는 것으로 규정되어 있다.

07 ④ ① 구수증서에 의한 유언은 다른 유언방식을 이용할 수 없는 때에 한하여 이용할 수 있다.
② 증인 ↔ 이해관계인
③ 분실, 위조, 변조, 은닉의 위험이 없는 가장 안전한 유언방식은 공정증서에 의한 유언이다.

08 ③ 유언 당시 유언자가 반혼수상태였다면 의사식별능력을 갖고 유언 내용을 확인했다고 보기 어려우므로 이 유언은 무효이다. 유언 내용 취지를 직접 얘기했다기보다 유언자가 의사식별능력이 있는 상태로 의사표시를 외부로 표현할 수 있었는지 여부를 기준으로 유언의 효력이 결정된다.

09 ① '가, 나, 다'는 증인결격자에 해당한다.
라. 불이익 → 이익
마. 방계혈족 → 직계혈족

10 ② 유언의 검인절차는 유언서 자체의 상태를 확정하기 위한 것이지 유언의 효력을 판단하기 위한 것이 아니므로 검인절차의 유무는 유언의 효력에 영향을 주지 않는다.

11 중요도 ★★★

유언방식별 장단점에 대한 설명으로 가장 적절하지 **않은** 것은?

	유언방식	장 점	단 점
①	자필증서에 의한 유언	별도의 증인이 필요 없음	유언자 사후 진정 성립 여부 분쟁 가능성
②	녹음에 의한 유언	유언자가 위급한 경우 사용 가능	질병 등 급박한 사유가 있을 때만 인정됨
③	공정증서에 의한 유언	신빙성을 인정받기 쉬움	유언자가 유언 구술이 가능한 상태여야 함
④	비밀증서에 의한 유언	유언 비밀 유지에 유리	객관적인 제3자가 없어 신빙성이 문제 됨

12 중요도 ★★

유언의 철회에 대한 설명으로 가장 적절하지 **않은** 것은?

① 유언자는 언제든지 자신의 유언을 철회할 수 있고, 유언을 철회할 권리를 포기할 수 없다.

② 유언자 본인이 철회가 불가능할 경우 대리인을 통한 철회가 가능하다.

③ 유언자가 고의로 유언증서를 파훼한 때에는 그 파훼한 부분에 관한 유언은 철회한 것으로 본다.

④ 유언 후의 생전행위가 유언과 저촉되는 경우에는 그 저촉된 부분은 철회한 것으로 본다.

13 중요도 ★★ ⑦ p.84 ⑧ p.264

유언의 철회와 취소에 대한 설명으로 가장 적절하지 **않은** 것은?

① 유언장의 고의적 파훼가 아닌 분실만으로는 유언의 철회나 취소로 보지 않는다.

② 유언자가 아파트를 주겠다는 유언을 한 후 아파트를 제3자에게 팔았다면 유증을 철회한 것으로 본다.

③ 유언은 착오, 사기, 강박 등을 이유로 취소될 수 있다.

④ 유언철회를 위한 유언은 그 전의 유언방식과 동일한 방식으로 철회해야 한다.

14 중요도 ★★ ⑦ p.85 ⑧ p.264

유증과 사인증여에 대한 설명 중 (가)와 (나)에 들어갈 말로 적절한 것은?

- 사인증여는 증여계약의 일종으로서 (가)을 조건으로 하여 효력이 발생한다.
- A와 B는 아파트 증여에 동의한다는 대화를 한 후, A가 동일 내용을 자필증서에 의한 유언으로 남겼다. A의 유언장이 컴퓨터로 작성되었다면, A의 사망 후 B는 (나)에 의해서 아파트를 받을 수 있다.

	가	나
①	증여자의 사망	사인증여
②	증여자의 사망	유 증
③	부담 의무의 이행	사인증여
④	부담 의무의 이행	유 증

정답 및 해설

11 ② 구수증서에 의한 유언의 장단점에 대한 설명이다.

12 ② 유언을 철회할 수 있는 것은 유언자 본인뿐이고, 대리인은 본인의 유언을 철회할 수 없다.

13 ④ 민법에서 정한 유언방식으로 철회하면 되고 반드시 그 전의 유언방식과 동일한 방식으로 철회할 필요는 없다.

14 ① 가. 증여자의 사망
나. 사인증여

1과목 재무설계 개론

2과목 재무설계사 직업윤리

3과목 은퇴설계

4과목 부동산설계

5과목 상속설계

해커스 **AFPK** 핵심문제집 모듈1

15 부담부유증에 대한 설명으로 가장 적절한 것은?

① 혼인 시 집을 유증하겠다는 내용의 부담부유증은 가능하다.
② 부담의무의 이행청구권자는 유증의무자인 상속인이나 유언집행자이다.
③ 부담부유증을 받은 자가 부담의무를 이행하지 않는다면 곧바로 가정법원에 유언 취소 청구를 할 수 있다.
④ 부담부유증의 목적의 가액이 감소되어도 수유자의 부담의무 이행의 책임 한도는 동일하다.

16 유증에 대한 설명으로 가장 적절하지 **않은** 것은?

① 유언에 의하여 자신의 재산을 무상으로 제3자에게 주는 단독행위를 말한다.
② 집을 유증함과 아울러 자신의 손자녀가 성년에 달할 때까지 매달 얼마씩 주라고 하는 경우는 부담부유증에 해당한다.
③ 가정법원이 부담부유증에 대한 유언 취소심판을 하면 유증은 상속개시 시로 소급하여 효력을 잃는다.
④ 유언의 취소심판을 청구한 자는 수유자에게 유증의 목적재산 반환 청구를 할 수 없다.

17 다음 중 유언집행자가 될 수 있는 자에 해당하는 것은?

① 혈족이 아닌 제3자
② 미성년자
③ 피한정후견인
④ 파산선고를 받은 자

18 유언의 집행에 대한 적절한 설명으로 모두 묶인 것은?

> 가. 유언의 집행이란 유언의 효력이 발생한 후 그 내용을 실현하는 절차를 말한다.
> 나. 유언으로 친생부인의 의사를 표시한 경우, 가정법원에 친생부인의 소를 제기해야 한다.
> 다. 유언으로 유언집행자의 보수를 정하지 않은 경우에는 법원이 정할 수 있다.
> 라. 유언집행자의 보수를 포함한 유언집행의 비용은 상속재산 중에서 지급한다.

① 가
② 가, 나
③ 가, 나, 다
④ 가, 나, 다, 라

19 유언집행자에 대한 설명으로 가장 적절한 것은?

① 유언집행자는 원거리 이사의 이유를 들어 사퇴할 수 없다.
② 재산에 관한 유언일 경우 지체 없이 재산목록을 작성하여 상속인에게 교부한다.
③ 유언자는 유언으로 유언집행자를 지정할 수 있으나 제3자에게 위탁할 수 없다.
④ 유언집행자가 수인인 경우에 보존행위는 과반수의 찬성으로 결정한다.

정답 및 해설

15 ② ① 혼인할 의무를 지우는 것과 같이 당사자의 의사가 존중되어야 할 가족법상의 행위를 강제하는 부담은 무효이다.
③ 상속인 또는 유언집행자가 상당한 기간을 정하여 부담의무의 이행을 최고해야 하고, 그 기간 내에 이행하지 않은 때에 가정법원에 유언 취소 청구를 할 수 있다.
④ 부담부유증의 목적의 가액이 감소된 때 수유자는 기존의 부담부유증 목적의 가액을 초과하지 아니한 한도에서 부담할 의무가 있다.

16 ④ 유언의 취소심판이 있으면 유증은 상속개시 시로 소급하여 효력을 잃으므로 취소청구권자는 수유자에 대하여 유증의 목적인 재산의 반환을 청구할 수 있다.

17 ① 혈족이 아닌 제3자는 유언집행자가 될 수 있다. 특히 유언 내용이 복잡한 경우 변호사 또는 회계사를 유언집행자로 지정하는 것이 좋다.

18 ④ '가, 나, 다, 라' 모두 유언의 집행에 대한 적절한 설명이다.

19 ② ① 유언집행자는 질병, 외국 여행, 원거리로의 이사 등의 정당한 사유로 임무를 사퇴할 수 있다.
③ 유언자는 유언으로 유언집행자의 지정을 제3자에게 위탁할 수 있다.
④ 유언집행자가 수인인 경우 임무의 집행은 과반수의 찬성으로 결정하지만 보존행위는 각자 가능하다.

20 중요도 ★★★   ㉮ p.90 ~ 92 ⓐ p.266

유류분제도에 대한 설명으로 적절하지 **않은** 것은?

① 유류분 산정의 기초재산은 상속재산에 증여재산을 더한 후 상속채무를 공제한 것이다.
② 상속인이 아닌 사람에게 선의로 증여한 것은 증여시기와 관계없이 기초재산에 포함하지
   않는다.
③ 유류분권리자는 유류분을 상속개시 전에 포기할 수 없고, 포기를 하더라도 효력이 없다.
④ 상속재산 중 상속인에게 유보되는 최소한의 몫을 유류분이라고 한다.

21 중요도 ★★   ㉮ p.91 ⓐ p.266

유류분 비율에 대한 설명 중 다음 빈칸에 들어갈 말로 적절한 것은?

직계비속과 배우자의 유류분은 그 법정상속분의 (   )이다.

① 1/2
② 1/3
③ 1/5
④ 1/10

22 중요도 ★★   ㉮ p.91 ⓐ p.266

유류분권리자에 대한 설명으로 가장 적절한 것은?

① 유류분권리자는 상속인이어야 하므로 상속결격자는 유류분권리자가 될 수 없다.
② 유류분권리자는 피상속인의 직계비속, 직계존속, 배우자, 피상속인의 4촌 이내 방계혈족이다.
③ 유류분의 포기는 상속이 개시된 후 언제든지 가능하다.
④ 피상속인의 직계존속은 법정상속분의 1/2을 유류분으로 인정받는다.

23 중요도 ★★★

다음 사례에 대한 설명으로 가장 적절하지 **않은** 것은?

> 피상속인 A는 유족으로 배우자 B, 아들 C, 형 D가 있으며, 사망 당시 상속재산은 3,000만원이었다. 피상속인 A는 상속개시 6개월 전 배우자 B와 형 D에게 각각 1,000만원씩을 증여하였다.

① 상속인은 배우자 B, 아들 C이므로 형 D는 유류분권을 행사할 수 없다.
② 배우자 B에게 한 증여계약이 아직 이행되지 않았더라도, 증여가액 1,000만원을 유류분 산정 기초재산에 포함한다.
③ 유류분 산정 기초재산은 5,000만원이고 배우자 B의 유류분은 500만원이다.
④ A가 상속개시일로부터 2년 전에 아들 C에게 특별수익으로 볼 수 있는 증여를 했다면, 그 증여분은 유류분 산정 기초재산에 포함되지 않는다.

24 중요도 ★★★

유류분의 계산에 대한 설명으로 가장 적절한 것은?

① 피상속인의 직계비속과 배우자의 유류분 비율은 법정상속분의 1/3이다.
② 특별수익자가 받은 재산은 피상속인 사망 시 가격으로 계산한다.
③ 유류분 산정 기초재산에서 공제되어야 하는 채무에는 사법상의 채무만 해당된다.
④ 상속개시 1년 전에 행해진 증여가 상속재산에 산입되려면 유류분권리자를 해할 목적이나 의사를 가지고 행한 증여여야 한다.

정답 및 해설

20 ② 상속개시 전 1년 동안에 이루어졌다면 상속인이 아닌 사람에게 선의로 증여한 것도 기초재산으로 포함한다.

21 ① 직계비속과 배우자의 유류분은 그 법정상속분의 (1/2)이다.

22 ① ② 피상속인의 4촌 이내 방계혈족은 유류분권리자가 아니다.
③ 유류분의 포기는 상속이 개시된 후 일정한 기간 내에만 가능하다.
④ 피상속인의 직계존속은 법정상속분의 1/3을 유류분으로 인정받는다.

23 ④ 포함되지 않는다. → 포함된다.
[참고] 상속인이 받은 특별수익은 상속개시 1년 전에 증여받은 것이라 하더라도 유류분 계산의 기초재산에 포함한다.

24 ② ① 1/3 → 1/2
③ 사법상의 채무인가 또는 공법상의 채무인가 여부와 관계없이 채무를 공제한다.
④ 손해를 가한다는 객관적인 인식이 있으면 족하고 유류분권리자를 해할 목적이나 의사는 필요없다.

1과목 재무설계 개론

2과목 재무설계사 직업윤리

3과목 은퇴설계

4과목 부동산설계

5과목 상속설계

해커스 AFPK 핵심문제집 모듈1

⑦ p.91 ~ 93 ⑧ p.267

25 다음 사례에서 자녀 C의 유류분은 얼마인가?
중요도 ★★★

> 피상속인 A의 상속재산은 1억원이고 은행에 대한 채무는 2,000만원이며, 미납 세금은 1,000만원이 있다. 사망 당시 유족으로 배우자 B와 외동딸 C가 있었다. A는 상속개시 2년 전에 배우자 B에게 2,000만원을 증여하였고, 상속개시 6개월 전에 동생 D에게 1,000만원을 증여하였다.

① 1,600만원 ② 2,000만원
③ 3,200만원 ④ 4,000만원

⑦ p.91, p.97 ⑧ p.266 ~ 267

26 유류분에 대한 설명으로 바르게 연결된 것은?
중요도 ★★★

> • 피상속인의 배우자의 유류분 비율은 법정상속분의 (가)이다.
> • 유류분반환청구권은 유류분권리자가 상속의 개시와 반환해야 할 증여 또는 유증을 한 사실을 안 때로부터 (나) 내에 하지 아니하면 시효에 의하여 소멸하고 상속이 개시된 때로부터 (다)을 경과한 때도 같다.

	가	나	다
①	1/2	1년	10년
②	1/2	3년	10년
③	1/3	1년	5년
④	1/3	3년	5년

유류분반환청구권에 대한 설명으로 가장 적절하지 않은 것은?

① 유류분권리자는 유류분에 부족한 한도에서 유증 또는 증여된 재산의 반환을 청구할 수 있다.

② 반환청구의 상대방은 유증 또는 증여를 받은 자이다.

③ 유류분반환청구 대상인 증여와 유증이 병존하는 경우에는 증여를 먼저 반환받고 부족한 부분을 유증받은 자에게 반환받을 수 있다.

④ 유류분권리자는 상속의 개시와 증여 또는 유증 사실을 안 때로부터 1년 이내 또는 상속이 개시된 때로부터 10년 이내에 유류분의 반환을 청구해야 한다.

1과목
재무설계 개론

2과목
재무설계사 직업윤리

3과목
은퇴설계

4과목
부동산설계

5과목
상속설계

해커스 APPK 핵심문제집 모듈1

정답 및 해설

25 ② 유류분 = 유류분 산정 기초재산 × 법정상속분 × 유류분 비율
- 유류분 산정 기초재산 = 1억원 − 2,000만원 − 1,000만원 + 2,000만원 + 1,000만원 = 1억원
- C의 유류분 비율 = 1/2

∴ C의 유류분 = 1억원 × 2/5 × 1/2 = 2,000만원

26 ① 가. 1/2
나. 1년
다. 10년

27 ③ 증여와 유증이 병존하는 경우에는 유증을 받은 자로부터 먼저 반환받고 부족한 부분을 증여받은 자에게 반환받을 수 있다.

⑦ p.94 ⑧ p.267

28 중요도 ★★★

다음 빈칸에 들어갈 말로 적절한 것은?

> A씨에게는 배우자 B와 딸 C가 있고, 1억원의 적극상속재산과 9,000만원의 상속채무가 있다. A씨는 상속 개시 6개월 전에 친구 D에게 3,000만원의 증여를 했다. 그리고 배우자 B와 딸 C는 A씨에게 각각 200만원의 생전증여를 받았다. 이때, 배우자 B는 (가)에게 (나)의 유류분 반환청구를 할 수 있다.

	가	나
①	C	320만원
②	D	320만원
③	C	480만원
④	D	480만원

⑦ p.95 ~ 96 ⑧ p.267

29 중요도 ★★★

유류분의 반환에 대한 설명으로 가장 적절하지 **않은** 것은?

① 출생한 태아는 유류분 반환 청구권이 있다.
② 피상속인이 신탁을 설정한 경우에도 유류분반환청구의 대상이 될 수 있다.
③ 피상속인이 부동산을 생전증여하고 이행까지 마쳤다면 상속인은 수증자에게 말소등기를 청구할 수 있다.
④ 원물반환이 불가능하거나 제3자를 위한 제한물권이 설정된 경우 가액반환을 할 수 있다.

30

30 유류분 반환과 기여분의 관계에 대한 설명으로 가장 적절하지 **않은** 것은?

① 피상속인이 전 재산을 증여 또는 유증했다면 기여분은 인정될 여지가 없다.
② 공동상속인 중 1인에게 기여분이 주어져 다른 상속인의 유류분이 부족해지면, 기여분은 유류분반환청구 대상이 된다.
③ 증여와 유증은 기여분에 우선하며 기여분은 유류분에 우선한다.
④ 유류분반환청구의 대상은 자신이 증여 받은 재산을 기여분으로 주장할 수 없다.

31 유류분반환청구권의 소멸과 포기에 대한 설명으로 가장 적절하지 **않은** 것은?

① 상속이 개시된 때로부터 10년이 경과했다면 유류분반환청구권은 소멸한다.
② 유류분권리자가 상속의 개시와 증여 또는 유증의 사실을 인지한 후 1년 경과 시 유류분반환청구권이 소멸한다.
③ 상속이 개시되기 전에도 유류분반환청구권을 포기할 수 있다.
④ 상속포기가 가능한 기간 내에만 유류분반환청구권을 포기할 수 있는 것은 아니다.

정답 및 해설

28 ④ 유류분 부족액 = A(유류분 산정의 기초가 되는 재산액)×B(그 상속인의 유류분 비율) − C(그 상속인의 특별수익액) − D(그 상속인의 순상속액)
 • 피상속인 A의 증여를 받은 D에게 부족한 한도 내에서 유류분 반환 청구를 할 수 있다.
 • B의 유류분 부족액 = {(1억원 + 3,000만원 + 400만원 − 9,000만원) × (3/5 × 1/2)} − 200만원 − {(1억원 + 400만원) × 3/5 − 200만원 − (9,000만원 × 3/5)} = 480만원

29 ③ 말소청구를 하면 소유명의가 유류분권리자가 아닌 피상속인에게 환원되기 때문에 이전등기를 청구해야 한다.

30 ② 기여분은 유류분에 의한 반환청구 대상이 아니므로 공동상속 중 1인에게 기여분이 주어져 다른 상속인의 유류분이 부족해지더라도 기여분은 유류분반환청구 대상이 되지 않는다.

31 ③ 상속개시 전에 유류분반환청구권을 포기할 수 없다.

01 중요도 ★★   ㉑ p.102~103 ㉦ p.269

상속세와 증여세의 차이점에 대한 설명으로 가장 적절하지 **않은** 것은?

① 상속세는 신고납부기한이 상속개시일이 속하는 달의 말일로부터 6개월이고, 증여세는 증여일이 속하는 달의 말일로부터 3개월이다.
② 상속세의 관할세무서는 피상속인의 주소지 관할세무서이고, 증여세의 경우 수증자의 주소지 관할세무서이다.
③ 상속은 상속개시라는 일방의 행위에 의해 일어나고, 증여는 쌍방의 계약에 따라 이루어진다.
④ 상속세는 세대생략할증률을 적용하나, 증여세는 세대생략할증률을 적용하지 않는다.

02 중요도 ★★   ㉑ p.102~103 ㉦ p.268~269

상속세와 증여세의 관계에 대한 설명으로 가장 적절한 것은?

① 상속세 및 증여세법상 재산평가방법, 신고세액공제율, 10~50% 초과누진세율은 상속세와 증여세에서 동일하게 규정하고 있다.
② 상속세는 상속인별로 받은 재산에 대해서만 과세되는 반면 증여세는 증여자의 재산 전체에 대해 과세되어 상속으로 재산을 물려받는 것이 더 적은 세금이 나온다.
③ 상속세는 유산취득세 과세방식에 의해 과세되고, 증여세는 유산세 과세방식에 의해 과세된다.
④ 상속세는 분납, 연부연납 및 물납제도를 적용할 수 있으나 증여세는 할 수 없다.

03 중요도 ★★

㉮ p.103　㉯ p.269

다음 중 상속세와 증여세의 과세 대상 재산이 적절하게 연결된 것은?

	상속세	증여세
①	피상속인의 재산 전체	증여자별 받은 재산
②	상속인의 재산 전체	수증자별 받은 재산
③	피상속인의 재산 전체	수증자별 받은 재산
④	상속인의 재산 전체	증여자별 받은 재산

1과목
재무설계 개론

2과목
재무설계사 직업윤리

3과목
은퇴설계

4과목
부동산설계

5과목
상속설계

해커스 **AFPK** 핵심문제집 모듈1

04 중요도 ★★★

㉮ p.104 ~ 105　㉯ p.270

상속세에 대한 설명으로 가장 적절한 것은?

① 피상속인의 실종선고로 상속이 개시되는 경우 실종기간 만료일이 상속개시일이다.
② 상속재산은 피상속인의 일신에 전속하는 것을 포함하는 모든 재산을 말한다.
③ 상속인이란 민법에 따른 상속인을 말하며, 상속포기자와 특별연고자는 제외한다.
④ 피상속인이 유증한 재산과 사인증여재산은 상속재산에 포함한다.

정답 및 해설

01 ④ 상속세와 증여세 모두 세대생략할증률(30%, 40%)을 적용한다.

02 ① ② 상속세는 피상속인의 재산 전체에 대해 과세되고 증여세는 수증자별로 받은 재산에 대해서만 과세되어 상속으로 재산을 물려받는 것이 더 많은 세금이 나온다.
③ 유산취득세 ↔ 유산세
④ 증여세도 분납과 연부연납을 적용할 수 있다.

03 ③ 상속세의 과세대상 재산은 피상속인의 재산 전체이고, 증여세의 과세대상 재산은 수증자별 받은 재산이다.

04 ④ ① 실종기간 만료일 → 실종선고일
② 피상속인의 일신에 전속하는 것은 피상속인이 사망하면 소멸하는 것으로 상속재산에서 제외한다.
③ 상속포기자와 특별연고자는 상속인에 포함된다.

05

중요도 ★★★ ㉮ p.104~105 ㉯ p.270

다음 사례에서 상속개시일과 상속세 과세가액으로 적절한 것은?

> A씨는 2019년 6월 4일 항공기가 추락하여 실종되었으며, 2024년 6월 14일 실종선고 판결을 받았다. 그의 상속재산가액은 5억원이며, 실종되기 전 2018년 3월 20일에 상속인인 배우자 B씨에게 2,000만원을 증여했다.

	상속개시일	상속세 과세가액
①	2019년 6월 4일	5억
②	2019년 6월 4일	5억 2,000만원
③	2024년 6월 14일	5억
④	2024년 6월 14일	5억 2,000만원

06

중요도 ★★★ ㉮ p.106~107 ㉯ p.270

상속세의 기본개념에 대한 설명 중 다음 빈칸에 들어갈 말로 적절한 것은?

> • 상속세 및 증여세법상 피상속인이 비거주자일 경우 (가)을 과세대상으로 한다.
> • 피상속인이 거주자인 경우 상속세 납부의무자는 상속개시일이 속하는 달의 말일로부터 (나) 이내에 상속세의 과세가액 및 과세표준을 납세지 관할 세무서장에게 신고한다.

	가	나
①	국내외에 있는 모든 상속재산	6개월
②	국내외에 있는 모든 상속재산	9개월
③	국내에 있는 모든 상속재산	6개월
④	국내에 있는 모든 상속재산	9개월

07

중요도 ★★★

상속세 납세의무에 대한 설명으로 가장 적절한 것은?

① 상속세는 상속인 또는 수유자, 영리법인이 상속재산 중 각자가 받았거나 받을 재산을 기준으로 계산한 비율대로 납부할 의무가 있다.
② 상속세 계산 시 기준이 되는 상속재산에는 상속재산에 가산되는 증여재산이 포함된다.
③ 연대납세의무자로서 상속세를 납부하는 경우에는 증여세 과세문제가 발생할 수 있다.
④ 공동상속인 중 1인이 상속세를 단독으로 전부 부담하면 이를 공동상속인 간의 증여로 본다.

1과목
재무설계 개론

2과목
재무설계사 직업윤리

3과목
은퇴설계

4과목
부동산설계

5과목
상속설계

해커스 AFPK 핵심문제집 모듈1

정답 및 해설

05 ④ 상속개시일은 실종선고일이고, 상속개시일 전 10년 이내에 피상속인이 상속인에게 증여한 재산가액은 상속세 과세가액에 포함된다.

[참고] 상속개시일 전 5년 이내에 피상속인이 상속인이 아닌 자에게 증여한 재산가액도 상속세 과세가액에 포함된다.

06 ③ 가. 국내에 있는 모든 상속재산
나. 6개월

07 ② ① 영리법인이 받은 상속재산에 대해서는 상속세 납부를 면제받고, 대신 자산수증이익으로 보아 법인세를 과세한다.
③ 연대납세의무자로서 상속세를 납부하는 경우에는 증여세 과세문제가 발생하지 않는다.
④ 공동상속인 중 1인이 상속받은 재산 내에서 상속세를 단독으로 전부 부담하더라도 이를 공동상속인 간의 증여로 보지 않는다.

⑦ p.108　㉲ p.272

08

중요도 ★★★

간주상속재산에 대한 설명으로 가장 적절하지 **않은** 것은?

① 본래의 상속재산은 아니나 상속세 및 증여세법상 상속재산으로 간주하여 과세하는 재산으로 보험금, 신탁재산, 퇴직금 등이 있다.
② 피상속인이 사망하여 받게 되는 퇴직금과 퇴직위로금은 간주상속재산에 포함된다.
③ 피상속인이 위탁자로서 신탁한 재산가액은 간주상속재산에 포함한다.
④ 피상속인이 아닌 자가 납부한 보험료에 상당하는 보험금도 상증법상 상속재산으로 간주한다.

09

중요도 ★★★

⑦ p.110 ~ 111　㉲ p.271 ~ 273

거주자 A는 20×4년 3월 15일에 사망하였다. 아래 자료를 보고 계산한 추정상속재산가액으로 적절한 것은?

- 20×3년 2월 10일 A가 보유한 건물을 5억원에 처분하였으며, 상속개시일 현재 사용용도가 입증되는 금액은 1억원이다.
- 20×2년 9월 15일 금융기관에 A의 명의로 3억원을 차입하였으며, 입증가능 금액은 4,000만 원이다.
- A의 명의로 되어 있는 예금계좌에서 20×3년 1월 2일에 1억원, 20×4년 2월 1일에 2억원을 인출하였으며, 상속개시일 현재 사용용도가 입증된 금액은 없다.

① 260,000천원
② 360,000천원
③ 460,000천원
④ 560,000천원

10 중요도 ★★★

추정상속재산가액에 대한 설명으로 가장 적절하지 **않은** 것은?

① 상속개시일 전에 재산의 처분·인출·차입 등으로 상속세를 회피했다고 추정되는 경우에는 그 가액을 계산에 의하여 상속재산가액에 산입한다.
② 재산종류별로 상속개시일 전 1년 이내에 2억원 이상, 2년 이내에 5억원 이상의 처분, 인출, 차입 등이 있는 경우, 용도가 객관적으로 명백하지 않을 시 상속세 과세가액에 산입한다.
③ 용도를 입증하지 못한 금액 전부를 추정상속재산가액으로 본다.
④ 추정상속재산의 계산은 재산 종류별로 구분하여 계산하며 이때 재산 종류별이란 현금·예금 및 유가증권, 부동산 및 부동산에 관한 권리, 그리고 그 외의 기타재산으로 구분한다.

11 중요도 ★★

상속재산 차감금액에 대한 설명으로 가장 적절하지 **않은** 것은?

① 상속재산에서 차감되는 항목에는 공과금, 장례비, 채무가 있다.
② 상속개시일 현재 피상속인이 납부할 의무가 있었던 조세·공공요금이 상속인에게 승계되었다면 상속인 귀책사유로 발생한 가산금도 공제된다.
③ 시신 안치 비용, 묘지 구입비, 비석 구입비 등 장례에 직접 소요된 비용은 상속재산에서 차감된다.
④ 객관적인 증빙 서류에 의해 입증된 국가에 대한 채무는 상속재산에서 차감된다.

▶ 정답 및 해설

08 ④ 상증법에서는 피상속인이 납부한 보험료에 대한 보험금을 상속재산으로 간주한다.

09 ③ 추정상속재산가액 = 상속개시 전 1년(2년) 내 재산처분 등으로 얻은 금액 − 용도 입증액 − Min[재산처분 등으로 얻은 금액 × 20%, 2억원]
 • 건물 = 5억원 − 1억원 − Min[5억원 × 20%, 2억원] = 3억원
 • 예금 = 2억원 − 0원 − Min[2억원 × 20%, 2억원] = 1억 6천만원
 • 채무는 상속개시일 전 2년 이내 5억원 이상인 경우가 아니므로 추정상속재산 요건을 만족하지 않는다.
 ∴ 추정상속재산가액 = 3억원 + 1억 6천만원 = 460,000천원

10 ③ 추정상속재산가액은 상속개시 전 1년(2년) 내 재산처분·인출 및 채무부담 금액에서 용도를 입증한 금액을 제외하고 재산처분 등으로 얻은 금액의 20%와 2억원 중 작은 금액을 차감한 금액으로 계산한다.

11 ② 상속인 귀책사유로 발생한 가산금은 상속재산 차감 항목에서 제외된다.

12

⑦ p.112 ② p.273

중요도 ★★

다음 사례에서 상속재산 차감금액 중 장례비용과 봉안시설비용으로 최대한 공제받을 수 있는 금액으로 적절한 것은?

> 거주자 A의 사망으로 700만원의 장례비용이 들었으나, 증빙서류가 없어 입증할 수가 없다. 봉안시설에 A를 모시면서 800만원의 추가비용이 들었고, 봉안시설에 대한 비용은 증빙서류가 있다.

① 800만원

② 1,000만원

③ 1,300만원

④ 1,500만원

13

⑦ p.113 ~ 114 ② p.273

중요도 ★★

다음 사례를 토대로 계산한 A의 상속재산에 가산할 사전증여재산가액으로 적절한 것은?

> • 거주자 A는 2024년 5월 10일에 사망하였다.
> • 손자 D는 B의 자녀이다.
> • A는 아래와 같이 사망 전에 증여를 하였고 수증자들은 상속개시일 현재 생존해 있다.
>
> | 수증자 | 증여일 | 증여재산 | 증여일 현재 재산평가액 |
> |---|---|---|---|
> | 아들 B | 2013년 8월 10일 | 토 지 | 2억원 |
> | 배우자 C | 2015년 9월 1일 | 아파트 | 3억원 |
> | 손자 D | 2017년 3월 15일 | 상 가 | 6억원 |

① 3억원

② 5억원

③ 9억원

④ 11억원

14 중요도 ★★★

상속공제에 대한 설명으로 가장 적절하지 **않은** 것은?

① 거주자 또는 비거주자의 사망으로 상속이 개시되는 경우에는 기초공제로서 2억원을 공제받는다.

② 피상속인이 비거주자인 경우에는 상속공제 중 기초공제만 허용된다.

③ 피상속인의 배우자를 제외한 동거가족 및 상속인 중 65세 이상의 연로자가 있으면 1인당 5,000만원을 공제받을 수 있다.

④ 미성년자인 자녀가 있는 경우 상황에 따라 미성년자공제와 자녀공제 중 공제금액이 큰 것을 선택한다.

15 중요도 ★★★

사망한 거주자 A의 가족이 다음 자료와 같을 때, 상속세 계산 시 적용할 수 있는 기초공제와 그 밖의 인적공제액의 합계액으로 적절한 것은?

> • A는 5명의 자녀를 두고 있으며 모두 20세 이상이다.
> • A는 80세의 아버지와 76세의 어머니를 동거하며 모시고 있다.
> • 동거가족 중 장애인은 없다.

① 2억원

② 5억원

③ 5억 5천만원

④ 6억원

정답 및 해설

12 ② 장례비용은 증빙이 없어도 500만원이 공제되며, 봉안시설 또는 자연장지 사용비용은 증빙으로 입증 시 500만원까지 추가로 공제 가능하다.

13 ① 사전증여재산가액은 상속개시일 전 10년(5년) 이내에 상속인(상속인이 아닌 자)에게 증여한 재산가액이다.
　• 상속개시일 전 10년 이내에 상속인에게 증여한 재산 : 배우자 C에게 증여한 아파트 3억원
　• 상속개시일 전 5년 이내에 상속인이 아닌 자에게 증여한 재산 : 없음
　∴ 사전증여재산가액 = 3억원

14 ④ 자녀공제와 미성년자공제는 중복 적용 가능하다.

15 ③ • 기초공제 = 2억원
　• 그 밖의 인적공제 = 자녀공제(5,000만원 × 5명) + 연로자공제(5,000만원 × 2명) = 3억 5천만원
　∴ 합계액 = 2억원 + 3억 5천만원 = 5억 5천만원

16 중요도 ★★ ㉮ p.116 ㉯ p.274 ~ 275

가업상속공제에 대한 설명으로 가장 적절하지 **않은** 것은?

① 법인기업이나 개인기업을 10년 이상 운영한 중소·중견기업 경영자의 상속 시 가업 관련 재산을 공제하는 제도이다.
② 피상속인의 사업영위기간에 따라 최대 600억원까지 가업상속공제를 적용할 수 있다.
③ 법인기업을 25년간 운영한 중소·중견기업 경영자의 상속 시 최대 300억원의 가업상속 공제를 적용할 수 있다.
④ 상속개시일로부터 5년 이내에 정당한 사유 없이 가업자산을 처분하면 상속세를 추징 한다.

17 중요도 ★★★ ㉮ p.117 ~ 118 ㉯ p.275

상속개시일 현재 피상속인인 거주자 A의 금융재산과 부채가 다음과 같을 때, 이를 토대로 계산한 금융재산상속공제액으로 적절한 것은?

• 현금 : 1억원
• 은행예금 : 4억원
• 사망보험금 : 2억원(계약자 및 피보험자 : A, 수익자 : 상속인)
• 임대보증금 : 3억원
• 은행차입금 : 1억원

---

① 100,000천원
③ 160,000천원
② 120,000천원
④ 200,000천원

18 중요도 ★★★ ㉮ p.115 ~ 119 ㉯ p.274 ~ 275

상속공제액에 대한 설명으로 가장 적절하지 **않은** 것은?

① 인적공제에서 기초공제액과 그 밖의 인적공제액의 합계액이 4억원이라면 일괄공제를 선택하는 것이 좋다.
② 배우자상속공제로 최소 5억원이 공제되며, 30억원을 한도로 배우자가 실제 상속받은 금액과 배우자의 법적상속분 중 적은 금액이 공제된다.
③ 영농 업종은 가업상속공제와 영농상속공제를 합하여 최대 30억원까지 공제받는다.
④ 피상속인과 상속인이 상속개시일로부터 소급하여 10년 이상 하나의 주택에서 동거한 경우 상속주택가액의 100%에 상당하는 금액을 6억원 한도로 공제받을 수 있다.

중요도 ★★　　　　　　　　　　　　　　　　　　㉮ p.115, p.117 ~ 119　㉯ p.274 ~ 276

항목별 상속공제에 대한 설명으로 가장 적절한 것은?

① 상속개시 후 상속세 신고기한 이내에 화재·붕괴 등의 재난으로 상속재산이 멸실·훼손된 경우에는 그 손실가액을 상속세 과세가액에서 공제한다.
② 순금융재산가액이 1,000만원인 경우 200만원을 금융재산상속공제액으로 상속세 과세가액에서 공제한다.
③ 배우자가 실제 상속받은 금액과 법정상속분 중 더 작은 금액이 5억원보다 크다면 5억원을 한도로 배우자상속공제를 받을 수 있다.
④ 배우자가 65세 이상이면 배우자상속공제와 연로자공제를 동시에 적용받을 수 있다.

20
중요도 ★★　　　　　　　　　　　　　　　　　　㉮ p.120 ~ 123　㉯ p.276 ~ 277

상속세 산출세액 및 납부할 세액에 대한 설명으로 가장 적절하지 **않은** 것은?

① 민법상 대습상속의 경우에는 세대생략가산을 하지 않는다.
② 상속세 과세표준과 세액을 신고기한 이내에 신고만 하면 상속세 납부 여부와 관계없이 신고세액공제를 받을 수 있으며, 신고세액공제율은 3%가 적용된다.
③ 상속세 세율은 초과누진세율로 구성되어 있어 과세표준 금액에 따라 최하 6%에서 최고 42%까지의 7단계 누진세율로 구성되어 있다.
④ 상속세 과세가액이 5억원 이하인 경우에는 증여세액공제를 적용하지 않는다.

정답 및 해설

16 ③ 300억원 → 400억원

17 ① 순금융재산가액은 상속재산 중 예금, 보험금, 주식 등의 금융재산의 합계액에서 피상속인의 금융채무를 차감한 금액이며, 순금융재산가액의 규모에 따라 구간별로 금융재산상속공제액을 다르게 계산한다.
순금융재산가액 = 은행예금 4억원 + 사망보험금 2억원 − 은행차입금 1억원 = 5억원
∴ 금융재산상속공제액 = 5억원 × 20% = 100,000천원

[참고] 1억원 초과 ~ 10억원 이하의 금액은 순금융재산가액의 20%가 공제액이다.

18 ③ 영농 업종은 가업상속공제를 적용받지 못하는 대신 영농상속공제를 최대 30억원까지 공제받는다.

19 ① ② 순금융재산가액이 2,000만원 이하인 경우 전액 금융재산상속공제를 적용한다.
③ 5억원 → 30억원
④ 배우자상속공제와 연로자공제는 동시에 적용받을 수 없다.

20 ③ 상속세 세율은 과세표준 금액에 따라 최하 10%에서 최고 50%까지의 5단계 누진세율로 구성되어 있다.

1과목 재무설계 개론

2과목 재무설계사 직업윤리

3과목 은퇴설계

4과목 부동산설계

5과목 상속설계

해커스 AFPK 핵심문제집 모듈1

21

중요도 ★★★

㉮ p.120 ~ 121 ㉯ p.276

다음 사례를 토대로 할 때 세대생략 할증세액을 포함한 상속세 산출세액계로 적절한 것은?

> - 상속세 과세표준 : 50억원
> - 피상속인 A는 자녀 2명이 있으며, 각각 25억원씩 상속받음
> - 피상속인 A의 손자(14세)는 25억원을 유증으로 받음

① 20.4억원

② 22.44억원

③ 23.12억원

④ 28.56억원

22

중요도 ★★

㉮ p.121 ~ 123 ㉯ p.277

세액공제와 징수유예에 대한 설명으로 가장 적절하지 **않은** 것은?

① 상속재산에 가산한 증여재산에 대한 증여세액공제는 한도가 없다.

② 외국에 있는 상속재산에 대해 외국의 상속세를 부과받았다면 해당 상속재산의 과세표준에 상당하는 상속세 산출세액을 외국에서 부과된 상속세액 범위에서 공제한다.

③ 상속개시 후 10년 이내에 상속인이 사망하여 다시 상속이 개시되는 경우 재상속재산에 대한 전의 상속세 상당액을 상속세 산출세액에서 공제한다.

④ 상속재산 중 국가등록문화재에 해당하는 재산이 포함되었다면 그 재산가액에 상당하는 상속세액의 징수를 유예한다.

중요도 ★★

㉮ p.123 ㉯ p.277

23 미납한 세액 1억원을 100일이 지연된 후에 납부한 경우 납부지연가산세는?

① 22만원
② 25만원
③ 220만원
④ 250만원

중요도 ★★

㉮ p.123 ㉯ p.277

24 상속세법상 가산세에 대한 설명으로 가장 적절하지 **않은** 것은?

① 상속세를 신고기한 내 신고하지 않았을 경우, 원칙적으로 해당 산출세액 계의 20%를 무신고가산세로 부담해야 한다.
② 부정행위에 의한 과소신고가산세와 역외거래의 부정행위에 의한 과소신고가산세는 동일한 세율을 적용한다.
③ 부정행위에 의한 무신고 시, 해당 산출세액 계의 40%를 무신고가산세로 부담해야 한다.
④ 미납세액이 있다면 그 세액에 대하여 지연된 일수만큼 22/100,000의 납부지연가산세를 부담해야 한다.

정답 및 해설

21 ③ 상속세 산출세액계 = 상속세 산출세액 + 할증세액
- 상속세 산출세액 = 상속세 과세표준 × 세율 − 누진공제액 = 50억원 × 50% − 4.6억원 = 20.4억원
- 할증세액 = 상속세 산출세액 × (손자가 유증받은 금액/총상속재산가액) × 40%(미성년자인 경우)
  = 20.4억원 × (25억원/75억원) × 40% = 2.72억원
- 상속세 산출세액계 = 20.4억원 + 2.72억원 = 23.12억원

22 ① 상속재산에 가산한 증여재산에 대한 증여세액은 한도 내로 상속세 산출세액에서 공제한다.

23 ③ 납부지연가산세 = 미납세액(부족납부세액) × 지연납부일수 × 22/100,000
= 1억원 × 100 × 22/100,000 = 220만원

24 ② 부정행위에 의한 과소신고가산세는 40%, 역외거래 부정행위에 의한 과소신고가산세는 60%의 세율을 적용한다.

25 중요도 ★★★ 　㉮ p.124~127 ㉦ p.278

상속세의 납부에 대한 설명으로 가장 적절하지 **않은** 것은?

① 납부할 상속세액이 1,000만원을 초과하는 경우에는 납부기한이 지난 후 2개월 이내에 분납할 수 있다.
② 2024년 3월 5일에 상속이 개시되어 상속세를 분납할 경우 분납기한은 2024년 5월 5일 이다.
③ 납세의무자가 유가증권 등의 담보를 제공하여 연부연납 허가를 신청하면 그 신청일에 연부연납 허가를 받은 것으로 본다.
④ 납세지 관할세무서장은 물납을 위한 요건을 모두 갖추었더라도 물납을 신청한 재산의 관리·처분이 적당하지 아니하다고 인정되는 경우에는 물납허가를 하지 아니할 수 있다.

26 중요도 ★★★ 　㉮ p.125~126 ㉦ p.278

상속세의 연부연납과 관련하여 (가)~(라)에 들어갈 내용으로 적절한 것은?

- 상속세 납부세액이 (가)을 초과하는 경우에 납세의무자는 관할세무서장에게 신청하여 일반적인 경우에는 연부연납 허가일부터 (나)의 연부연납을 할 수 있다.
- 위와 같은 경우 납세의무자는 (다)을/를 제공하여야 하며, 연부연납 각 회분 납부세액에 이자 상당액인 연 (라)(2023년 현재 기준)의 연부연납가산금을 추가로 납부하여야 한다.

	가	나	다	라
①	1,000만원	5년	물 납	2.9%
②	1,000만원	10년	담 보	1.7%
③	2,000만원	5년	물 납	1.7%
④	2,000만원	10년	담 보	2.9%

거주자 A의 사망으로 상속세로 납부할 세액이 1,600만원일 경우 분납할 수 있는 최대 금액은?

① 600만원

② 800만원

③ 1,000만원

④ 1,200만원

1과목
재무설계 개론

2과목
재무설계사 직업윤리

3과목
은퇴설계

4과목
부동산설계

5과목
상속설계

해커스 AFPK 핵심문제집 모듈1

정답 및 해설

25 ② 분납은 법정신고기한으로부터 2개월 이내 납부할 수 있다. 법정신고기한은 상속개시일이 속하는 달의 말일로부터 6개월이 지난 2024년 9월 30일이므로 분납기한은 2024년 11월 30일이다.

26 ④ 가. 2,000만원
나. 10년
다. 담보
라. 2.9%

27 ① 납부할 세액이 2,000만원 이하인 경우 '납부할 세액 – 1,000만원'을 한도로 분납할 수 있다.
∴ 최대 분납액 = 1,600만원 – 1,000만원 = 600만원

28

㉮ p.129 ~ 131 ㉯ p.279

중요도 ★★★

증여세에 대한 설명으로 가장 적절한 것은?

① 영리법인도 증여받을 능력이 있으므로 증여세 납세의무자에 해당한다.
② 수증자가 비거주자인 경우 어떠한 상황에도 증여세를 납부할 의무가 없다.
③ 세법에서는 증여에 대하여 민법보다 포괄적으로 정의하고 있으며 완전포괄주의 개념을 도입하고 있다.
④ 세법상 증여는 유증, 사인증여, 유언대용신탁 및 수익자연속신탁을 포함한다.

29

㉮ p.129 ~ 130 ㉯ p.279

중요도 ★★★

상속세 및 증여세법상 증여로 보지 **않는** 것으로 모두 묶인 것은?

가. 이혼 시 재산분할에 의해 취득한 재산
나. 상속분 확정 이후에 협의분할한 재산
다. 증여세 신고기한 내에 반환한 현금
라. 손해배상의 대가로 받는 이혼 위자료
마. 당초 증여가 무효인 재산의 반환
바. 증여세 신고기한으로부터 6개월이 경과하여 반환한 아파트

① 가, 나, 다
② 가, 라, 마
③ 가, 라, 바
④ 나, 마, 바

증여재산의 반환과 관련하여 (가)∼(다)에 들어갈 내용으로 적절한 것은?

반환시기		증여세 과세대상 여부	
		당초 증여	반환 증여
금 전	시기와 관계없이	과세대상	과세대상
금전 외	증여세 신고기한까지	(가)	과세제외
	증여세 신고기한 경과 후 3개월 이내	과세대상	(나)
	증여세 신고기한 경과 후 3개월 이후	과세대상	(다)
	당초 증여가 무효일 때 반환시기와 관계없이	과세제외	과세제외

	가	나	다
①	과세대상	과세대상	과세제외
②	과세제외	과세대상	과세대상
③	과세제외	과세제외	과세제외
④	과세제외	과세제외	과세대상

1과목 재무설계 개론

2과목 재무설계사 직업윤리

3과목 은퇴설계

4과목 부동산설계

5과목 상속설계

해커스 AFPK 핵심문제집 모듈1

정답 및 해설

28 ③ ① 영리법인은 증여세 납세의무가 면제되고 대신 법인세가 과세된다.
② 수증자가 비거주자인 경우 거주자로부터 증여받은 국내외 소재 재산이 증여세 과세대상에 포함된다.
④ 포함한다. → 제외한다.

29 ② '가, 라, 마'는 상속세 및 증여세법상 증여로 보지 않는 거래에 해당한다.
'나, 다, 바'는 증여유형의 예시이다.

30 ④ 가. 과세제외
나. 과세제외
다. 과세대상

㉮ p.131 ~ 132 ㉯ p.279 ~ 280

31

중요도 ★★

증여세 납세의무자와 연대납부의무에 대한 설명으로 가장 적절하지 **않은** 것은?

① 증여세 납세의무자는 재산을 무상으로 취득하는 수증자이다.
② 수증자가 거주자인 경우에는 국내외 소재 모든 증여재산에 대해 납세의무를 진다.
③ 수증자가 영리법인인 경우에는 국내재산에 한해서 증여세를 과세한다.
④ 비거주자인 증여자와 수증자 간 국외재산의 증여는 과세대상이 아니다.

㉮ p.133 ~ 134 ㉯ p.281

32

중요도 ★★

다음 중 비과세되는 증여재산으로 모두 묶인 것은?

가. 사회통념상 인정되는 교육비를 지급받은 경우
나. 정당이 증여받은 재산
다. 생활비 명목으로 받은 후 당해 재산을 예적금한 경우
라. 우리사주조합, 사내근로복지기금, 근로복지진흥기금이 증여받은 재산
마. 사회통념상 인정되는 이재구호금품
바. 장애인을 보험금 수령인으로 하는 보험에서 받는 연간 4천만원 이내의 보험금

① 가, 다, 마
② 나, 다, 라, 바
③ 가, 나, 라, 마, 바
④ 가, 나, 다, 라, 마, 바

33

중요도 ★★★

만 40세의 거주자 A가 2024년 5월 15일에 어머니로부터 주식 400만원을 증여받았을 때, 지금까지 증여받은 내역에 대한 자료를 토대로 금번 증여에 따른 증여세의 계산 시 합산되는 기증여재산가액으로 적절한 것은?

증여자	증여일자	증여재산	증여재산가액
어머니	2011년 4월 8일	토 지	2억원
할아버지	2015년 10월 9일	상 가	1억원
아버지	2017년 4월 15일	예 금	2천만원
어머니	2024년 5월 15일	주 식	400만원

① 0원
② 2천만원
③ 1억 2천만원
④ 3억 2천만원

34

중요도 ★★

다음 중 증여자와 증여재산공제액이 적절하게 연결되지 **않은** 것은?

① 배우자 – 5억원
② 직계비속 – 5천만원
③ 직계존속 – 5천만원(수증자가 미성년자인 경우 2천만원)
④ 6촌 이내의 혈족, 4촌 이내의 인척 – 1천만원

정답 및 해설

31 ③ 수증자가 영리법인인 경우에는 법인세가 과세되므로 증여세는 과세되지 않는다.

[참고] 비영리법인은 개인과 마찬가지로 증여받은 재산에 대해 증여세가 과세된다.

32 ③ '가, 나, 라, 마, 바'는 비과세되는 증여재산이다.
다. 과세되는 증여재산이다.

33 ② 가산되는 기증여재산가액 = 10년 이내 동일인에게 받은 증여재산가액
• 어머니의 토지 증여는 10년 이내의 증여가 아니다.
• 할아버지는 어머니와 동일인이 아니다.
• 아버지는 어머니와 동일인으로 보며 아버지의 예금 증여는 10년 이내의 증여이다.
∴ 가산되는 기증여재산가액 = 2천만원

34 ① 5억원 → 6억원

[참고] 수증자가 혼인·출산 해당 시 직계존속으로부터 수증분 5천만원과는 별도로 1억원의 추가공제를 받을 수 있다.

㉮ p.136 ~ 137　㉯ p.282 ~ 283

35 중요도 ★★★

만 42세의 거주자 A가 2024년 10월 8일 아버지로부터 주식 4,000만원을 증여받았을 때, 지금까지 증여받은 내역에 대한 자료를 토대로 증여세 계산 시 금번 증여재산공제액으로 적절한 것은? (단, A씨는 혼인·출산공제 해당사항이 없다.)

증여자	증여일	증여재산	증여재산평가가액
배우자	2014년 12월 9일	상 가	5,000만원
할머니	2015년 4월 15일	토 지	3,000만원
아버지	2024년 10월 8일	주 식	4,000만원

① 0원
② 1,000만원
③ 2,000만원
④ 4,000만원

㉮ p.142 ~ 144　㉯ p.284

36 중요도 ★★

증여세 과세규정에 대한 설명으로 가장 적절하지 **않은** 것은?

① 생명보험의 피보험자와 보험금 수령인이 다른 경우 보험금 상당액을 보험금 수령인의 증여재산가액으로 한다.
② 채무를 면제받은 채무자에게는 그 면제로 인한 이익을 증여로 보아 과세한다.
③ 타인으로부터 금전을 무상 또는 적정이자율보다 낮은 이자율로 대출받은 경우에는 대출받은 자의 이익을 계산하여 기준 금액 이상이면 증여세를 과세한다.
④ 재산을 시가보다 일정 금액 이상 높거나 낮게 거래한 경우 이로 인해 이익을 본 당사자는 증여세를 납부해야 한다.

37

중요도 ★★

㉮ p.144 ~ 145 ㉠ p.284

거주자 A가 1억원의 보험금을 수령하였다. 보험료 납부 내역이 다음 자료와 같다면, 보험금 수령으로 인한 증여재산가액으로 적절한 것은?

> • 총 납부 보험료 : 5,000만원
> • 총 납부 보험료 중 A가 납부한 보험료 : 3,000만원

① 0원

② 2,000만원

③ 4,000만원

④ 5,000만원

38

중요도 ★★

㉮ p.146 ㉠ p.284

증여세를 납부할 의무가 **없는** 거래는?

① 특수관계인에게 시가 20억원의 토지를 15억원에 양수하였다.
② 특수관계인에게 시가 10억원의 건물을 14억원에 양도하였다.
③ 특수관계인이 아닌 자에게 시가 20억원의 상가를 15억원에 양수하였다.
④ 특수관계인이 아닌 자에게 시가 10억원의 주택을 15억원에 양도하였다.

정답 및 해설

35 ③ 직계존속에 대한 증여재산공제액 : 10년 이내 5,000만원
∴ 증여재산공제액 = 5,000만원(한도) − 3,000만원(10년 이내 공제액) = 2,000만원

36 ① 생명보험의 보험금 수령인과 실제 보험료 납부자가 다른 경우 보험금 상당액을 보험금 수령인의 증여재산가액으로 한다.

37 ③ 증여재산가액 = 보험금 × $\dfrac{\text{보험금수령인이 아닌 자가 납부한 보험료액}}{\text{총 납입한 보험료}}$ = 1억원 × $\dfrac{2,000만원}{5,000만원}$ = 4,000만원

38 ③ 20억원 − 15억원 < 20억원 × 30%

> 참고 특수관계인이 아닌 자 간의 거래에서 대가와 시가의 차액이 시가의 30% 미만이면 증여로 보지 않는다.

39

중요도 ★★

㉮ p.148 ~ 149 ㉯ p.285

다음 증여의 추정 사례에 대한 설명으로 가장 적절한 것은? (각 보기는 독립적이다.)

> 20×1년 3월 5일 '갑'은 특수관계인 '을'에게 상가를 양도하였다. 그로부터 얼마 뒤 '을'은 '갑'의 아들인 '병'에게 양도받은 상가를 재양도하였다.

① 당초 양도자 '갑' 및 특수관계인 '을'이 부담한 소득세 결정세액의 합계액이 증여추정 시 아들의 증여세액보다 작은 경우 증여세를 부과하지 않는다.

② 특수관계인 '을'을 거치지 않고 '갑'이 '병'에게 바로 양도하였더라도 '갑'이 '병'에게 상가를 증여한 것으로 추정한다.

③ '갑'이 '병'에게 상가를 증여한 것으로 추정될 때, 증여재산가액은 '갑'이 '을'에게 양도한 당시의 가액으로 한다.

④ 20×4년 8월 10일에 '을'이 '병'에게 상가를 양도하였다면, '갑'이 '병'에게 상가를 증여한 것으로 추정한다.

40

중요도 ★★

㉮ p.150 ~ 151 ㉯ p.285

다음의 증여추정 사례를 토대로 계산 시 A에게 증여추정으로 과세될 증여재산가액으로 적절한 것은?

> • 2024년 6월 10일, A씨(42세)는 10억원의 주택을 취득하였다.
> • 2018년 3월 20일, A씨는 아버지로부터 현금 1억원을 증여받았다.
> • 2014년 6월 10일부터 지금까지 그간 신고된 소득은 4억이다.
> • A씨는 나머지 금액의 출처는 소명하지 못하고 있다.

① 1억원
② 4억원
③ 5억원
④ 10억원

41 중요도 ★

증여의제에 대한 설명으로 가장 적절하지 **않은** 것은?

① 본래 증여가 아니지만 실질적으로 증여의 효과가 있어 증여로 간주하여 과세한다.

② 납세자가 반대사실을 입증하면 증여세가 과세되지 않는다.

③ 명의신탁재산의 증여의제, 특정법인과의 거래를 통한 이익의 증여의제 등이 있다.

④ 지배주주 등이 특수관계법인을 이용한 일감몰아주기를 통해 변칙적으로 부의 무상이전하는 것에 증여세를 과세한다.

42 중요도 ★★

상속증여재산의 평가에 대한 설명으로 가장 적절하지 **않은** 것은?

① 상속세 및 증여세법에서 상속재산 또는 증여재산은 상속개시일 또는 증여일을 기준으로 평가한다.

② 증여재산의 평가기간은 평가기준일 전후 6개월까지이다.

③ 시가 산정이 곤란한 재산은 보충적 평가방법에 의해 평가한다.

④ 저당권이 설정된 자산은 시가와 저당권 등이 담보하는 채권액 중 큰 금액으로 평가한다.

정답 및 해설

39 ② ① 작은 → 큰
③ '갑'이 '을'에게 → '을'이 '병'에게
④ '갑'과 '을' 사이의 거래일로부터 3년이 지난 후 양도하는 거래에 대해서는 증여로 추정하지 않는다.

40 ③ A씨는 40세 이상이므로 주택가액 3억원, 기타재산 및 채무상환자금을 합한 총액 4억원 이상의 재산을 취득한 경우 증여추정 대상이다. 취득가액 10억원 중 소명하지 못한 금액 5억원(10억원 – 1억원 – 4억원)이 기준금액을 초과하므로 증여로 추정하여 과세한다.
- 기준금액 = Min(①, ②)
  ① 10억원 × 20% = 2억원
  ② 2억원
- 증여추정액 = 5억원(입증하지 못한 5억원 전체에 대해 증여세를 과세한다.)

41 ② 증여추정에 대한 설명이다. 증여의제는 납세자의 소명 여부와 관계없이 증여세가 과세된다.

42 ② 증여재산의 평가기간은 평가기준일 전 6개월부터 평가기준일 후 3개월까지이다.

43

상속세 및 증여세법상 시가에 대한 설명으로 가장 적절하지 **않은** 것은?

① 시가란 불특정 다수인 사이에서 자유로이 거래가 이루어지는 경우에 통상적으로 성립된다고 인정되는 가액을 말한다.
② 상속세의 경우 상속개시일 전·후 6개월 사이에 재산의 매매거래 사실이 있으면 그 매매거래가액을 시가로 인정한다.
③ 시가로 보는 가액이 2개 이상이라면 해당 가액 중 가장 큰 금액을 평가가액으로 한다.
④ 상속세와 증여세 과세 시 상장주식의 시가는 평가기준일 전후 각 2개월간의 종가평균액이다.

44

상속세 및 증여세법의 보충적 평가방법에 대한 설명으로 가장 적절하지 **않은** 것은?

① 보충적 평가방법은 상속재산 또는 증여재산을 상속세 및 증여세법에서 규정된 시가로 산정하기 어려운 경우에 사용한다.
② 시가가 없는 공동주택은 매년 4월 말 국토교통부 장관이 고시하는 가격으로 평가한다.
③ 토지는 평가기준일 현재의 개별공시지가에 의해 토지가액을 평가한다.
④ 특정 시설물 이용권의 가액은 평가기준일까지 납입한 금액의 합계로 평가한다.

중요도 ★★★　　　　　　　　　　　　　⑦ p.156 ～ 157　⑧ p.288

45 피상속인 A가 자신의 소유인 임대상가와 토지를 모두 배우자 B에게 상속하였을 때, 다음 임대조건을 토대로 계산한 상속세 및 증여세법상 토지와 임대상가의 평가가액으로 적절한 것은?

임대 보증금	1년간 임대료	토지 개별공시지가	국세청장이 산정·고시한 건물기준시가
2억원	6,000만원	4억원	2억 5천만원

※ 상속세 및 증여세법상 시가로 볼 수 있는 가액은 없다.

① 400,000천원　　　　　　　　　② 600,000천원
③ 650,000천원　　　　　　　　　④ 700,000천원

중요도 ★★　　　　　　　　　　　　　⑦ p.158 ～ 163　⑧ p.288

46 주식 및 출자지분의 보충적 평가방법에 대한 설명으로 가장 적절하지 **않은** 것은?

① 증권시장에 상장된 법인의 주식은 일반적으로 평가기준일 전후 각 2개월 동안 공표된 한국거래소 최종시세가액의 평균액을 시가로 인정한다.
② 원칙적으로 비상장법인의 주식은 순자산가치와 순손익가치를 3 : 2로 가중평균한 가액으로 평가한다.
③ 상속세 또는 증여세 과세표준 신고기한 이내에 청산절차가 진행 중이거나 휴폐업 중인 경우에는 순자산가치로만 평가한다.
④ 중소기업이 아닌 경우 최대주주 또는 최대출자자 및 그와 특수관계에 있는 주주의 주식은 20%를 가산하여 할증평가한다.

정답 및 해설

43 ③ 시가로 보는 가액이 2개 이상인 경우에는 평가기준일에 가까운 날에 해당하는 가액을 평가가액으로 본다. 단, 가장 가까운 날에 해당하는 가액이 둘 이상인 경우에는 그 평균액을 평가가액으로 한다.

44 ④ 특정 시설물 이용권의 가액은 평가기준일까지 납입한 금액과 프리미엄 상당액의 합계로 평가한다.

45 ④ 평가기준일 현재 임대차계약이 체결된 부동산의 평가가액 = Max[기준시가, 연간 임대료 합계/12% + 임대보증금]
　　• 기준시가 = 4억원 + 2억 5천만원 = 6억 5천만원
　　• 연간 임대료 합계/12% + 임대보증금 = 6,000만원/12% + 2억원 = 7억원
　　∴ 보충적 평가액 = 700,000천원

46 ② 3 : 2 → 2 : 3
　　참고　보충적 평가방법에 의한 비상장주식 1주당 평가액
　　　　= {(1주당 순자산가치 × 2 + 1주당 순손익가치 × 3) ÷ 5}
　　　　　(단, 1주당 평가액은 1주당 순자산가치의 80%를 하한으로 함)

1과목 재무설계 개론

2과목 재무설계사 직업윤리

3과목 은퇴설계

4과목 부동산설계

5과목 상속설계

해커스 **AFPK** 핵심문제집 모듈1

⑦ p.164 ~ 167 ⑫ p.288 ~ 289

47 중요도 ★

상속세 및 증여세법의 보충적 평가방법에 대한 설명으로 가장 적절한 것은?

① 1년분 정기금액이 1천만원인 경우 유기정기금의 평가액은 1억을 초과할 수 없다.

② 거래소에서 거래되는 채권은 평가기준일 현재 처분예상금액으로 평가한다.

③ 예금 또는 적금은 평가기준일 현재 예입총액과 기경과 미수이자 상당액을 합한 금액으로 평가한다.

④ 국세청장이 고시하는 가상자산사업자의 사업장에서 거래되는 가상자산은 평가기준일 전후 각 1개월 동안 공시되는 일평균가액의 평균액으로 평가한다.

48 중요도 ★

⑦ p.167 ~ 168 ⑫ p.289

담보재산의 평가특례에 대한 설명 중 빈칸에 들어갈 말이 적절하게 연결된 것은?

- 상속증여재산에 대해 평가기준일 현재 저당권등이 설정된 경우에는 '당해 재산이 담보하는 채권액 등'과 '시가' 중 (가) 금액을 그 재산의 가액으로 평가한다.
- 등기된 전세금이 2억 5천만원이고 시가가 5억원인 A 아파트의 가액은 (나)으로 평가한다.

	가	나
①	작 은	2억 5천만원
②	작 은	5억원
③	큰	5억원
④	큰	7억 5천만원

49

중요도 ★

가업승계에 대한 설명으로 가장 적절한 것은?

① 가업승계의 분류는 승계주체에 따라 경영권승계와 지분승계로 나뉜다.
② 경영권승계는 후계자가 기업에 대한 지배권을 행사할 수 있도록 회사 지분의 일정 비율을 물려주는 것을 말한다.
③ 회사의 지배권을 확실하게 하기 위해서는 주식회사의 경우 의결권 있는 주식의 3분의 2 이상을 후계자가 확보하는 것이 바람직하다.
④ 지배권과 관련된 상속재산은 공평의 원칙에 따라 최대한 균등하게 상속해야 한다.

1과목 재무설계 개론

2과목 재무설계사 직업윤리

3과목 은퇴설계

4과목 부동산설계

5과목 상속설계

해커스 AFPK 핵심문제집 모듈1

정답 및 해설

47 ④ ① 유기정기금의 평가액은 1년분 정기금액의 20배를 초과할 수 없으므로 1년분 정기금액이 1천만원인 경우 유기정기금의 평가액은 2억을 초과할 수 없다.
② 거래소에서 거래되는 채권은 평가기준일 이전 2개월간의 최종시세가액 평균액과 평가기준일 이전 최근일의 최종시세가액 중 큰 금액으로 평가한다.
③ 평가기준일 현재 예입총액과 기경과 미수이자 상당액의 합계액에서 소득세법에 의한 원천징수금액을 뺀 가액으로 평가한다.

48 ③ 가. 큰
나. 5억원

49 ③ ① 승계주체 → 승계대상
② 경영권승계 → 지분승계
④ 공평함에 치우쳐 모든 공동상속인에게 지배권이 관련된 상속재산을 균등하게 상속하면 상속세 부담과 공동상속인 간 이해상충 등으로 인해 가업승계가 실패하는 경우가 적지 않다.

50

㉮ p.172 ㉯ p.291

중요도 ★

가업승계설계의 절차를 순서대로 나열한 것은?

가. 후계자 교육프로그램의 수립과 실행
나. 경영승계 계획 수립
다. 경영자 은퇴계획의 수립
라. 가업(회사)의 현황 파악
마. 지분승계 및 재산분배 계획 수립
바. 가업승계 관계자들에 대한 대응방안 수립
사. 모니터링과 조정

① 라 – 가 – 마 – 바 – 다 – 나 – 사
② 라 – 마 – 바 – 가 – 다 – 나 – 사
③ 라 – 바 – 가 – 마 – 나 – 다 – 사
④ 라 – 바 – 마 – 가 – 나 – 다 – 사

51

㉮ p.172 ~ 179 ㉯ p.291

중요도 ★

가업승계설계절차에 대한 설명으로 가장 적절하지 **않은** 것은?

① 회사 재무 및 경영자원, 경영자의 보유 주식 및 기타재산 현황, 후계자(후보군) 현황에 관한 정보를 파악해야 한다.
② 주요 이해관계자인 가족, 주주, 임직원, 거래처, 금융기관 등에 대한 대응방안을 수립한다.
③ 후계자 지분의 확보는 몇 번에 걸쳐 실행되기보다 단번에 이루어지는 경우가 많으므로 주식이동 시나리오는 일시에 실행하는 것이 좋다.
④ 모니터링 결과 필요한 경우 설계내용을 재조정하고 수정된 안을 고객에게 제시하고 실행해야 한다.

52 중요도 ★★

지분승계 및 재산분배 계획 수립에 대한 설명으로 빈칸에 들어갈 말이 적절하게 연결된 것은?

- 후계자가 회사지분율 (가) 이상 확보하도록 한다.
- 후계자 이외의 상속인에게는 주식 외의 개인재산을 (나)으로 분배하도록 한다.

	가	나
①	34%	법정상속분 이상
②	34%	유류분 이상
③	67%	법정상속분 이상
④	67%	유류분 이상

53 중요도 ★

상속세 및 증여세법상 가업승계지원세제에 해당하는 제도로 모두 묶인 것은?

가. 가업승계 연부연납 특례
나. 창업자금 증여세 과세특례
다. 외국납부세액공제
라. 가업상속공제
마. 징수유예

① 가, 나, 다　　　　　　　　② 가, 나, 라
③ 나, 다, 마　　　　　　　　④ 다, 라, 마

정답 및 해설

50 ③ '라 – 바 – 가 – 마 – 나 – 다 – 사'의 순이다.

51 ③ 후계자 지분의 확보는 단번에 이루어지기보다는 몇 번에 걸쳐 실행되는 경우가 많으므로 시기별 주식이동 시나리오를 짜서 순차적으로 실행하는 것이 좋다.

52 ④ 가. 67% (약 2/3)
　　　나. 유류분 이상

53 ② '가, 나, 라'는 가업승계지원세제에 해당한다.

1과목 재무설계 개론

2과목 재무설계사 직업윤리

3과목 은퇴설계

4과목 부동산설계

5과목 상속설계

해커스 AFPK 핵심문제집 모듈1

54 중요도 ★★★

㉮ p.180 ~ 181 ㉯ p.292

가업상속공제에 대한 설명으로 가장 적절하지 **않은** 것은?

① 피상속인이 생전 10년 이상 영위한 중소기업 등을 상속인이 정상적으로 승계했다면 최대 600억원의 상속공제를 받을 수 있다.

② 피상속인이 영위한 가업의 규모에 따라 상속공제 한도액에 차이가 있다.

③ 가업상속공제는 개인기업과 법인기업 모두 적용받을 수 있다.

④ 가업상속공제를 받은 후 5년간은 가업을 축소하거나 폐지하지 않고 유지해야 하는 사후관리 요건이 있다.

55 중요도 ★★★

㉮ p.184, p.187 ㉯ p.293 ~ 294

가업승계 증여세 과세특례와 창업자금 증여세 과세특례의 비교 내용으로 적절하지 **않은** 것은?

	구 분	가업승계 증여세 과세특례	창업자금 증여세 과세특례
①	신고세액공제	가 능	불가능
②	증여자	60세 이상	60세 이상
③	수증자	18세 이상	18세 이상
④	사후관리	3년 내 대표이사 취임	2년 내 창업

56 가업승계 연부연납 특례와 관련하여 (가) ~ (다)에 들어갈 내용으로 적절한 것은?

- 상속세 또는 증여세 납부세액이 (가)를 초과해야 연부연납을 신청할 수 있다.
- 가업상속재산의 연부연납 기간은 최장 (나)이다.
- 가업승계 특례증여를 받은 경우에는 최대 (다)간 나누어 낼 수 있다.

	가	나	다
①	1,000만원	5년	10년
②	1,000만원	20년	15년
③	2,000만원	10년	10년
④	2,000만원	20년	15년

정답 및 해설

54 ② 상속공제 한도액은 가업의 규모가 아니라 가업영위기간에 따라 차이가 있다.

　　[참고] 가업영위기간별 가업상속공제금액은 다음과 같다.
　　　　- 10년 이상 : 300억원
　　　　- 20년 이상 : 400억원
　　　　- 30년 이상 : 600억원

55 ① 가업승계 증여세 과세특례와 창업자금 증여세 과세특례를 받은 경우 증여세 신고세액공제를 받을 수 없다.

56 ④ 가. 2,000만원
　　　　나. 20년
　　　　다. 15년

01

중요도 ★

㉮ p.195 ㉯ p.295

상속·증여세 절세전략의 필요성에 대한 설명으로 가장 적절하지 **않은** 것은?

① 우리나라의 상속세는 유산세 방식으로 거액의 상속세가 일시에 과세될 수 있다.
② 상속세를 절감하기 위해서는 생전에 재산을 적극적으로 증여할 필요가 있다.
③ 상속재산의 합산과세를 피하기 위해서는 10년 이하의 단기계획을 세워야 한다.
④ 재무설계사는 상속세에 대한 사전준비가 필요한 고객에게 체계적인 대응방안을 제시해야 한다.

02

중요도 ★

㉮ p.196

상속·증여세 절세전략 프로세스를 순서대로 나열한 것은?

> 가. 고객의 예상 상속세와 승계니즈 파악
> 나. 고객의 피드백을 반영한 실행대안 제시
> 다. 고객의 가족 및 재산현황 파악
> 라. 적합한 절세전략의 모색과 제안
> 마. 실행대안의 실행
> 바. 모니터링과 조정

① 가 – 다 – 마 – 바 – 라 – 나
② 가 – 다 – 마 – 나 – 라 – 바
③ 다 – 가 – 라 – 나 – 마 – 바
④ 다 – 가 – 라 – 마 – 나 – 바

03 중요도 ★★

상속·증여세의 기본 절세방안에 대한 설명으로 적절하지 **않은** 것은?

① 가치가 꾸준히 상승하는 재산이라면 증여 후 10년 내에 상속이 개시되더라도 절세효과가 있다.
② 한 자녀에게만 몰아주기보다는 수증자를 나누어서 증여하는 것이 효과적이다.
③ 향후 자산가치 상승을 기대하여 자산가치가 상대적으로 저평가된 부동산이나 주식을 증여하는 것이 좋다.
④ 효율적인 증여를 위해서 예상 상속세율과 동일한 구간에서 증여를 실행해야 한다.

04 중요도 ★★

다음 사례에 대한 설명으로 가장 적절한 것은?

> A씨는 피상속인이 15억원에 취득한 상가 X를 상속받았다. 현재 기준시가는 10억원이며, 해당 상가를 담보로 대출받은 금액은 8억원이다. 현재 상가 X를 다시 감정받는다면 예상 감정가액은 13 ~ 14억이다.

① 상가 X의 시가를 확인할 수 없으므로 기준시가인 10억원으로 평가한다.
② 담보재산 평가특례에 따라 담보대출금액이 기준시가보다 작으므로 담보대출금액인 8억원으로 평가한다.
③ A의 상속재산인 상가 X의 감정가가 높을수록 상속세 절세에 유리하다.
④ 상속세를 최소화하기 위해서는 재감정을 받아서 올바른 금액으로 평가받아야 한다.

정답 및 해설

01 ③ 상속재산의 합산과세를 피하기 위해서는 최소한 10년 이상의 장기계획을 세워야 한다.

02 ③ '다 – 가 – 라 – 나 – 마 – 바'의 순이다.

03 ④ 예상 상속세율보다 낮은 세율 구간에서 증여하는 것이 효과적이다.

04 ① ② 담보재산 평가특례에 따라 기준시가와 담보대출금액 중 큰 금액으로 평가한다.
③ 높을수록 → 낮을수록
④ 위 사례에서 상속세를 최소화하기 위해서는 재산이 낮게 평가되어야 하므로 굳이 재감정을 받아서 13억원 이상으로 평가될 필요는 없다.

1과목 재무설계 개론

2과목 재무설계사 직업윤리

3과목 은퇴설계

4과목 부동산설계

5과목 상속설계

해커스 AFPK 핵심문제집 모듈1

05

㉮ p.201 ㉯ p.296

중요도 ★

부담부증여를 통한 절세방안에 대한 설명으로 적절하지 않은 것은?

① 채무를 낀 임대부동산을 증여하여 증여재산가액에서 채무를 빼고 증여세를 계산하는 방법이 있다.
② 부담부증여를 활용하면 순수 증여에 비하여 절세효과가 발생할 수 있다.
③ 부담부증여의 채무부담분은 세법상 비과세되기 때문에 절세에 효과적이다.
④ 사전증여를 이미 많이 했거나 증여재산가액이 커서 높은 증여세율이 적용되는 경우 부담부증여를 활용하는 것이 좋다.

06

㉮ p.203 ㉯ p.296

중요도 ★

세대생략증여의 활용에 대한 설명으로 가장 적절하지 않은 것은?

① 증여세 과세표준 30억원이 초과하면 최고세율이 50%가 적용된다.
② 조부모가 자산가인 경우 자녀에게 충분히 증여를 실행했거나 자녀도 이미 자산가라면 증여 실행의 효과가 떨어진다.
③ 상황에 따라 세대생략증여로 인한 할증세액과 상속세를 두 번 납부하는 금액이 다르므로 이를 비교하여 절세에 유리한 방법을 선택한다.
④ 미성년자가 20억원 초과 수증 시 세대생략할증세액은 40%이다.

07 중요도 ★

장애인 관련 상속증여세에 대한 설명으로 가장 적절하지 **않은** 것은?

① 장애인인 자녀가 있는 경우 자녀를 수익자로 하는 연금보험에 가입하여 자녀가 매년 보험금을 수령하게 하면 증여세를 비과세 받을 수 있다.
② 일괄공제 5억원에 장애인공제 금액을 합하여 공제받는다.
③ 장애인을 수익자로 하는 보험계약에서 받는 보험금 중 연 4천만원 이내의 금액을 비과세한다.
④ 장애인에게 증여하는 신탁재산은 5억원 한도로 비과세한다.

08 중요도 ★★

배우자를 포함한 상속인 및 동거가족 중 장애인이 본인 1명인 A씨가 장애인공제보다 일괄공제를 활용하는 것이 유리할 경우 A씨의 기대여명으로 적절한 것은?

① 25년
② 35년
③ 45년
④ 55년

정답 및 해설

05 ③ 부담부증여의 채무부담분은 대가성이 있는 것이므로 세법상 양도로 보아 양도소득세를 부담해야 한다.

06 ③ 세대생략증여로 인한 할증세액을 추가해서 내더라도 상속세를 두 번 내는 것보다 적은 세금을 부담하게 된다.

07 ② 장애인공제는 '그 밖의 인적공제'의 한 항목이므로 일괄공제(5억원) 대신 '기초공제(2억원)＋그 밖의 인적공제'를 선택한 경우에 적용된다.

08 ① 장애인공제 금액＝장애인 수 1인 × (1천만원 × 기대여명 연수)
기초공제 2억에 장애인공제 금액을 합산한 금액이 일괄공제 5억원보다 적은 금액이 되려면 기대여명 연수가 30년 미만이어야 한다.

09

다음 중 생명보험 가입 후 피보험자 사망 시 보험금 과세 여부에 대한 설명으로 적절한 것은?

계약자	피보험자	수익자	과세 여부
본 인	본 인	자 녀	(가)
본 인	배우자	자 녀	(나)
배우자	본 인	배우자	(다)
자 녀	본 인	자 녀	비과세

	가	나	다
①	상속세 과세	증여세 과세	비과세
②	증여세 과세	상속세 과세	비과세
③	비과세	비과세	증여세 과세
④	비과세	비과세	상속세 과세

10 중요도 ★★ ㉮ p.206 ~ 210 ㉯ p.297

상속세 및 증여세 납부전략에 대한 설명으로 가장 적절하지 **않은** 것은?

① 상속세 납부 재원마련 방법으로는 상속재산을 담보로 대출을 받는 것이 가장 유리하다.

② 거액의 상속세와 증여세를 부담할 경우에는 연부연납을 활용하는 것이 유리하다.

③ 비상장주식의 경우 증여 실행 직후에 중간배당을 실행하면 배당을 활용한 증여세 납부가 가능하다.

④ 증여세 납부재원을 수증자에게 대여하면 추가적인 증여세 부담이 없다.

1과목
재무설계 개론

2과목
재무설계사 직업윤리

3과목
은퇴설계

4과목
부동산설계

5과목
상속설계

해커스 AFPK 핵심문제집 모듈1

정답 및 해설

09 ① 가. 상속세 과세
　　　나. 증여세 과세
　　　다. 비과세

10 ① 담보대출금액으로 상속재산이 평가되어 상속세부담이 더 커질 수 있으므로 최선의 방법으로 보기 어렵다.

2024 최신개정판

해커스
AFPK®
핵심문제집 모듈1

개정 11판 2쇄 발행 2025년 1월 6일
개정 11판 1쇄 발행 2024년 5월 20일

지은이	해커스 금융아카데미 편저
펴낸곳	해커스패스
펴낸이	해커스금융 출판팀

주소	서울특별시 강남구 강남대로 428 해커스금융
고객센터	02-537-5000
교재 관련 문의	publishing@hackers.com
	해커스금융 사이트(fn.Hackers.com) 교재 Q&A 게시판
동영상강의	fn.Hackers.com

ISBN	979-11-7244-029-9 (13320)
Serial Number	11-02-01

**금융자격증 1위,
해커스금융(fn.Hackers.com)**

해커스금융

· 합격률 1위/합격자 수 1위의 노하우가 담긴 **AFPK 교재 인강**
· 학습 중 궁금한 사항을 바로 해결하는 **금융전문 연구원 1:1 질문/답변 서비스**
· 금융자격증 무료강의, **AFPK 시험 상위 합격자 인터뷰** 등 다양한 금융 학습 콘텐츠

누적 수강건수 550만 선택

취업 강의 1위 해커스잡
공기업 취업의 모든 것 해커스공기업

합격생들이 소개하는 **단기합격 비법**

삼성전자
최종 합격!

장*용 합격생

정말 많이 도움이 됐습니다.

해커스잡 통합 강의를 들으면서 GSAT 영상을 위주로 봤습니다.
문제 풀이 노하우와 풀이 방식들을 배우고 적용해보고 기본을 쌓을 수 있었습니다.

국민건강보험공단
최종 합격!

신*규 합격생

모든 과정에서 선생님들이 최고라고 느꼈습니다!

취업 준비를 하면서 모르는 것이 생겨 답답할 때마다, 강의를 찾아보며 그 부분을
해결할 수 있어 너무 든든했기 때문에 모든 선생님께 감사드리고 싶습니다.

해커스 대기업/공기업 대표 교재

GSAT 베스트셀러
242주 1위

7년간 베스트셀러
1위 326회

대기업

공기업

최종합격자가
수강한 강의는?
지금 확인하기!

해커스잡 **ejob.Hackers.com**
해커스공기업 **public.Hackers.com**